심리학자가 알려주는

모든 기획자와 프리젠터가 알아야 할
사람에 대한 100가지 사실
100 things every presenter needs to know about people

수잔 웨인쉔크 지음 / 홍윤주 옮김

심리학자가 알려주는
모든 기획자와 프리젠터가 알아야 할 사람에 대한 100가지 사실

지은이 수잔 웨인쉔크
옮긴이 홍윤주
펴낸이 박찬규 | 엮은이 이대엽 | 표지디자인 아로와 & 아로와나
펴낸곳 위키북스 | 주소 경기도 파주시 교하읍 문발리 파주출판도시 535-7
전화 031-955-3658, 3659 | 팩스 031-955-3660
초판발행 2012년 11월 28일
등록번호 제406-2006-000036호 | 등록일자 2006년 05월 19일
홈페이지 wikibook.co.kr | 전자우편 wikibook@wikibook.co.kr

ISBN 978-89-98139-08-7

100 things every presenter needs to know about people
Original English language edition published by New Riders
Copyright © 2012 by New Riders
Korean edition copyright © 2012 by WIKIBOOKS
All rights reserved.

이 책의 한국어판 저작권은 저작권자와의 독점 계약으로 위키북스가 소유합니다.
신 저작권법에 의해 한국 내에서 보호를 받는 저작물이므로 무단 전재와 복제를 금합니다.
이 책의 내용에 대한 추가 지원과 문의는 위키북스 출판사 홈페이지 wikibook.co.kr이나
이메일 wikibook@wikibook.co.kr을 이용해 주세요.

「이 도서의 국립중앙도서관 출판시도서목록 CIP는 e-CIP 홈페이지 | http://www.nl.go.kr/cip.php에서 이용하실 수 있습니다.
CIP제어번호: CIP2012005245」

심리학자가 알려주는
모든 기획자와 프리젠터가 알아야 할 사람에 대한 100가지 사실

감사의 말

이 책이 세상에 나오게 된 것은 지난 여러 해 동안 나의 강연, 프레젠테이션, 강의에 참석해 주신 모든 분들 덕분이다. 내가 더 좋은 프리젠터가 되는 방법을 배우는 데 도움을 주고 새로운 아이디어를 실험할 기회를 주신 것에 감사한다.

　이 책의 주제를 정하는 데 도움을 준 뉴라이더스 출판사의 마이클 놀란, 나를 저자로 택해준 발레리 위트에게 감사드린다. 이 책은 개발편집자 제프 라일리와 함께 작업하는 기쁨을 누린 세 번째 책이다. 그는 나의 아이디어 및 글의 약점을 지적하고 수정하게 해서 독자들에게 더 좋은 책을 선보이도록 돕는다. 제프 이전의 책과 제프 이후의 책은 정말 다르다. 우리의 공동 작업은 꽤 성공적인 편이다. 언젠가는 그를 꼭 만났으면 하는 바람이다!

바치는 글

집필 중인 책에 대해 쉴 새 없이 떠들어대고 집필 기간 동안 이 방, 저 방 돌아다니는 나를 잘 참아 주고, 주말과 휴일도 없이 일하는 것을 용인해 준 가족들에게 이 책을 바친다. 가족들의 지원이 나를 유지하는 힘이다!

• 차 례 •

사람들은 어떤 방식으로 생각하고 학습할까 · 1

1	사람들은 너무 많은 정보가 주어지면 잘 처리하지 못한다	2
2	사람들에게는 앞뒤 맥락이 필요하다	4
3	사람들은 정보를 걸러서 듣는다	6
4	사람들은 자기 생각에 확신이 없을수록 더 방어적인 태도를 취한다	9
5	사람들은 정신 모델을 갖고 있다	11
6	사람들은 이야기 형식일 때 정보 처리를 가장 잘한다	13
7	사람들은 예를 통해 가장 잘 배운다	17
8	단기 기억은 한계가 있다	19
9	사람들이 한 번에 기억하는 것은 4개에 불과하다	21
10	정보를 기억하려면 정보를 이용해야 한다	25
11	정보를 기억해 내기보다 인식하기가 더 쉽다	28
12	기억은 많은 정신 자원을 필요로 한다	30
13	사람들은 기억할 때마다 기억을 재구성한다	32
14	망각을 감안하라	33
15	사람들은 범주로 묶기를 좋아한다	34
16	시간은 상대적이다	36
17	4가지 창의성이 있다	37
18	사람들은 몰입상태에 빠질 수 있다	41

19	문화는 사람들의 사고방식에 영향을 미친다	44
20	20분 단위로 학습할 때 가장 효과가 좋다	46
21	학습양식은 사람마다 다르다	48
22	사람들은 실수를 통해 배운다	51

청중의 주의를 끌고 유지하는 방법 — 53

23	주의집중 지속 시간은 약 10분이다	54
24	무의식이 의식을 지휘한다	56
25	발생 빈도를 예측하는 것은 주의집중에 영향을 준다	58
26	사람들은 멀티태스킹을 할 수 없다	60
27	30%의 시간은 잡념에 쓴다	63

사람들이 행동하도록 동기부여 하는 방법 — 65

28	사람들은 목표에 가까이 다가갈수록 더 동기부여를 받는다	66
29	가변적 보상은 큰 효과를 발휘한다	68
30	사람들의 행동은 인위적으로 조성될 수 있다	72
31	도파민은 사람들을 정보 탐색에 중독시킨다	74
32	사람들은 주변 환경의 신호에 반응한다	77
33	사람들은 외적인 보상보다 내적인 보상에 더 큰 동기부여를 받는다	78

34	사람들은 진보, 숙련, 통제에 동기부여 받는다	81
35	사람들의 만족지연 능력은 어릴 때 시작된다	83
36	사람은 선천적으로 게으르다	85
37	습관을 형성하려면 오랜 시간이 걸리고 작은 단계들을 거쳐야 한다	87
38	경쟁자가 적을수록 경쟁하려는 동기가 강해진다	90
39	사람들은 자율성에 동기부여 된다	91

사람들은 어떻게 듣고 어떻게 보는가 — 93

40	여러 감각기관이 경쟁한다	94
41	집중해서 들으려면 소리가 들려야 한다	96
42	시각이 모든 감각에 우선한다	98
43	사람들은 글을 읽는 방향이 있다	100
44	대문자가 읽기 어렵다는 것은 잘못된 고정관념이다	102
45	타이틀과 헤드라인은 결정적인 맥락을 제공한다	104
46	읽기 어렵다 = 하기 어렵다	106
47	글꼴 크기가 중요하다	109
48	요지 파악에는 주변시야가 중앙시야보다 더 많이 사용된다	112
49	얼굴 인식만 담당하는 두뇌의 특별한 부위가 있다	114
50	빨간색과 파란색이 함께 있으면 눈이 피로하다	116
51	빨간색 배경에 파란색 혹은 초록색 텍스트, 그리고 파란색 배경에 빨간색 혹은 초록색 텍스트를 쓰지 마라	117
52	색깔의 의미는 집단과 문화에 따라 다르다	121

사람들은 환경에 어떻게 반응하는가　　123

53	발표회장이 가득 찰수록 사람들은 강한 에너지를 느낀다	124
54	발표회장이 어두우면 사람들은 잠이 든다	125
55	눈에서 안 보이면 마음에서도 멀어진다	126
56	사람들은 가구 배치에 영향을 받는다	129
57	온라인 프레젠테이션은 사람들이 흥미를 잃기 쉽다	130
58	사람들은 피곤하고 배고파진다	132
59	사람들은 실내 온도에 영향받는다	134
60	사람들은 불편하면 집중하지 못한다	136
61	사람들은 인터넷 접속이 가능할 거라고 기대한다	138

사람들은 어떻게 감정적으로 반응하는가　　139

62	사람들은 데이터보다 일화에 더 크게 반응한다	140
63	이야기는 사람들을 감정적으로 연결시킨다	141
64	사람들은 원래 의외의 놀람을 즐긴다	144
65	사람들은 상황이 예측 가능할 때 안전하다고 느낀다	146
66	사람들은 안전하다는 느낌이 들어야 참여한다	147
67	사람들은 바쁠 때 더 행복하다	148
68	사람들은 아름다움에 반응한다	150
69	음악을 들으면 뇌에서 도파민이 나온다	153
70	사람들은 슬프거나 무서울 때 친숙한 것을 원한다	154
71	희소성이 높을수록 더 소중하게 여긴다	155

사람들은 프리젠터에게 어떻게 반응할까 157

72	사람들은 권위자에게 복종한다	158
73	사람들은 즉각적이고 무의식적으로 다른 사람을 '읽는다'	160
74	정직하고 진실하라	162
75	사람들은 몸의 위치와 움직임에도 의미를 부여한다	164
76	손동작에도 의미가 있다	168
77	어조에도 의미가 있다	172
78	얼굴 표정과 눈의 움직임에도 의미가 있다	174
79	사람들은 당신의 감정을 흉내 내고 당신의 기분을 느낀다	176
80	옷이 날개다	178
81	사람들은 자기와 비슷하거나 매력적인 사람의 말에 귀 기울이고 설득당한다	180
82	커뮤니케이션 하는 동안 말하는 사람의 두뇌와 듣는 사람의 두뇌가 연동된다	182
83	두뇌는 개인적으로 아는 사람에게 특유의 반응을 보인다	183
84	사람들은 프리젠터가 발표회장을 통제하기를 바란다	185

사람들은 어떻게 행동하기로 결정할까 187

85	사람들은 대부분의 결정을 무의식적으로 한다	188
86	상실의 두려움이 획득의 기대보다 크다	191
87	사람들은 자기가 실제 처리할 수 있는 것보다 더 많은 선택권과 정보를 원한다	194
88	사람들은 선택권이 통제력이라고 생각한다	196
89	사람들은 돈보다 시간을 더 많이 걱정한다	198

90	기분은 설계 형성 과정에 영향을 준다	200
91	집단 의사결정은 결함이 있을 수 있다	202
92	사람들은 우세한 사람에 흔들린다	205
93	사람들은 확신이 없을 때, 다른 사람들이 대신 결정해주기를 바란다	208
94	사람들은 남들이 자기보다 더 많이 영향받는다고 생각한다	210
95	사람들은 제품이 자기 눈앞에 있을 때 더 높게 평가한다	212
96	사람들은 변하지 않는 페르소나를 유지하고 싶어 한다	216
97	작은 걸음이 페르소나를 바꿀 수 있다	219
98	손으로 쓰면 헌신이 증가한다	221
99	사람들은 의무감을 줄이기 위해 행동한다	223
100	처음엔 거절해도 다음번에 수락하는 경우가 많다	225

프레젠테이션 작성 방법	**227**

90일 개선 계획	**243**

훌륭한 프리젠터는 심리학을 활용한다

"모든 연설은 세 종류로 나뉜다. 연습했던 연설, 실제로 한 연설, 그리고 하고 싶은 연설이다."

— 데일 카네기(Dale Carnegie)

당신은 다음 둘 중 어느 쪽인가?

A) 프레젠테이션을 마친 후, 성공적인 프레젠테이션이었다고 생각한다.

B) 프레젠테이션을 마친 후, 다르게 말할 걸, 또는 다르게 행동할 걸 하는 후회로 괴로워한다.

A)라고 대답한 독자에게는 이 책이 별로 필요가 없을 것이다. 이미 훌륭한 프리젠터이기 때문이 아니라, 훌륭한 프리젠터가 되기 위해 청중에 대해 배우려는 마음의 준비가 안 되어 있기 때문이다.

필자는 지금까지 수백 번의 프레젠테이션을 했다. 꽤 인기가 좋아서, 청중들에게 "제가 이제껏 참석했던 프레젠테이션 중 최고였어요." 같은 말을 종종 들을 정도다. 이런 찬사에 감사한 것은 사실이다. 하지만 나는 결코 만족하지 않는다. 프레젠테이션을 마치자마자 몇 가지 점은 꽤 좋았다고 생각하면서도 스스로 가장 혹독한 비평을 한다. 어쩌면 자신에 대해 지나치게 엄격할지도 모르지만, 나는 프레젠테이션이 끝나기 전에 벌써 무엇을 바꿔야 할지 파악이 된다.

내게 프레젠테이션 스킬을 배우는 사람 중 일부는 종종 이렇게 말한다. "저는 훌륭한 프리젠터가 아니에요. 과연 앞으로 훌륭한 프리젠터가 될 수 있을지 모르겠어요. 제가 하는 프레젠테이션이 전혀 만족스럽지 않아요." 그러면 나는 "좋아요. 당신은 훌륭한 프리젠터가 될 역량을 갖고 있군요."라고 대답해 준다. 훌륭한 예술가나 공연자와 마찬가지로, 훌륭한 프리젠터는 기량을 향상시키기 위해 끊임없이 피나는 노력을 한다.

다니엘 핑크(Daniel Pink)는 자신의 저서인 《드라이브(Drive): 창조적인 사람들을 움직이는 자발적 동기부여의 힘》에서 동기부여와 숙련에 관한 연구를 다룬다. 사람들은 한 가지 주제나 기술을 완벽하게 익히려는 동기를 갖게 된다. 이러한 동기부여는 한 가지 과제에 계속 집중하게 하는 원동력이 된다. 하지만 다니엘 핑크에 따르면 동기부여는 숙련의 경지에는 결코 도달할 수 없으며 단지 그 근처에 접근할 수 있게 도와주는 매개체일 뿐이다.

하루에도 세계 곳곳에서 수백만 건의 프레젠테이션이 이뤄진다. 훌륭한 프레젠테이션이 있는가 하면 그저 그런 것도 있으며 일부 프레젠테이션은 지루하기 짝이 없다. 당신의 프레젠테이션이 더 향상된다면 세상은 더욱 좋아지고 감동받은 청중은 세상에 더 많은 변화를 일으킬 것이다.

모든 프레젠테이션은 말하는 프리젠터와 듣는 청중으로 구성된다. 훌륭한 프레젠테이션을 하고 싶다면 청중에 대해 많이 알아야 한다. 청중이 어떻게 생각하고 학습하며, 어떻게 듣고 보고 반응하고 결정하는지를 더 많이 이해할수록 더 좋은 프리젠터가 되어 정보를 제공하고 영감을 주며 동기를 부여하는 프레젠테이션을 할 수 있다. 효과적인 프레젠테이션을 어떻게 작성하고 어떻게 전달해야 하는지 알려면 다른 사람들을 연구해야 한다.

"나는 학생들을 가르치지 않는다. 다만 학생들이 배울 수 있는 환경을 제공해 주려고 애쓸 뿐이다."

- 알버트 아인슈타인(Albert Einstein)

사람들은 어떤 방식으로 생각하고 학습할까

효과적이고 설득력 있는 커뮤니케이션을 하려면 사람들이 어떤 방식으로 생각하고 정보를 걸러내고 학습하는지를 이해해야 한다. 정보 전달이 문제가 아니다. 사람들이 당신의 말을 기억하고 행동에 옮기며 활용하기를 바란다면, 프레젠테이션에서 그들이 생각하고 학습하는 방식에 맞게 정보를 전달해야 한다.

사람들은 너무 많은 정보가 주어지면 잘 처리하지 못한다

뇌가 한 번에 처리할 수 있는 정보의 양은 아주 적다. 의식 수준에서는 그렇다(사람은 1초마다 4백억 개의 정보를 접하지만, 그중에 뇌의 의식 수준에 도달하는 것은 40개에 불과하다). 프리젠터가 범하는 실수는 한 번에 너무 많은 정보를 제공하려는 것이다.

'단계적 공개' 기법을 사용하라

단계적 공개(progressive disclosure)란, 사람들에게 지금 당장 필요한 정보만 제공하는 것을 말한다.

예전에 세무사들을 대상으로 세무 회계 소프트웨어를 시연하는 프레젠테이션에 참석한 적이 있다. 프리젠터로 나선 여성이 단계적 공개 기법을 사용했더라면 처음부터 끝까지 차근차근 높은 단계까지 시연한 다음, 다시 처음으로 돌아와 세세한 부분들을 채워 나갔을 것이다. 하지만 프리젠터는 1단계 설명에 진을 다 뺐다. 2단계에 들어가기도 전에 청중들의 눈에는 하나같이 지루함이 역력했다. 결국 시시콜콜한 것까지 다루느라 속 터지게 느린 프레젠테이션이 되고 말았다.

한 번에 하나의 정보만 제시하라

나는 슬라이드 한 장에 여러 항목이 들어 있거나 텍스트가 많은 것을 싫어한다. 지금 사용하려는 슬라이드에 항목이 여럿 있다면 곰곰이 생각해서 한 번에 하나의 항목만 나오게 하는 것이 좋다. 이것은 프레젠테이션 소프트웨어만 있다면 어렵지 않게 할 수 있는 작업으로, '단계적 공개' 기법을 활용한 방법이다. 이렇게 하면 청중들이 굳이 텍스트가 많은 슬라이드를 보지 않아도 된다.

➡ 단계적 공개의 기원

위키피디아에서 '단계적 공개'를 찾아보면 소프트웨어 디자인에서 사용하는 용어라고 설명돼 있다. (위키피디아에는 IBM의 잭 캐럴(Jack Carroll)이라고 나와 있지만 옳은 이름은 존 캐롤(John Carroll)이다. 존 캐롤이 '단계적 공개' 원칙을 이야기한 것은 소프트웨어 디자인 분야이지만 본래 이 용어는 교수 설계 분야에서 나온 것이다. 1980년대에 교수 설계 분야의 J. M. 켈러 교수는, 주의집중, 관련성, 자신감, 만족감(영어 약자로 ARCS; Attention, Relevance, Confidence, and Satisfaction)이라는 이름의 교수 설계를 처음 도입하면서 이 용어를 사용했다. 단계적 공개는 ARCS 모델의 일부로, 그 순간에 상대방에게 필요한 정보만 제공하라는 말이다.

누가 무엇을, 언제 필요로 하는지 알아두라

단계적 공개는 훌륭한 기법이지만, 여기에는 대부분의 사람이 무엇을 원하는지 알고 있다는 전제가 깔려 있다. 만약 이에 대한 조사가 충분치 못하다면 그 프레젠테이션은 엉망이 되기 십상이다.

> ### 청중을 사로잡는 프레젠테이션 노하우
> * 단계적 공개 방식을 사용하라. 차근차근 단계적으로 정보를 설명하고, 보여주고, 그림을 제시하라.
> * 단계적 공개 방식을 사용하기에 앞서 충분한 조사를 거쳐 프레젠테이션에 참석한 청중 대부분이 무엇을 이미 알고 있고 어떤 정보가 새로운 것일지 확실히 파악해 두라.

2 사람들에게는 앞뒤 맥락이 필요하다

프레젠테이션을 듣다가 발표자가 뭔가를 '확실히 알고 있긴 한데' 도저히 그 사람의 말을 이해하기 힘들었던 적이 있는가? 이것은 프리젠터가 발표 내용을 잘 알지만 청중들에게 그 주제가 생소할 수 있다는 사실을 간과한 탓에 생기는 문제다.

프레젠테이션은 길에서 처음 보는 사람에게 다가가 자기 생각을 처음 이야기하는 것과 같다. 청중은 해당 주제에 관해 배경지식을 별로 갖추지 못했을지 모른다. 설사 배경지식을 갖췄더라도 머릿속에 온통 딴생각으로 가득 차서 들을 준비가 안 돼 있을 수도 있다.

선행 조직자를 이용해 맥락을 제공한다

사람들에게 맥락을 제공해야 당황하지 않는다. 선행 조직자(advance organizer)를 활용하면 맥락을 손쉽게 제공할 수 있다. 선행 조직자란 앞으로 나올 정보를 높은 수준으로 요약하는 것으로, 제공될 내용을 이해하는 데 도움이 된다.

- ★ '사람들은 어떻게 듣고 어떻게 보는가(104쪽)' 장에 슬라이드 제목 사용에 관한 부분이 있다. 슬라이드 제목처럼 간단한 것도 맥락을 제공해서 선행 조직자 역할을 한다.
- ★ 상세한 얘기를 하기 전에 진행 절차를 나타내는 도표를 보여주는 것이 선행 조직자다.
- ★ 프레젠테이션에서 다룰 내용의 개요 혹은 주제 목록을 보여주는 것이 선행 조직자다.

프레젠테이션의 서두에 제시하는 일화 혹은 간단한 요약도 선행 조직자다. 예를 들어, 최근 인터랙티브 마케팅 전문가들을 대상으로 한 프레젠테이션에서 나는 서두를 이렇게 시작했다:

> 최근에 중증 질환을 앓는 환자들이 사용하는 웹사이트 운영자와 작업한 적이 있습니다. 그는 웹사이트 재설계 작업을 진행 중이었죠. 나는 그에게 사용자가 정보를 얻으러 사이트를 방문했을 때 어떤 기분일 것 같으냐고 물었습니다. 혼란스러울까요? 압도된 느낌일까요? 아니면 자기 질병에 대해 두려움을 느낄까요? 고객은 나를 멍하게 쳐다보더니 "우리 웹 분석에 따르면 우리 사이트의 전환율(웹사이트의 방문자가 웹사이트에서 목표로 하는 행동을 완료한 비율-옮긴이)은 5퍼센트 정도입니다."라고 대답했죠.

"네, 하지만 사람들이 이 사이트를 찾을 때 어떤 감정일 거라 생각하세요?"라고 했더니 그는 서류를 뒤적거리고는 "사이트에 머무르는 시간은 평균 1.68초입니다."라고 대답하더군요.

가끔 데이터와 분석에 집착한 나머지 웹사이트 방문자가 사람이라는 사실을 잊어버린다는 생각이 듭니다. 사이트 디자인이 사람을 위한 것이라는 사실을 잊어버린다면 그 사이트는 사람들과 효과적인 커뮤니케이션을 할 수 없고, 당신은 사이트에서 원하는 목적을 달성할 수 없을 거예요.

이 프레젠테이션에서는 사람들이 어떻게 생각하고 학습하고 느끼는지 알려주는 심리학적 통찰력을 웹사이트 설계에 적용하는 방법을 여러분과 함께 나누려 합니다.

서두를 이렇게 시작함으로써, 청중에게 프레젠테이션의 중요성은 물론, 앞으로 이야기할 내용의 맥락을 제시했다(프레젠테이션을 시작하는 방법에 대해서는 "프레젠테이션 작성 방법(227쪽)" 장에서 더 자세히 다룬다).

청중을 사로잡는 프레젠테이션 노하우

✸ 사람들은 맥락이 있어야 당신의 말을 이해할 수 있다.
✸ 청중이 당신이 이야기하는 주제의 전문가가 아닐 수도 있으며, 맥락이 있어야 그 개념의 일부를 이해할 수 있다는 사실을 기억하라.
✸ 청중들이 머릿속에 많은 다른 생각들이 가득한 채로 회의장에 들어와 있을지도 모른다는 사실을 기억하라.
✸ 프레젠테이션을 시작할 때, 또 프레젠테이션 중에라도 다음에 나올 이야기의 맥락을 설정하는 데 도움이 되도록 선행 조직자를 사용하라.

 사람들은 정보를 걸러서 듣는다

나는 애플 마니아다. 원래부터 애플의 팬은 아니었고, 윈도우/PC 사용자였다. 처음 PC가 나왔을 때로 돌아가 보자. 나는 CPM 운영체제와 2개의 360KB(MB가 아니라) 플로피 디스크 드라이브를 장착한(즉 하드 드라이브가 없는) 멋진 '휴대용' PC를 갖고 있었다. 나는 애플 취향이 아니라 PC 선호자였다. 애플은 교사들 그리고 나중에는 예술을 좀 하는 사람들에게나 맞는 제품이었지, 내 취향은 아니었다.

그러던 내가 오늘은 아이폰으로 통화하면서, 오후에 운동할 때 쓰려고 아이팟을 충전기에 꽂아 놓고 맥북 프로에 저장된 영화를 아이패드로 전송하는 중이다. 이것을 애플 TV를 통해 보려 한다. 도대체 어떻게 된 일일까? (내가 PC에서 애플로 갈아탄 이야기는 《심리를 꿰뚫는 UX 디자인(Neuro Web Design: What Makes Them Click)》에 자세히 나와 있다. 사소한 변화와 헌신으로 시작해서 더 큰 충성심으로 변했다).

이런 나에게, 어떤 동료가 함께 저녁을 먹으러 가면서 자기가 쓰는 안드로이드 폰을 보여주려 한다면 어떻게 될지는 짐작이 갈 것이다. 그는 자신의 새 안드로이드 폰이 무척 마음에 들었고 저녁식사 내내 그것이 내 아이폰에 못지않음을, 아니 오히려 아이폰보다 더 낫다는 것을 보여주고 싶어 했다. 나는 그 이야기에 전혀 관심이 없었고 그것을 보고 싶지도 않았다. 기본적으로, 아이폰이 최고라는 나의 생각과 다른 어떤 정보가 나의 뇌 속에 들어오게 하고 싶지 않았다. 나는 정보를 걸러내고 있었다.

사람들은 자신이 믿는 것을 확인시켜 줄 정보와 단서를 추구하며 거기에 관심을 기울인다. 사람들은 자신이 기존에 믿고 있던 바와 상반되는 정보를 원하지 않으며 심지어 무시하거나 폄하하기까지 한다.

거르기(filtering)는 우리가 한 번에 관심을 기울여야 할 정보의 양을 줄여주기 때문에 유용할 때가 많다. 하지만 거르기는 때로 나쁜 선택 혹은 행동의 부족을 낳기도 한다.

심리학자들은 이런 거르기를 확증 편향(confirmation bias)이라고 부른다. 사람들은 자신의 기존 믿음을 확인해주는 정보를 좋아하는 경향이 있다. 사람들은 증거를 수집하고 정보를 기억하는 데 있어서 선택적이다. 어떤 것에 대한 믿음이 강할수록 확증 편향도 더 강하다.

청중이 정보 거르기를 못하게 하려면 어떻게 해야 할까?

프레젠테이션을 하는 사람은 청중이 마음을 열고 들어주길 바랄 것이다. 청중의 정보 거르기가 심하면 당신의 아이디어를 전할 기회조차 없다. 청중이 가지고 있을지도 모르는 자동 필터를 통과하기 위해서는 이런 전략이 필요하다.

청중이 믿고 있는 것에서부터 시작하라. 청중이 믿고 있는 것에서부터 시작하라. 처음부터 청중의 기존 믿음과 반대되는 이야기를 하면 청중은 그 즉시 귀를 닫아버릴지도 모른다. 예를 들어, 나에게 안드로이드 폰이 정말 훌륭하며 아이폰보다 낫다는 이야기부터 꺼낸다면 십중팔구 나는 듣지 않을 것이다. 하지만 나와 같은 생각 혹은 내가 알고 있는 이야기, 이를테면 아이폰이 얼마나 좋은가부터 시작한다면 내 귀에 들어올 기회를 얻을 것이다.

청중에게 놀라움을 안겨 주라. 청중의 정보 거르기를 무사통과하는 방법은 예기치 않은 정보나 경험을 이야기하는 것이다. 예를 들어, 나는 최근 전체 스마트폰 판매에서 안드로이드 폰이 50퍼센트가 넘고, 아이폰은 33퍼센트에 불과하다는 이야기를 들었다. 깜짝 놀라, '아무래도 안드로이드 폰에 대해 더 알아봐야겠다'는 생각이 들었다.

인지 부조화(COGNITIVE DISSONANCE)의 상황을 연출하라. 1956년 발표된 레온 페스팅거(Leon Festinger)의 저서 《예언이 빗나갈 때(When Prophecy Fails)》에서 인지 부조화의 개념이 나온다. 인지 부조화란 둘 다 옳다고 믿는 두 가지 의견을 들었을 때 느끼는 불편한 감정을 말한다. 예를 들어, 나는 스스로 남을 보살피는 사람이라고 생각하지만, 자선기금에 돈을 내지는 않는다. 이럴 때 인지 부조화에 빠진다. 이 두 가지 사실은 상충하며 이런 인지 부조화로 나는 마음이 불편해진다. 그럼 이 중 하나를 부인하거나(이를테면, 내가 남을 보살피는 사람이 아니라고 하거나, 금년에 자선기금을 내지 않았다는 사실을 부인하거나 둘 중에 하나다) 아니면 부조화를 해소하기 위해 내 행동을 바꾼다.

청중을 사로잡는 프레젠테이션 노하우

✳ 청중은 프리젠터가 제공하는 정보와 관점을 자신의 기존 믿음에 따라 걸러낸다는 사실을 유념하라.

✳ 청중에 대해 미리 많이 알수록 그들이 어떻게 정보 거르기를 할지 더 많이 예상할 수 있고, 청중의 정보 거르기를 통과할 프레젠테이션을 할 수 있다.

✳ 청중에게 새로운 아이디어를 소개할 때는 청중의 기존 관념을 확인하라. (예를 들면 "당신이 아이폰을 얼마나 좋아하는지 잘 압니다.") 그러면 청중은 자기를 이해하고 자기 이야기를 들어준다는 느낌을 받는다.

✳ 청중의 정보 거르기를 통과할 수 있도록 청중이 깜짝 놀랄 만한 아이디어와 데이터를 찾아서 제시하라.

4 사람들은 자기 생각에 확신이 없을수록 더 방어적인 태도를 취한다

앞서 인지 부조화(서로 상충하는 두 가지 생각 때문에 마음이 불편해지는 것)에 대해 언급했다. 이런 느낌이 싫기 때문에 생각을 바꾸거나 둘 중 하나를 부정함으로써 부조화를 없애려 애쓴다.

인지 부조화에 대한 독창적 연구에서 사람들은 자신이 믿지 않는 의견을 방어하도록 강요받았다. 그 결과 사람들은 자신의 믿음을 새로운 의견에 맞게 바꿨다.

사람들이 새로운 의견을 지지하도록 강요받으면 어떤 일이 생길까?

빈센트 반 빈의 연구에서 연구자들은 사람들에게 fMRI(functional Magnetic Resonance, 기능성 자기공명장치. MRI 기능에 산소가 많이 소비되는 지점과 그 양을 영상으로 표현 가능하게 만든 기기 - 옮긴이) 촬영 경험이 유쾌했다고 '주장하게'(사실은 그렇지 않다) 했다(Vincent Van Veen, 2009). 촬영 경험이 유쾌했다고 말하도록 '강요'받을 때 뇌의 특정 부위(등쪽 전측 대상피질과 전측 섬피질)가 밝게 빛났다. 이렇게 활성화되는 부분이 많을수록 실험 참가자는 fMRI가 유쾌했다고 더 강하게 주장했다.

사람들이 새로운 의견을 지지하도록 강요받지 않으면 어떤 일이 생길까?

때때로 다른 반응이 나오기도 한다. 사람들이 실제로는 믿지 않는 것을 믿는다고 말하라는 강요를 받지 않을 때는 어떻게 될까? 기존 생각에 반하는 정보를 제공하되, 그 새로운 생각을 지지하라는 강요를 받지 않는다면 어떻게 될까? 이런 상황에서는 자기의 기존 생각을 바꾸는 대신 새로운 정보를 부정하는 경향이 나타난다.

불확실하면, 사람들은 더 강하게 우긴다

데이빗 갤과 데렉 럭커는 프레이밍(framing: 일반적으로 인간의 의사결정은 문제의 제시 방법에 따라 크게 달라지게 되는데, 이 때 문제의 표현방법을 판단에 있어서의 '프레임'이라 부르고, 프레임이 달라짐에 따라 판단이나 선택이 변하는 것을 '프레이밍 효과'라고 한다 - 옮긴이) 기법을 사용해 사람들에게 불확실한 느낌을 주는 연구를 수행했다(David Gal and Derek Rucker, 2010). 예를 들어, 한 그룹에게는 확신에 가득 찼던 때를, 다른 그룹에게는 의심으로 가득했던 때를 기억하라고 했다.

그런 다음, 참가자들에게 육식가인지 채식주의자인지, 우유도 안 먹는 엄격한 채식주의자인지, 그냥 채식주의자인지, 채식 여부가 그들에게 얼마나 중요한지, 그리고 자신의 식습관에 얼마나 확신을 갖고 있는지를 물었다. 불확실한 때를 기억하라는 요구를 받았던 사람들은 육식가인지 채식주의자인지 하는 질문에 확신이 덜했다. 하지만 자기의 식습관에 대한 의견을 남에게 설득하는 글을 쓰라고 하자, 자신이 채식가인지 여부에 확신을 갖고 있는 사람들보다 강한 표현을 더욱 자주 썼다. 갤과 럭커는 다른 주제(맥 컴퓨터 vs. 윈도우 컴퓨터)로 연구를 진행해서 비슷한 결과를 얻었다. 사람들은 확신이 덜 할 때, 문제를 더욱 파고들며 더욱 강한 주장을 펼친다.

청중을 사로잡는 프레젠테이션 노하우

✳ 믿음이 깊이 배어 있으면 바꾸기 어렵다. 실용적이고 현실적으로 접근하라. 모든 사람들이 한 목소리로 "아!"라고 외치면서 자신이 오랫동안 지녀왔던 생각을 단번에 바꾸리라는 기대를 버리고 생각의 작은 변화라도 일으킬 수 있는 방법을 모색하라.

✳ 프레젠테이션 도중에 어떤 생각에 대한 찬반 의견을 거수로 표시해 달라고 요청하라. 이것은 이중의 효과가 있다. 청중들에게 결정을 '강요'해서 기존의 자기 생각을 고수하려는 마음을 약화시킬 수도 있고, 발표회장 내 모든 사람들의 생각이 나와 다른 것을 보면 자기 생각을 바꿀 수도 있다.

✳ 사람들에게 기존 생각이 논리적이지 않고 옹호할 수 없으며 좋은 선택이 아니라는 증거만 쏟아내지 말고 다른 의견의 이점을 제시하라.

5 사람들은 정신 모델을 갖고 있다

당신이 일하는 회사가 다른 회사와 기업 인수 절차를 진행 중이라서 인수에 대한 프레젠테이션에 가는 중이라고 해 보자. 프리젠터를 만나 본 적도 없고 아직 프레젠테이션에 가지도 않았지만, 당신은 이미 그 기업 인수가 어떨지, 프리젠터가 무슨 얘기를 할지에 대해 어느 정도 생각하고 있다. 당신의 생각이나 예상이 틀릴 수도 있지만, 프레젠테이션이 시작하기 전에 당신은 이미 어떤 생각을 하고 있다. 즉, 그에 대한 정신 모델(Mental Model)을 갖고 있다.

머릿속에 있는 정신 모델은 여러 가지에 좌우된다. 전에 기업 인수를 경험해 본 적 있는 사람은 경험해 보지 않은 사람, 혹은 기업 인수가 뭔지도 모르는 사람과는 상당히 다른 정신 모델을 갖고 있다.

프레젠테이션에 참석하는 청중은 프레젠테이션 주제에 대해 백지 상태로 오는 것이 아니다. 프리젠터가 말을 시작하기도 전에, 청중은 그에 대한 정신 모델을 갖고 있다. 청중은 기대를 품고 있으며, 이러한 기대에 따라 청중의 반응이 달라질 수 있다.

정신 모델이란 정확히 무엇인가?

정신 모델에 대한 정의는 25년여 동안 여러 가지가 있었다. 그중에서 가장 마음에 드는 것은 수잔 캐리(Susan Carey)가 1986년 논문인 '인지 과학과 과학 교육(Cognitive Science and Science Education)'에서 밝힌 내용이다.

> "정신 모델이란 무엇이 어떻게 작용하는가에 대한 한 사람의 사고 과정을 나타낸다(즉, 한 사람이 주변 세상을 어떻게 이해하고 있는가다). 정신 모델은 불완전한 사실, 과거 경험, 심지어 직감에 근거한다. 정신 모델은 행동 결정에 도움을 주고, 복잡한 상황에서 사람들이 무엇에 집중할지에 영향을 미치며, 문제에 어떻게 접근하고 해결할지를 정해준다."

정신 모델은 어떻게 프레젠테이션에 영향을 미칠까?

효과적이고 설득력 있는 프레젠테이션을 하려면 청중의 정신 모델을 이해해야 한다. 청중은 주제에 대해 사전 지식을 얼마나 갖고 있을까? 청중은 정보 거르기를 얼마나 할까? 청중의 정신 모델에 대해 많이 알수록 그에 맞게 프레젠테이션을 더 잘 할 수 있다.

청중의 정신 모델을 이해하려면 조사를 해야 한다. 주최자와 참석 예정 청중에 대한 이야기를 나눠라. 예상 청중의 생각과 경험에 관련한 질문을 하라. 예를 들어, 웹사이트 설계에 심리학 연구를 적용하는 것에 대한 프레젠테이션을 준비한다면 주최자를 만나 이런 것들을 물어볼 것이다.

- ★ 참석자들의 직책은 무엇인가?
- ★ 참석자들은 웹사이트 설계 경력이 어느 정도 되는가?
- ★ 참석자들은 심리학에 대해 어느 정도 알고 있는가?

청중들이 주로 대기업 근무 경험이 있는 프로그래머로서 웹디자이너로 전직 중이라는 것을 알게 되면 그들에게 웹 설계에 적용된 심리학 원칙들이 비교적 새로운 주제이며, 웹 설계 방법에 대한 그들의 정신 모델에는 아마도 웹사이트 방문자의 심리를 고려한 부분이 들어 있지 않음을 알게 된다.

반대로, 청중들이 주로 인터넷 마케팅 담당자로서 최근에 목표 청중(target audience)과 광범위한 인터뷰를 수행한 사람들이라면 이들의 웹 설계 정신 모델에는 소비자의 심리에 대한 이해가 포함돼 있을 것이다.

어떤 정신 모델이 작용하고 있는지 안다면 어떤 자료를 어떤 순서로 발표할지 정할 수 있고, 그럼으로써 유익하고 재미있고 설득력 있는 프레젠테이션을 할 수 있을 것이다. '프레젠테이션 작성 방법(227쪽)' 장에서는 프레젠테이션에 주의를 집중시키기 위해 이런 정보를 이용하는 방법과 청중에 맞게 사용하는 방법을 더 구체적으로 알아본다.

청중을 사로잡는 프레젠테이션 노하우

✱ 사람들은 언제나 정신 모델을 갖고 있다.

✱ 사람들은 과거 경험을 토대로 정신 모델을 만들어 낸다.

✱ 사람들의 정신 모델이 다 똑같지는 않다.

✱ 프리젠터와 프레젠테이션 주제에 대해 청중이 가진 정신 모델을 많이 이해할수록 더욱 효과적인 프레젠테이션을 할 수 있다.

6 사람들은 이야기 형식일 때 정보 처리를 가장 잘한다

사람들을 감정적으로 연관시키는 데 이야기가 얼마나 중요한지는 '사람들은 어떻게 감정적으로 반응하는가(139쪽)' 장에서 자세히 다룬다. 또한 이야기는 사람들이 프레젠테이션 내용을 이해하는 주된 방법이기도 하다. 이야기는 사람들이 정보를 처리하는 데 도움을 주며 인과관계를 암시한다.

이야기의 구조

아리스토텔레스가 이야기의 기본 구조를 정의한 후 많은 사람들이 그의 생각을 자세히 설명했다. 하나의 모델은 시작, 중간, 끝의 기본적인 3막 구조로 돼 있다. 이것이 그리 낯설게 들리지 않을지도 모르지만 아리스토텔레스가 이 개념을 이야기한 2천여 년 전에는 상당히 급진적인 개념이었을 것이다.

아리스토텔레스의 개념을 '사람들이 어떻게 감정적으로 반응하는가(139쪽)' 장에 나오는 이야기에 적용해 보자.

> 몇 년 전, 세미나를 진행하려고 보니 참석자들이 모두 억지로 온 사람들이었다. 그들은 사장님 지시로 온 사람들로, 세미나가 시간낭비라고 생각했고, 그 때문에 내가 긴장한 것도 알고 있었다. 나는 용감하게 진행해 나가기로 했다. 틀림없이 나의 훌륭한 콘텐츠가 주의를 끌 거야, 그렇지? 나는 심호흡을 하고 미소를 띤 채 큰 목소리로 힘차게 "여러분 안녕하세요? 이 자리에 와 주셔서 정말 기쁩니다."라고 말하며 세미나를 시작했다. 참석자의 반 이상이 나를 쳐다보지도 않은 채 이메일을 읽거나 할 일 목록을 쓰고 있었다. 조간신문을 읽는 사람도 있었다. 1초가 한 시간 같은 순간이었다.
>
> 나는 어찌할 바를 몰라 '어떡하지?'라고 생각했다. 그때 번뜩 아이디어가 떠올랐다. "여러분께 이야기를 하나 해 줄게요."라고 하자 이야기라는 말에 모두들 고개를 들고 나를 쳐다봤고, 단 몇 초 안에 사람들의 주의를 잡아둘 수 있는 이야기를 해야 했다.

아리스토텔레스의 모형에 따르면 시작 부분에서 청중에게 배경, 인물, 상황 혹은 갈등을 제시한다. 나는 이 이야기에서 배경(세미나를 해야 함), 인물(나와 청중들), 그리고 갈등(청중들은 나를 원하지 않음)을 소개했다.

내 이야기는 아주 짧아서 중간 부분도 아주 짧다. 이야기 중간에 전형적으로 주인공이 극복해야 할 장애물과 갈등이 나온다. 이런 갈등은 대개 어느 정도, 그러나 완전히는 아닌 채로 해결된다. 내 이야기에서 주인공은 평소처럼 오프닝을 하려 했으나 실패했다. 그런 다음 공황상태에 빠졌다.

끝부분에서 갈등은 절정에 도달하고 마침내 해결된다. 앞에서 든 사례에서 나는 어떻게 해야 할지(청중들에게 이야기를 들려주기) 생각해 냈고, 그것은 성공적이었다.

이것은 기본 개요다. 많은 변형과 구성이 추가되고 끼어들 수 있다.

이야기는 인과관계를 암시한다

이야기는 아무 인과관계가 없을 때 인과관계를 만들어낼 수 있다. 왜냐하면 이야기에는 대개 시간적 흐름에 따른 서술(처음에 이 일이 일어나고, 다음에 이 일이 일어난다)이 들어 있고, 아무 인과관계가 없을 때도 인과관계를 암시한다. 크리스토퍼 차브리스(Christopher Chabris)와 대니얼 사이먼스(Daniel Simons)는 저서 《보이지 않는 고릴라(The Invisible Gorilla)》에서 이에 대한 예를 제시했다. 그 중 두 단락을 보자.

조이의 형은 그를 주먹으로 때리고 또 때렸다. 다음날, 조이의 몸은 온통 멍투성이였다.

화가 난 조이의 엄마는 조이에게 격노했다. 다음날, 조이의 몸은 온통 멍투성이였다.

첫 번째 단락에서는 많이 추측할 필요가 없다. 조이가 주먹으로 맞았고, 멍이 들었다. 맞아서 멍이 든 것이다. 두 번째 단락의 내용은 그리 명확하지 않다. 연구 결과, 사람의 두뇌는 실제로 두 번째 단락에서 약간 더 오랜 시간 생각한다. 하지만 대부분의 사람은 단락에서 그렇게 말하지 않아도 조이가 엄마 때문에 멍이 들었다고 결론 짓는다. 시간이 좀 흐른 후에 사람들에게 그 단락을 기억해 보라고 하면 사람들은 이야기에 그런 내용이 없는데도 이야기에서 조이의 엄마가 때렸다는 내용을 읽었다고 생각한다.

사람들은 인과관계를 엮는 데 재빠르다. 두뇌는 모든 적절한 정보를 얻었고 인과관계가 있다고 추정한다. 이야기에서는 이런 인과관계로의 도약이 더 쉬워진다. 사람들에게 어떤 아이디어를 믿게 하거나 어떤 행동을 하도록 설득하고 싶다면 인과관계가 있는 이야기를 사용하면 사람들이 잘 믿는다.

예를 들어, 설득력 있는 웹사이트를 설계하기 위해 심리학 원칙을 사용하는 것이 왜 중요한가에 대한 프레젠테이션을 한다고 해 보자. 어떤 색깔을 사용할지 신중하게 결정해야 한다는 원칙을 설명하는 데는 두 가지 방법이 있다.

(1) 색깔은 중요합니다. 색깔은 행동에 영향을 미칠 수 있죠. 색깔을 정할 때는 신중하게 판단하고 그 의미를 잘 알아두세요. 예를 들어, 많은 문화에서 빨간색은 위험 혹은 정지를 의미합니다. 버튼에 빨간색을 사용하고 싶지 않을 거예요. 사람들이 버튼을 누르기를 망설일 테니까요.

혹은

(2) 최근에 저는 고객의 웹사이트를 검토했습니다. 그 사이트의 홈페이지에는 방문자들의 신상정보를 입력하는 메뉴가 있었어요. 회사에서 방문자들에게 원하는 주된 행동은 이 서식 작성이었어요. 그런데 이 메뉴의 버튼이 빨간색이었죠. 나는 빨간색은 위험 혹은 정지를 의미한다고 말해 주었습니다. 사람들은 빨간색 버튼은 잘 누르지 않을 거예요. 회사에서 웹사이트 데이터를 찾아보니, 당연하게도, 지금까지 그 빨간색 버튼을 눌러서 서식을 작성한 사람이 아무도 없었습니다.

빨간색 버튼 이야기는 아무도 버튼을 누르지 않았던 이유가 빨간색 때문임을 암시한다. 이야기는 그냥 정보를 제공하기보다 요점을 더 강하게 전달할 수 있다.

이야기는 모든 커뮤니케이션에서 중요하다

때때로 "이야기를 하는 게 좋은 프레젠테이션도 있겠지만 저는 진지한 멘트를 합니다."라고 말하는 의뢰인들이 있다. 그렇지 않다. 커뮤니케이션이 오가는 어떤 때나 사용할 수 있는 적절한 이야기가 있다.

이런 예가 있다. 당신은 의료 기술 회사의 주주로 연례 주주총회에 참석했다. 연사 중 한 명이 그 회사에서 만드는 의료용품 목록을 보여주면서 말한다. "우리 의료용품은 세계에서 수백 명의 환자들이 사용합니다."

이번에는 이런 예를 들어 보자. 똑같은 프리젠터가 그림을 하나 보여준다. 그림에는 45세 여성이 미소 띤 얼굴로 도시의 거리를 걸으며, "마리안 원터는 심각한 척추측만증이 있어서 참을 수 없는 고통을 겪었습니다. 척추 기형이 점점 더 악화되는 상황이었죠. 이를 바로잡기 위해 저희 회사의 척추 치료기기를 사용해서 척추 융합 수술을 받았습니다. 요즘 마리안의 척추는 훨씬 더 곧게 펴졌고, 통증은 사실상 사라졌으며 키가 무려 10센티미터나 커졌습니다." 심각한 주제지만 이야기가 요점을 훨씬 더 강하게 만들어 준다.

> **청중을 사로잡는 프레젠테이션 노하우**
>
> ✱ 이야기는 사람들이 정보를 처리하는 자연스러운 방식이다.
>
> ✱ 사람들이 인과관계를 만들기를 원한다면 이야기를 사용하라.
>
> ✱ 이야기가 늘 재미있는 것은 아니다. 당신이 전달하려는 정보가 아무리 무미건조하더라도 이야기를 사용하면 이해할 수 있고 재미있고 기억할 만한 프레젠테이션이 된다.

 사람들은 예를 통해 가장 잘 배운다

앞에서 아리스토텔레스의 이야기 구조 모델에 관한 이야기를 했는데, 만약 내가 그냥 사실만 이야기하고 말았다면 어땠을까?

> 아리스토텔레스가 이야기의 기본 구조를 정의한 후 많은 사람들이 그의 생각을 자세히 설명했다. 하나의 모델은 시작, 중간, 끝의 기본적인 3막 구조로 돼 있다. 이것이 그리 낯설게 들리지 않을지도 모르지만 아리스토텔레스가 이 개념을 이야기한 2천여 년 전에는 상당히 급진적인 개념이었을 것이다.

당신이 이 정보를 처리했는지 여부는 알 수 없으며, 어쩌면 기억이 안 날지도 모른다. 나는 그냥 사실만 이야기하지 않고 예를 들어서 얘기했다. 아리스토텔레스의 개요가 내 이야기에 어떻게 적용되는가를 직접 보여줬다.

> 아리스토텔레스의 모형에 따르면 시작 부분에서는 청중에게 배경, 인물, 상황 혹은 갈등을 제시한다. 나는 이 이야기에서 배경(세미나를 해야 함), 인물(나와 청중들), 그리고 갈등(청중들은 나를 원하지 않음)을 소개했다.

> 내 이야기는 아주 짧아서 중간 부분도 아주 짧다. 이야기 중간에 전형적으로 주인공이 극복해야 할 장애물과 갈등이 나온다. 이런 갈등은 대개 어느 정도, 그러나 완전히는 아닌 채로 해결된다. 내 이야기에서 주인공은 평소처럼 오프닝을 하려 했으나 실패했다. 그런 다음 공황상태에 빠졌다.

> 끝부분에서 갈등은 절정에 도달하고 마침내 해결된다. 앞에서 든 사례에서 나는 어떻게 해야 할지(청중들에게 이야기를 들려주기) 생각해 냈고, 그것은 성공적이었다.

예를 들어 설명하면 더 많은 정보를 제공하며, 더 깊이 있는 정보 처리에 도움이 된다. 또한 정보가 기억에 오래 남아 더 잘 떠오른다.

청중을 사로잡는 프레젠테이션 노하우

✳ 사람들은 예를 통해 가장 잘 배운다.

✳ 예를 제시하면 청중은 더 깊이 있는 정보 처리를 하고 더 오래 기억한다.

✳ 사람들에게 무엇을 해야 할지 말만 하지 말고, 시각적으로 보여줘라.

8 단기 기억은 한계가 있다

다음에 나열한 용어를 30초 동안 잘 읽어보라.

- ★ 회의
- ★ 일
- ★ 프레젠테이션
- ★ 사무실
- ★ 마감기한
- ★ 컴퓨터
- ★ 서류
- ★ 펜
- ★ 직원
- ★ 화이트보드
- ★ 전화
- ★ 의자
- ★ 선반
- ★ 테이블
- ★ 비서

이 단어 목록은 곧 다시 얘기할 것이다. 우선, 사람의 기억력이 얼마나 취약하고 복잡한지 알아보자.

누구나 이런 경험이 있다. 전화 통화 중에 상대방이 내가 곧바로 전화를 걸어야 할 사람의 이름과 전화번호를 알려준다. 펜과 종이가 없어서 기억하려고 몇 번이고 소리 내어 말해 본다. 기억에서 사라지기 전에 전화하려고 재빨리 전화를 끊지만, 이런 상황에서 기억력이 그다지 믿을 만하지 않다는 사실을 알게 될 것이다.

심리학자들은 이런 유형의 기억 작용에 대해 많은 이론을 갖고 있다. 어떤 사람은 이를 단기기억(short-term memory)이라고 하고 어떤 사람은 작업 기억(working memory)이라고 한다. 이 책에서는 이처럼 1분 내에 필요한 아주 짧은 기억을 작업 기억이라고 하겠다.

작업 기억과 초점 주의

작업 기억을 잊기 전에 잘 긴직하는 사람은 그리 많지 않다. 작업 기억 내의 정보는 쉽게 간섭받는다. 예를 들면, 이름과 전화번호를 기억하려고 하는데 동시에 누군가가 말을 걸어오면 짜증이 날 것이다. 이름과 전화번호도 까먹고 말 것이다. 집중하지 않으면 작업 기억 속 정보를 잃고 만다. 작업 기억은 주의집중력에 연동되기 때문이다. 작업 기억 속 정보를 잃지 않으려면 거기에 초점을 맞추고 있어야 한다.

스트레스는 작업 기억을 방해한다

기능성 자기공명장치(fMRI)를 사용한 뇌 촬영은 스트레스를 받을 때 두뇌의 전전두엽 피질(이마 바로 뒷부분)의 활동이 덜 활성화됨을 보여준다. 이것은 스트레스가 작업 기억의 효율성을 감소시킨다는 것을 나타낸다.

작업 기억 vs. 감각적 유입

흥미롭게도 작업 기억과 일정 시간에 처리하는 감각적 유입의 양은 서로 반비례 관계다. 작업 기억 능력이 좋은 사람들은 자기 주변에서 일어나는 일들을 쉽게 걸러낸다. 전전두엽 피질은 무엇에 주의를 집중해야 할지를 결정한다. 주위의 여러 감각적인 자극을 무시하고 작업 기억 내의 한 가지에만 주의 초점을 맞출 수 있다면 그것을 기억할 수 있을 것이다.

프레젠테이션은 작업 기억에 과도한 부담을 지우기 쉽다

프레젠테이션은 으레 짧은 시간에 이뤄진다. 대부분의 프레젠테이션은 한 학기 과정의 대학 강좌가 아니다. 2시간, 1시간, 심지어 20분짜리 폭풍 발표다. 프리젠터는 종종 그 시간 안에 가능한 한 많은 정보를 쏟아 넣어야 한다는 충동을 느낀다. 그래서 사람들이 처리하거나 장기 기억에 저장할 수 없을 정도로 너무 많은 정보를 제공함으로써 작업 기억에 과도한 부담을 지우기가 쉽다.

청중을 사로잡는 프레젠테이션 노하우

✴ 사람들에게 동시에 너무 많은 정보를 기억하라고 요구하지 마라. 그렇게 하면 정보를 기억하지 못하고 좌절할지도 모른다.

✴ 새로운 정보를 소개할 때는 그다음 몇 분 동안 이야기나 사례, 혹은 활동(아니면 세 가지 모두)을 넣어서 작업 기억에서 장기 저장으로 넘어갈 수 있게 하라.

✴ 프레젠테이션에 가능한 한 많은 정보를 쏟아 넣으려고 하지 말고, 정말 중요한 몇 가지를 골라 거기에 집중하라.

9 사람들이 한 번에 기억하는 것은 4개에 불과하다

사용성, 심리학, 혹은 기억 연구에 익숙한 사람이라면 '마법의 숫자 7±2'라는 말을 들어 본 적이 있을 것이다. 사실 이것은 이른바 도시 전설(urban legend. 출처가 불분명한 이야기 - 옮긴이)에 불과하다. 조지 A. 밀러는 논문에서 사람들은 5에서 9개(7±2)를 기억할 수 있으며, 한번에 7±2개의 정보를 처리할 수 있다고 했다(George A. Miller, 1956). 이미 들어 본 적 있을지 모르겠지만 이것은 그다지 정확한 것이 아니다.

왜 도시 전설일까?

심리학자 앨런 배델리는 7±2 법칙에 의문을 품었다. 배델리는 밀러의 논문을 파헤쳐서 그것이 실제 연구를 기술한 논문이 아니라 밀러가 어떤 회의에서 한 말이었음을 알아냈다(Alan Baddeley, 1994). 그것은 사람들이 동시에 처리할 수 있는 정보량에 내재하는 한계가 있는지에 대해 밀러가 그냥 생각나는 대로 한 말이었다.

배델리는 인간의 기억과 정보 처리에 관한 일련의 기나긴 연구를 진행했다(Alan Baddeley, 1986). 넬슨 코완(Nelson Cowan, 2001) 등 여러 심리학자들이 그의 뒤를 이었다. 연구를 통해 그는 '마법의' 숫자가 4임을 밝혀냈다.

많은 것은 4개씩 묶는다

사람들은 정신을 흐트러뜨리는 것이 없고, 정보 처리를 방해받지 않는다면 작업 기억에 3~4가지를 기억할 수 있다.

사람들의 취약한 기억력을 돕기 위해 채택하는 흥미로운 전략 중 하나는 정보를 그룹으로 '묶는' 것이다. 미국의 전화번호 체계가 712-569-4532와 같이 돼 있는 것은 우연이 아니다.

전화번호는 4개 이하씩 묶인 덩어리가 3개 있어서 숫자 10개를 따로따로 기억하지 않아도 된다. 지역번호를 외우고 있다면(즉, 장기 기억에 저장돼 있다면) 앞의 한 덩어리는 통째로 무시해도 된다.

몇 년 전만 해도 전화번호를 기억하는 일은 더 쉬웠다. 같은 지역번호 내에 있는 사람에게 전화하는 일이 많으므로 지역번호는 장기 기억에 들어 있었는데, 장기 기억은 금세 생각이 난다. 예전에는 같은 지역번호를 쓰는 지역에서 전화를 걸 때는 지역번호를 누르지 않아도 됐다(지금은 대부분의 지역이 그렇지 않다). 그리고 더 쉽게는 같은 동네 사람들은 모두 같은 국번(앞에 제시한 전화번호의 569 부분)이었다. 같은 국번의 동네 사람에게 전화를 걸 때는 끝의 4자리 번호만 기억하면 그만이었다(이것이 옛날이야기가 돼 버렸다는 사실을 나도 안다. 나는 위스콘신의 작은 마을에서 살고 있는데, 이곳 사람들은 여전히 자기 전화번호의 끝자리 4개만 알려준다. 지금은 지역번호와 그 뒤의 일곱 자리를 다 눌러야 하는데도 그렇다).

4개 법칙은 기억 인출에도 적용된다

4개 법칙은 작업 기억뿐 아니라 장기 기억에도 적용된다. 조지 맨들러에 따르면 사람들은 정보를 범주별로 기억할 수 있고 하나의 범주 안에 1~3개가 있을 때 기억에서 완벽하게 꺼낼 낼 수 있다고 했다(George Mandler, 1969). 각 범주가 3개 이상의 항목을 포함하고 있을 때는 기억되는 항목의 수가 계속 줄어들었다. 한 범주에 4~6개가 있다면 사람들은 80퍼센트를 기억할 수 있었다. 거기서부터 계속 떨어져서 만약 범주 내에 80개의 항목이 있다면 기억률은 20퍼센트까지 떨어졌다(그림 9.1).

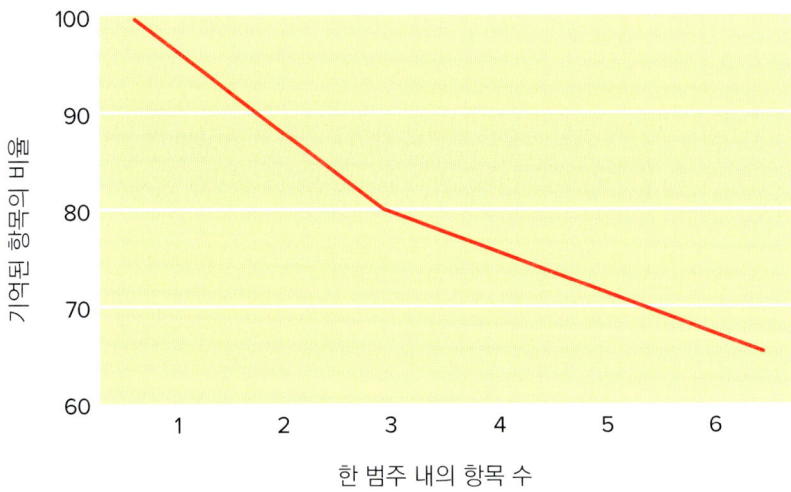

그림 9.1　한 범주 내에 항목이 많을수록 기억의 정확도는 낮아진다.

　도널드 브로드벤트는 사람들에게 다른 범주에 있는 항목(예: 일곱 난장이, 무지개의 일곱 색깔, 유럽 국가들, 혹은 지금 방송되는 TV 프로그램 이름)을 기억해 내게 했다(Donald Broadbent, 1975). 사람들은 2개, 3개, 혹은 4개의 항목을 덩어리로 함께 기억해 냈다.

프레젠테이션에서의 의미 덩어리 만들기

대부분의 프레젠테이션에는 3~4개 이상의 아이디어와 개념이 담긴다. 12~15가지의 다른 주제를 장황하게 늘어놓지 말고 3~4개의 주제로 묶어준다. 그런 다음 다시 그 안에서 3~4개로 다시 나눌 수 있다.

예를 들어, 다음과 같이 소상공업의 성공적인 창업과 운영에 관한 프레젠테이션 주제 목록이 있다고 하자.

a. 제공할 제품과 서비스 결정

b. 제품과 서비스 가격 책정

c. 온라인 마케팅

d. 필수적인 일대일 마케팅

e. 법인화 필요 여부

f. 세금에 대해 알아야 할 것

g. 직원 고용 vs. 하청

h. 청구서 작성용 소프트웨어

i. 이메일 확인 및 이메일 마케팅용 소프트웨어

j. 소상공업을 위한 효과적인 판매 기술

k. 타깃 시장 찾기

l. 웹사이트 디자인과 운영

프레젠테이션 서두에 이런 긴 주제 목록을 이야기하며 보여주지 말고, 다음과 같이 주제를 그룹으로 묶어 줄 수 있다.

★ 제품과 서비스 판매(a, b, j, k 포함)

★ 마케팅 계획을 처음 시작하는 방법(c, d, i, l 포함)

★ 사업 운영(e, f, g, h 포함)

이처럼 주요 주제는 각각 하부에 3~4개의 주제로 나뉘고, 또 각 주제는 3~4개로 다시 더 나눌 수 있다. 이렇게 하면 청중을 질리지 않게 하면서 소화할 수 있는 의미 덩어리로 모든 내용을 제공하는 프레젠테이션을 할 수 있다.

청중을 사로잡는 프레젠테이션 노하우

* 프레젠테이션에서 전달할 정보를 의미 덩어리로 묶어서 범주화하라.
* 3~4개의 주요 의미 덩어리를 사용하라.
* 각 의미 덩어리에는 4개 이하의 항목만 넣어라.

10 정보를 기억하려면 정보를 이용해야 한다

사람들은 어떻게 작업 기억에 있는 것을 장기 기억으로 옮길까? 여러 번 반복하기, 혹은 기존 지식과 연관 짓기의 2가지 방법이 있다.

반복은 물리적으로 뇌를 바꾼다

정보를 저장하는 두뇌에는 100억 개의 뉴런이 있다. 전기 충격은 뉴런을 통해 흘러가며 신경전달 화학물질에 의해 뉴런들 사이의 시냅스 간격을 넘어 이동한다. 우리가 기억하려고 하는 단어나 구, 노래, 혹은 전화번호를 반복할 때마다 두뇌의 뉴런이 활성화된다. 기억은 뉴런들 사이의 연결 패턴으로 저장된다. 두 개의 뉴런이 활성화되면 둘 사이의 연결이 강화된다.

정보를 충분히 여러 번 반복하면 뉴런이 활성화 흔적(firing trace)을 형성한다. 일단 흔적이 형성되고 나면 시퀀스를 시작만 하면 나머지 항목이 연쇄적으로 활동해서 기억을 떠올릴 수 있게 해 준다. 그래서 기억하려면 정보를 여러 번 반복해서 들어야 한다.

경험은 우리의 뇌에 물리적인 변화를 일으킨다. 몇 초 만에 새로운 회로가 형성되어 특정 사항에 대한 우리의 사고방식 혹은 정보 기억 방식을 영원히 바꿀 수 있다.

스키마(SCHEMA)의 힘

'머리'가 무엇인지 묘사해 보라고 하면 두뇌, 머리카락, 눈, 코, 귀, 피부, 목과 기타 부분에 대해 이야기할 것이다. 머리는 여러 가지로 구성돼 있지만 그 모든 정보를 모아서 '머리'라고 한다. '눈'도 마찬가지다. 안구, 홍채, 눈썹, 눈꺼풀 등 눈을 구성하는 모든 것이 생각날 것이다. 이때 '머리'와 '눈'은 스키마다. 사람들은 스키마를 이용해 장기 기억에 정보를 저장하고 다시 불러낸다.

사람들이 새로운 정보를 기존에 저장된 정보와 연결한다면 기억하기, 즉 장기 기억에 머무르기가 더 쉽다. 스키마는 사람들이 장기 기억에서 이러한 연합을 구축할 수 있게 해 준다. 단 하나의 스키마는 사람들이 많은 정보를 정리하는 데 도움이 된다.

그림 10.1 머리는 눈, 귀, 코, 입, 머리카락 그리고 다른 부분으로 구성돼 있다. 이런 부분들을 하나의 스키마로 결합하면 기억하기가 더 쉽다.

전문가는 정보를 스키마로 저장한다

어떤 일을 잘하는 사람일수록 그들의 스키마는 더 잘 조직되고 강력하다. 예를 들어, 체스 게임을 처음 하는 사람은 작은 스키마가 여럿 필요하다. 첫 번째 스키마는 체스판 위에 말을 놓는 방법, 두 번째는 퀸의 이동 방법 등과 같은 식이다. 하지만 체스를 많이 해 본 사람은 많은 정보를 하나의 스키마로 쉽게 쌓을 수 있다. 게임이 한창인 체스판을 보면서 처음 몇 수가 어떻게 움직였고 참가자의 전략이 뭔지, 다음 수가 뭔지 이야기할 수 있다. 그들은 분명 말을 놓는 방법, 각 말이 움직이는 방법을 암기할 수 있다. 체스 초보자는 여러 개의 스키마가 필요하지만 숙련자는 이를 하나의 스키마로 저장할 수 있다. 그러면 정보를 검색하기가 더 빠르고 쉬워지고, 체스에 관한 새로운 정보를 장기 기억에 넣기도 쉬워진다. 숙련자는 많은 정보를 하나의 의미 덩어리로 기억할 수 있다.

그림 10.2 숙련자에게는 체스판에 관한 모든 것이 하나의 스키마로 돼 있다.

> ### 청중을 사로잡는 프레젠테이션 노하우
>
> ✱ 사람들이 뭔가를 기억하기를 바란다면 그것을 몇 번이고 반복해야 한다. 완벽에 다가가는 일은 연습뿐이다.
>
> ✱ 청중에 대해 사전에 많이 알아둘수록 특정한 타깃 청중이 갖고 있는 스키마를 더 잘 파악하고 이해해서 그에 맞는 프레젠테이션을 작성할 수 있다.
>
> ✱ 사람들이 이미 당신이 제공하는 정보과 관련된 스키마를 갖고 있다면 반드시 그것을 짚고 가라. 사람들이 그것을 기존 스키마에 연결할 수 있다면 더욱 쉽게 정보를 배우고 기억하게 된다.

11 정보를 기억해 내기보다 인식하기가 더 쉽다

앞에서 한 기억력 테스트를 기억하는가? 그 목록을 다시 보지 말고 펜과 종이를 가져와서 기억나는 대로 단어를 써 보라. 이 기억력 테스트를 이용해 인식과 회상에 대해 이야기할 것이다.

인식이 회상보다 쉽다

좀 전의 기억력 테스트에서 당신은 단어 목록을 기억하고 나중에 써야 했다. 이것을 회상 과제(recall task)라고 한다. 이와 달리 내가 단어 목록을 보여줬거나 당신을 사무실로 데려가서 어떤 항목이 목록에 있는지 물어보는 것은 인식 과제를 주는 것이다. 인식이 회상보다 쉽다. 인식은 맥락을 사용하며, 맥락은 기억에 도움이 된다.

산입 오류

당신이 기억했던 단어는 모두 사무실과 관련된 것이었다. 이제 당신이 쓴 것을 보고, 원래 목록과 비교해 보라. 아마도 원래 목록에 없지만 '사무실' 스키마와 어울리는 단어를 쓴 것이 있을 것이다. 예를 들어, '책상'이나 '연필', 혹은 '상사'를 썼을지도 모른다. 의식적으로든 무의식적으로든 당신은 그 목록이 사무실과 관련된 것임을 알고 있었다. 그 스키마는 어쩌면 당신이 그 목록에 있는 항목을 기억하도록 도왔을지 모르지만, 산입 오류(inclusion error)를 범하게 했을 수도 있다.

사람들이 기억해야 할 것을 최소화하라

프레젠테이션이 청중의 기억력 테스트가 되어선 안 된다. 청중에게 너무 많은 정보를 기억하도록 요구하지 않는 방법 몇 가지를 소개한다.

- ★ 프레젠테이션이 끝난 직후, 혹은 이메일을 통해 적절한 정보의 요약과 프레젠테이션에 참고한 참고문헌, 책, 연구가 담긴 자료를 제공하라. 사람들에게 이런 정보를 제공할 예정이니 모두 기억하려 하거나 노트에 적으려고 애쓰며 스트레스받지 않아도 된다고 알려 주어라.

- ★ 청중이 프레젠테이션에 나온 정보를 말해야 하는 활동이 있다면 외워야 하는 부담을 갖지 않도록 활동의 설명이나 필요한 정보를 유인물로 제공한다. 아니면 활동이 이뤄지는 동안 중요한 정보와 설명을 슬라이드로 보여준다.

★ 사람들은 생각보다 훨씬 더 기억을 못한다. 어떤 정보를 기억해야 한다면 프레젠테이션 도중에 여러 번 반복할 수 있도록 계획을 세운다.

청중을 사로잡는 프레젠테이션 노하우

✱ 사람들에게 정보를 회상하도록 요구하지 마라. 정보를 인식하는 것이 기억에서 회상해 내기보다 훨씬 더 쉽다.

✱ 청중의 기억력을 믿지 말고 중요한 정보는 반복하라.

✱ 활동 중에 설명과 정보가 담긴 유인물이나 슬라이드를 제공하라.

✱ 프레젠테이션이 끝난 후에 중요 정보의 요약본 혹은 관련된 참고 자료를 유인물로 제공하라.

12 기억은 많은 정신 자원을 필요로 한다

무의식의 정신 작용에 관한 최신 연구에 따르면 사람들은 1초에 400억 개의 감각 자극을 받는다. 그렇다면 사람들이 한 번에 4개 이상을 처리할 수 있는 것 아닐까? 그렇다. 하지만 차이는 사람들이 의식적으로 처리할 수 있는 정보는 한 번에 4개라는 것이다. 감각 자극을 감지할 때(예: 소리, 피부에 와 닿는 바람의 감촉, 시야에 들어오는 바위) 사람들은 뭔가가 존재하고 여전히 거기에 있다고 여길 뿐 그것을 기억할 필요가 없으므로 그것에 관한 감각 자극을 계속 받아들일 수 있다. 하지만 정보를 의식적으로 처리하려면 그것에 관해 생각하고 기억해야 한다. 그것을 표현하고 두뇌에 부호화할 수 있어야 한다. 그런데 이 작업에는 훨씬 많은 정신적 자원이 소요된다.

기억은 끊어지기 쉽다

회의에서 프레젠테이션을 듣고 있다고 가정해 보자. 프레젠테이션이 끝나고 호텔 로비에서 친구를 만난다. 친구가 "무슨 내용이었어?"라고 물으면 대부분의 사람은 프레젠테이션 말미에 봤거나 들은 내용을 기억한다. 이것을 막바지 효과(recency effect)라고 한다.

프레젠테이션 도중 휴대폰 진동이 울려서 문자 메시지를 보내느라 잠깐 듣지 못하면 대부분의 사람은 프레젠테이션의 처음은 기억하고 끝부분은 기억하지 못한다. 이것을 첫머리 효과(suffix effect)라고 한다.

기억의 단절을 최소화할 수 있는 프레젠테이션을 설계하라

프리젠터로서 기억의 단절로 인한 잠재적인 부정적 효과를 최소화할 수 있는 방법이 몇 가지 있다.

강한 오프닝으로 시작하라. 청중이 프레젠테이션의 오프닝만 기억한다면 가장 중요한 핵심 내용을 기억할까? 뒤에 나오는 '프레젠테이션 작성 방법(227쪽)' 장에서는 힘 있는 오프닝을 꾸미는 방법을 배우게 될 것이다.

강한 엔딩으로 마무리하라. 같은 장에서 어떻게 해야 강한 엔딩이 되는지 배운다. 엔딩은 반드시 강한 인상을 주어야 한다.

프레젠테이션 중간 부분에서는 많은 것을 놓칠 수 있다는 사실을 받아들여라. 중간 부분이 20분 이상 지속되면 활동과 연습으로 끊어 주어라. 이렇게 하면 하나의 프레젠테이션 안에 몇 개의 작은 프레젠테이션이 생긴다. 즉, 작은 프레젠테이션 각각이 시작, 중간, 끝을 갖게 된다. 사람들은 시작과 끝을 잘 기억하기 때문에 여러 개의 작은 '프레젠테이션'으로 나누면 여러 개의 중간보다 시작과 끝이 훨씬 많아져서 사람들은 더 많은 정보를 기억할 것이다.

★ 기억에 관한 재미있는 사실

- ★ 추상적인 단어(정의, 민주주의)보다 구체적인 단어(탁자, 의자)가 장기 기억에 더 쉽게 저장된다.
- ★ 슬플 때 슬픈 일들이 더 잘 기억난다.
- ★ 3세 이전의 일은 별로 기억나지 않는다.
- ★ 말보다 보는 것(시각적 기억)이 더 쉽게 기억난다.

잠을 자고 꿈을 꾸면 기억한다

최고의 연구 중에는 우연히 얻은 것도 있다. 신경과학자 매튜 윌슨(Matthew Wilson)은 쥐가 미로를 찾아갈 때의 두뇌 활동을 연구 중이었다. 하루는 실수로 쥐의 두뇌 활동 녹화 장치를 부착한 채 그냥 놔두었다. 쥐는 그대로 잠이 들고 말았다. 그런데 놀랍게도 쥐의 두뇌 활동은 잠자는 중이나 미로를 뛰어다니는 중에나 거의 똑같았다.

지와 윌슨은 이를 더 깊이 연구하기 위한 일련의 실험을 시작했다(Ji and Wilson, 2007). 실험을 통해 쥐뿐만 아니라 사람에게도 적용되는 다음과 같은 이론을 정립했다. 사람들은 잠을 자고 꿈을 꾸면서 낮에 했던 경험을 다시 하거나 강화한다. 특히, 낮 동안 처리했던 정보로부터 새로운 기억을 강화하고 새로운 연상을 만든다. 사람의 두뇌는 기억할 것과 잊어버릴 것을 결정하고 있다.

청중을 사로잡는 프레젠테이션 노하우

* 사람들은 추상적인 단어(정의, 민주주의)보다 구체적인 단어(탁자, 의자)를 장기 기억에 더 쉽게 저장할 수 있으니, 연설과 슬라이드에는 가급적 구체적인 단어를 사용한다.
* 말보다 보는 것(시각적 기억)을 더 잘 기억하니 슬라이드에 가급적 글보다 이미지를 사용한다.
* 사람들이 정보를 기억하게 하려면 쉴 시간(잠잘 시간)을 준다. 프레젠테이션을 한 번에 오래 하기보다는 1박 2일로 나눠서 하는 게 좋다.
* 사람들이 정보를 배우거나 부호화할 때는 방해하지 않도록 한다.
* 사람들은 중간보다 시작과 끝을 더 잘 기억하므로 강한 오프닝과 강한 클로징을 준비한다. 긴 세션은 여러 개의 짧은 세션으로 나눠서 더 많은 시작과 끝이 생기게 한다.

 # 사람들은 기억할 때마다 기억을 재구성한다

5년 넘은 일을 하나 기억해 보라. 결혼식, 가족모임, 친구와 저녁식사, 휴가 여행 등 무엇이든 상관없다. 함께 있던 사람들과 장소를 기억해 보라. 날씨나 입었던 옷까지 기억날지도 모른다.

기억은 변한다

이 일을 생각할 때 어쩌면 머릿속에서 짧은 영화가 돌아가는 것처럼 기억날지도 모른다. 당신은 이런 방식으로 기억을 경험했기 때문에 기억이란 저장된 영화처럼 통째로 저장되어 절대 바뀌지 않는 것이라고 생각한다. 하지만 그렇지 않다.

기억은 우리가 그것을 생각할 때마다 재구성된다. 기억은 하드디스크에 저장된 영화 파일처럼, 두뇌의 정해진 위치에 저장돼 있는 게 아니다. 기억은 그 사건을 기억할 때마다 다시 불붙는 신경 경로다. 이것은 재미있는 결과를 낳는다. 예를 들면, 기억을 떠올릴 때마다 매번 바뀔 수도 있다.

원래의 사건 이후에 일어난 다른 사건들이 원래 사건에 대한 기억을 바꿀 수도 있다. 원래 당신과 사촌은 가까운 친구였다. 하지만 이후에 싸움을 해서 몇 년째 사이가 틀어져 버렸다. 시간이 흘러 최초의 사건을 떠올리면 당신도 모르는 사이에 바뀌어 버렸다. 사실은 그렇지 않은데도 사촌이 냉담하고 쌀쌀맞은 모습으로 기억나기 시작한다. 나중의 경험이 기억을 바꿔 놓았다.

또한 기억의 간극을 일련의 가짜 사건들로 메우기 시작한다. 하지만 이것은 당신에게는 원래 사건만큼이나 진짜 같다. 가족 식사에 누가 참석했는지 기억이 안 나지만, 둘째 고모는 대개 이런 자리에 빠지지 않으므로 한참 후 당신의 기억에는 둘째 고모가 참석한 것으로 돼 있다. 실제로는 오지 않았는데도 말이다.

청중을 사로잡는 프레젠테이션 노하우

✳ 기억은 믿을 만한 것이 못되니 중요한 정보를 기억에 의존하지 마라. 프레젠테이션이 끝난 후 사람들이 그 정보를 활용하려 할 때 기억의 오류를 범하지 않도록 중요한 정보는 유인물로 나눠 주어라.

✳ 청중이 프레젠테이션 때의 경험을 잊을까봐 염려된다면 느낌과 필요한 정보를 적거나 녹화하는 활동을 마련하라. 이렇게 하면 당신이나 청중이 불완전한 기억에 의존하기보다는 기록과 녹화물을 찾아볼 수 있다.

14 망각을 감안하라

망각이 문제인 것처럼 보인다. 망각은 잘해야 성가시고("내가 열쇠를 어디에 뒀지?"), 최악의 경우 부정확한 목격 증언으로 엉뚱한 사람을 감옥에 보낼 수도 있다. 어떻게 인간에게 그렇게 부정확한 능력이 발전했을까? 어째서 인간이 그렇게 결함투성이일까?

그것은 실제로 결함이 아니다. 당신이 1분마다, 매일, 매년, 그리고 평생 동안 받는 모든 감각 자극과 경험을 생각해 보라. 만약 당신이 그 모든 것 하나까지 다 기억한다면 아무것도 할 수 없을 것이다. 몇 가지는 잊어야만 한다. 당신의 두뇌는 무엇을 기억하고 무엇을 잊어야 할지 끊임없이 결정을 내리고 있다. 그 결정이 항상 도움이 되는 것은 아니지만 대개는 (주로 무의식적으로) 그러한 결정 덕분에 살 수가 있다!

> **청중을 사로잡는 프레젠테이션 노하우**
>
> * 사람은 늘 망각한다.
> * 사람들의 망각은 의식적인 결정이 아니니 기분 나쁘게 받아들이지 마라.
> * 프레젠테이션을 준비할 때 청중이 망각한다는 사실을 감안하라. 정말 중요한 정보가 있다면 사람들의 기억에 의존하지 마라.
> * 청중이 정보를 정확하게 기억하기를 바란다면 나중에 참조할 수 있게 프레젠테이션 후에 요약본을 나눠줘라.

 사람들은 범주로 묶기를 좋아한다

미국 TV를 보고 자란 5~60세 사이의 사람이라면 "이것들 중 하나는 다른 것들과 달라요."라는 말의 의미를 알 것이다. 이것은 인기 어린이 TV 프로그램인 세사미 스트리트(Sesame Street)의 한 코너명이다.

> ★ **세사미 스트리트 비디오**
> 무슨 말인지 잘 모르겠다면 유튜브에서 이를 확인할 수 있다(예: http://bit/ly/eCSFKB).

이 코너의 목적은 어린아이들에게 차이점을 파악하는 법을 가르치는 것으로, 본질적으로는 범주로 묶기를 배우기 시작하는 것이다.

흥미롭게도 아이들에게 범주로 묶기를 가르치는 것은 어쩌면 불필요, 아니 효과가 없다. 두 가지 이유에서다.

 사람들이 범주로 묶는 것은 타고난 천성이다. 모국어를 배우듯이 우리 주변의 세상을 범주로 묶는 방법도 그렇게 배운다.

 7세 이전에는 범주로 묶기를 할 줄 모른다. 그 이전의 아이들이 범주를 생각하는 것은 말이 안 된다. 하지만 7살이 넘으면 정보를 범주로 묶는 것에 매혹된다.

사람들은 범주로 묶기를 정말 좋아한다

소비자 경험과 웹사이트 디자인 및 기술 상품과 관련된 일을 하기 때문에 나는 이른바 카드 정렬 활동에 많은 시간을 썼다. 카드 정렬을 할 때는 누군가에게 카드 한 더미를 준다. 각 카드에는 웹사이트에서 흔히 발견하는 것들에 관한 단어나 구가 쓰여 있다. 예를 들어, 캠핑 장비를 판매하는 웹사이트를 디자인한다면 '텐트', '스토브', '배낭', '환불', '배송', '지원'이 쓰인 카드일 것이다. 카드 정렬 활동을 할 때 사람들에게 그 카드를 어떤 그룹 혹은 범주로 묶어 정리해 달라고 한다. 4~5명이 이 일을 맡아 그룹을 분석하고 그것으로부터 웹사이트 구조를 만들 데이터를 얻을 수 있다. 나는 이 작업을 많이 해 봤고, 내가 가르치는 수업의 활동으로 이용하기도 했는데, 이것은 사람들이 가장 좋아하는 과제 중 하나다. 사람들은 범주 만들기를 좋아하기 때문에 모두 이 활동에 매우 열중한다.

당신이 범주를 제공해 주지 않으면 사람들이 자기만의 범주를 만든다

사람들은 많은 양의 정보를 만나면 범주를 만든다. 사람들이 세상을 이해하는 방법의 하나가 범주화다. 특히 정보에 짓눌린다 싶은 느낌이 들 때 그렇다.

당신이 자료를 여러 가지 범주로 묶어 정리해 주지 않으면 청중은 스스로 정리한다.

누가 정리하느냐보다는 얼마나 잘 정리됐는가가 중요하다

나는 심리학 박사 학위를 갖고 있다. 그 이전에 심리학 석사 학위도 땄다. 석사학위 논문을 위해 나는 남이 정보를 정리해 주었을 때 더 기억을 잘 하는지 아니면 자기가 직접 정리했을 때 더 기억을 잘 하는지에 관한 연구를 수행했다. 기본적으로 그것은 그리 중요하지 않다는 결과가 나왔다. 가장 중요한 것은 얼마나 잘 정리됐는가였다. 정보가 체계적으로 잘 정리돼 있을수록 사람들은 더 잘 기억했다. 어떤 사람들('통제의 소재'에서 높은 수치를 보인 사람들)은 자기 방식대로 정보를 정리하는 것을 더 좋아했다. 하지만 정보 정리가 잘 되기만 했다면 자기가 직접 했는지 다른 사람이 했는지는 중요하지 않다.

프레젠테이션 자료 정리를 어떻게 할지는 아주 중요하다. '프레젠테이션 작성 방법(227쪽)' 장에서는 최대의 관심과 설득을 끌어낼 수 있도록 주제를 정리하는 방법을 배우게 될 것이다. 그 방법을 사용하든 다른 방법을 사용하든 반드시 정보를 체계적으로 정리해야 한다. 아무리 훌륭한 내용이라도 정리가 엉망이라면 훌륭해 보이지 않는다. 그저 그런 것에 그치고 만다.

청중을 사로잡는 프레젠테이션 노하우

* 사람들은 범주별로 정리돼 있는 정보를 좋아한다.
* 범주로 묶여 있지 않은 정보가 많으면 사람들은 어쩔 줄 몰라 하며 자기가 직접 정보를 정리하려 든다.
* 시간을 들여 정보를 논리적인 그룹 및 범주로 묶어 정리하라. 그래야 이해하기 쉽고 기억하기 쉽다.
* 청중이 7세 미만이라면 범주로 묶기가 무의미하다.

16 시간은 상대적이다

이런 경험을 해 본 적 있는가? 친구를 만나러 2시간 거리를 간다. 갈 때 2시간, 돌아올 때 2시간인데, 갈 때가 훨씬 길게 느껴진다.

필립 짐바르도(Philip Zimbardo)는 《타임 패러독스(Time Paradox)》라는 흥미로운 책에서 사람의 시간 경험은 절대적인 것이 아니라 상대적인 것이라고 했다. 시각적 환상이 있는 것처럼 시간의 환상이 있다. 짐바르도는 연구를 통해 사람이 정신 과정을 많이 거칠수록 많은 시간이 지났다고 생각한다고 밝혔다. 이것은 앞서 논의한 단계적 공개 개념과 관련이 있다. 어떤 과제의 각 단계에서 멈추고 생각해야 한다면 사람들은 그 과제에 시간이 너무 오래 걸린다고 느낀다. 정신 과정 때문에 시간이 더 오래 걸리는 것처럼 보인다.

프레젠테이션이 너무 많은 정신 작업을 요구하면 청중은 많은 시간이 흘렀다고 여긴다. 이때부터 청중은 꼼지락거리기 시작한다. 이를 방지하려면 어려운 개념은 더 작고 이해하기 쉬운 덩어리로 쪼개야 한다. 그리고 새로운 정보를 얘기하기 전에 청중이 자료를 완전히 이해할 수 있게 하는 활동을 넣어야 한다.

기대는 시간 감각에 영향을 미친다

예정 시간을 초과해서 진행된 프레젠테이션에 참석했던 때를 생각해 보라. 주제가 흥미롭고 프리젠터가 훌륭하다 하더라도 프레젠테이션이 예정 시간을 넘기거나 체계적이지 않다면 청중은 프레젠테이션이 지나치게 길다고 느낄 것이다.

청중을 사로잡는 프레젠테이션 노하우

* 프레젠테이션의 진행 정도를 청중이 알 수 있도록 구성하라. 예를 들어, 5가지 논점 가운데 지금 3번째 논점을 얘기하고 있다는 것을 알려주면 청중은 지금 프레젠테이션이 얼마나 진행됐고 시간이 얼마나 더 남았는지 가늠할 수 있다.
* 가능하면 프레젠테이션의 각 부분에 걸리는 시간을 대략 비슷하게 구성하면 청중도 그에 맞게 끝나는 시간을 예상한다.
* 프레젠테이션을 짧게 하려면 여러 단계로 나누고, 사람들에게 생각할 거리를 많이 주지 마라. 정신 과정이 많아지면 오래 걸리는 것처럼 보인다.

17 4가지 창의성이 있다

"김 대리는 정말 창의적이야! 나도 그렇게 창의적이면 좋을 텐데."라고 말하는 사람을 본 적이 있는가? 이 말을 들으면 창의성이 노래나 그림처럼 타고난 기술이나 재능인 것 같다. 또 다른 경우, "창의력을 기르는 방법을 배우는 세미나에 갈 거야."라고 말하는 사람들을 보면 창의성이 배울 수 있는 기술인 것처럼 들린다. 대체 어느 쪽이 맞을까? 둘 다 맞기도 하고 둘 다 틀리기도 하다.

아르네 디트리히는 두뇌 및 신경과학의 관점에서 창의성에 관한 논문을 썼다(Arne Dietrich, 2004). 디트리히는 두뇌 활동에 따라 창의성의 4가지 유형을 정의했다.

- ★ 계획적 & 인지적 창의성
- ★ 계획적 & 감정적 창의성
- ★ 즉흥적 & 인지적 창의성
- ★ 즉흥적 & 감정적 창의성

그림 17.1과 같은 행렬을 생각해 보자.

	인지적	감정적
계획적	토마스 에디슨	긴장을 풀어주는 "아!" 하는 순간
즉흥적	뉴턴과 사과	화가, 음악가

그림 17.1 4가지 창의성

창의성은 감정적 혹은 인지적이며, 즉흥적이거나 계획적일 수 있어서 4가지 유형으로 나눠 볼 수 있다.

계획적 & 인지적 창의성

계획적, 인지적 창의성은 훈련을 받으며 지속적인 작업을 통해 생기는 창의성이다. 예를 들어, 전구를 발명한 토마스 에디슨은 계획적, 인지적 창의성을 지닌 발명가다. 발명품을 얻기까지 실험에 실험을 거듭했다. 에디슨은 전구뿐 아니라 축음기와 활동사진 카메라를 발명했다. 미국에서 1,093개, 유럽 및 영국에서는 더 많은 특허를 보유했다.

계획적, 인지적 창의성이 일어나려면 하나 이상의 주제에 관해 사전에 지식의 모체를 갖고 있어야 한다. 계획적, 인지적인 창의성을 발휘한다는 것은 기존 정보를 새로운 방식으로 결합하는 것이다.

계획적 & 감정적 창의성

필자는 몇 년 전에 일련의 위기를 겪었던 때가 있었다. 조용한 사무실에 앉아 기억을 떠올려보니 당시에 나는 위기가 발생한 이유를 알아내려고 애썼다. 왜 내가 일련의 잘못된 결정을 내렸을까? 그러다가 "아!" 하는 순간을 맞았다. 위기가 닥치기 전 10년 사이에 부모님 두 분이 돌아가신 일을 포함해서 힘든 때가 몇 번 있었다. 나는 강해지고 독립적이야 했고 스스로를 돌봐야 했다. '나는 강한 사람이고, 어떤 위기도 감당할 수 있다'고 믿었는데, 그 믿음 때문에 더 많은 위기를 야기할 결정을 내리고 있었다는 사실을 깨달았다. 위기를 극복함으로써 내가 강한 사람임을 스스로에게 증명해 보이고 싶은 마음도 있었다.

즉시 나의 믿음을 바꾸기로 했다. 나는 크게 소리쳤다. "내 인생은 평탄하고 은총이 가득해." 그때부터 내 인생을 편안하게 만들 결정을 내렸다.

이것은 계획적, 감정적 창의성의 예다. 이런 유형의 창의성은 뇌에서 계획성과 관련된 부분인 전두엽 피질과 관련이 있다. 계획적, 감정적 창의성이 있는 사람들은 어떤 특정 분야의 지식에 관심을 집중하기보다는 기분과 감정과 관련이 있는 "아!" 하는 순간을 포착한다.

즉흥적 & 인지적 창의성

해결할 수 없을 것 같은 문제에 매달려 있다고 상상해 보라. 예를 들어, 두 개의 프레젠테이션을 하나로 합쳐서 1시간 분량으로 줄여야 하는데, 어떻게 해야 할지 난감하다. 어느새 점심시간이 되어 친구를 만나고 몇 가지 볼 일도 있다. 볼일을 마치고 점심을 먹고 돌아오는 길에 길을 걷다가 갑자기 프레젠테이션을 어떻게 구성하면 좋을지 번뜩 아이디어가 떠올랐다. 이것이 즉흥적, 인지적 창의성의 예다.

즉흥적, 인지적 창의성은 뇌의 기저핵과 관련이 있다. 기저핵은 도파민이 저장되는 부위로, 사람의 의식적인 인지를 관장하는 부분이다. 즉흥적, 인지적 창의성이 발휘되는 동안, 의식적인 두뇌는 문제에 대한 활동을 멈춘다. 대신에 뇌의 무의식 부분이 활동할 기회를 얻는다. 고정관념에서 벗어난 생각을 요하는 문제라면 잠시 그것을 의식에서 없앨 필요가 있다. 다른 연관 없는 활동을 함으로써 전두엽 피질이 무의식의 정신 과정을 통해 정보를 새로운 방식으로 결합할 수 있다. 떨어지는 사과를 보고 중력의 개념을 깨달은 아이작 뉴턴의 이야기는 즉흥적, 인지적 창의성의 예다. 이런 유형의 창의성은 사전에 지식의 모체가 있어야 한다는 것을 잊지 마라. 이것은 인지 영역이다.

즉흥적 & 감정적 창의성

즉흥적, 감정적 창의성은 뇌의 편도체에서 나온다. 편도체는 기본적인 감정이 처리되는 곳이다. 의식을 관장하는 뇌와 전두엽 피질이 쉬고 있을 때 즉흥적인 아이디어와 창의성이 나올 수 있다. 이런 유형의 창의성은 위대한 화가와 음악가들이 가진 것이다. 종종 이런 즉흥적, 감정적 창의성의 순간은 직관 혹은 종교적 경험과 같은 때에 상당히 강한 힘을 발휘한다.

이런 유형의 창의성은 인지 영역이 아니라서 특별한 지식이 필요하지는 않다. 하지만 즉흥적이고 감정적인 창의성에서 나온 아이디어로 무엇을 창조하려면 (문학, 미술, 음악적) 기술이 필요할 때가 많다.

창조적 활동을 디자인할 때는 구체적으로 해야 한다

창의성을 조성하기 위해 프레젠테이션에 어떤 활동을 넣고 싶다면 어떤 창의성을 생각하는지 결정해야 한다.

- ★ 계획적, 인지적 창의성은 높은 수준의 지식과 많은 시간을 요구한다. 이런 유형의 창의성을 촉진하고 싶다면 충분한 사전지식을 보유하고 있는지 확인해야 한다. 정보를 완전히 이해하도록 사전에 자료를 연구해야 하고 프레젠테이션에 충분한 시간을 투자해야 한다. 프레젠테이션 중에 청중이 창의적인 활동을 하길 기대한다면 필요한 정보를 제공하고 활동을 위한 많은 시간을 줘야 한다.

- ★ 계획적, 감정적 창의성은 조용한 시간이 필요하다. 자료를 모아서 심사숙고할 수 있지만 빨리 답을 찾을 수 있을 거라고 기대하지는 마라. 프레젠테이션 중에 청중이 이런 유형의 창의적인 작업을 하기를 원한다면 그룹으로 돌아와서 자기의 통찰력을 함께 나누기 전에 혼자서 작업할 수 있는 조용한 시간을 줘야 한다.

★ 즉흥적, 인지적 창의성은 작업을 멈추고 문제에서 떠나 있는 게 필요하다. 프레젠테이션을 준비 중이라면 뭔가 다른 일을 할 수 있는 휴식시간을 많이 가져라. 아니면 하룻밤 자면서 생각해 보고 다음날 계속 하라. 프레젠테이션 청중들이 해 볼 창의적 활동이 있다면 청중이 풀어야 할 문제를 제시한 다음, 다른 일을 하고 다시 돌아와서 문제 해결을 한다.

★ 즉흥적, 감정적 창의성은 전제조건이 되는 기술(예: 미술 혹은 음악적 기술)을 배우는 것 말고는 설계 혹은 계획할 수 없다.

청중을 사로잡는 프레젠테이션 노하우

✻ 프레젠테이션 중에 청중이 창의적인 과제를 하는 부분을 넣으려면 반드시 필요한 모든 정보와 많은 시간을 줘야 한다.

✻ 계획적, 감정적 창의성을 요하는 활동을 넣는다면 청중이 각자 작업할 시간을 주고 나서 팀 혹은 그룹으로 돌아와서 아이디어를 나누게 해야 한다.

✻ 프레젠테이션을 준비할 때 즉흥적, 인지적 창의성을 사용하려면 많은 휴식을 갖거나 하룻밤 자면서 천천히 생각해 보라.

✻ 즉흥적, 감정적 창의성을 프레젠테이션에 계획해서 넣기는 어렵다.

18 사람들은 몰입상태에 빠질 수 있다

어떤 활동에 몰두해 있다고 상상해 보라. 암벽 등반이나 스키 같은 신체 활동일 수도 있고 피아노 혹은 그림과 같은 예술적, 창의적 활동, 혹은 다음 프레젠테이션 준비일 수도 있다. 어떤 활동이든 그 순간에 완전히 몰입한다. 다른 것들은 모두 사라지고 시간 감각도 변하고, 자기가 누구인지 어디에 있는지도 거의 잊어버린다. 이것이 바로 몰입상태(flow state)다.

몰입상태에 대해 알아야 할 몇 가지 사실

몰입에 대한 책을 쓴 사람은 미하이 칙센트미하이(Mihaly Csikszentmihalyi)다. 그는 여러 해 동안 세계 각지에서 몰입상태에 대해 연구를 해 왔다. 몰입상태를 만드는 조건, 몰입은 어떤 기분인지 등 몰입상태에 대한 몇 가지 사실을 제시한다.

자기 과제에 매우 주의를 집중한 상태다. 주의를 조절하고 집중하는 능력은 굉장히 중요하다. 다른 것에 정신을 빼앗긴다면 몰입상태는 사라질 것이다. 프레젠테이션이 진행되는 동안 청중이 몰입상태에 빠져 있기를 원한다면 집중을 방해할 요소를 최소화하라. 그리고 청중에게 어떤 활동을 할 충분한 시간을 줘야 한다. 5~10분이 아니라 최대 20분에서 1~2시간까지 줘야 한다.

구체적이고 분명하고 달성 가능한 목표를 마음에 품은 채 일하고 있다. 노래를 하든, 자전거 수리를 하든 혹은 마라톤을 달리고 있든 간에 몰입상태는 구체적인 목표가 있을 때 찾아온다. 그런 다음 계속 주의를 집중하고 목표와 관련 있는 정보만 들어오게 한다. 연구에 따르면 목표를 달성할 좋은 기회를 맞았다고 생각해야 몰입상태에 들어가고 몰입을 유지할 수 있다. 목표를 달성할 수 없을 거라는 생각이 들면 몰입에 들어갈 수 없다. 역으로, 그 활동이 충분히 도전적이지 않다면 주의를 끌지 못하고 몰입상태도 끝난다. 프레젠테이션과 청중 활동을 준비할 때는 반드시 주의를 끌 만한 도전을 넣어야 한다. 하지만 활동이 너무 어려워서 의욕을 꺾을 정도가 되어선 안 된다.

지속적인 피드백을 받는다. 몰입상태에 머무르려면 목표 달성에 관한 피드백을 계속 받아야 한다. 청중이 당신이 제시한 활동을 수행할 때 많은 피드백을 줘야 한다.

자기가 자기 행동을 통제한다. 통제는 몰입상태의 중요한 조건이다. 반드시 전체 상황을 통제 또는 통제한다고 느낄 필요는 없지만 도전적인 상황에서 자기 행동을 통제하고 있다는 느낌은 반드시 필요하다. 진행 도중 여러 지점에서 사람들에게 통제권을 줘라.

시간은 변한다. 어떤 사람들은 시간이 너무 빠르다고 한다. 시계를 보면 어느새 한 시간이 훌쩍 지나갔다. 반면 시간이 느리다고 하는 사람도 있다.

 몰입상태를 유도했는지 알 수 있는 방법

나는 한나절짜리 워크숍을 많이 하는데, 내가 계획한 활동이 잘 됐는지 알 수 있는 방법이 있다. 3시간짜리 워크숍을 마무리 지으려고 할 때 사람들이 깜짝 놀라서 "네? 벌써 4시예요?!"라고 한다. 사람들이 몰입상태에 빠졌다는 의미다.

자아가 위협받지 않는다. 몰입상태에 들어가려면 자아 및 생존 의식이 위협을 느껴서는 안 된다. 모든 주의를 과제에 쏟을 수 있도록 긴장을 푼 상태여야 한다. 사실, 대부분의 사람이 과제에 몰두해 있을 때 자의식을 잃었다고 말한다.

몰입상태는 개인적이다. 무엇이 몰입상태를 유발하는지는 사람마다 다르다.

몰입상태는 문화를 뛰어넘는다. 모든 문화를 넘어서 인간의 공통된 경험인 것으로 보이지만 정신질환이 있는 사람들의 경우는 예외다. 예를 들어 정신분열증을 앓는 사람들은 몰입상태에 들어가거나 유지하기가 힘들다. 위에서 얘기한 다른 것들, 주의집중, 통제, 위협받지 않는 자아에 어려움을 겪기 때문이다.

몰입상태는 즐겁다. 사람들은 몰입상태에 있는 것을 좋아한다.

전두엽 피질과 기저핵 둘 다 연관된다. 몰입상태의 두뇌 상관관계에 관한 연구 결과를 찾지는 못했지만 도파민 생산에 관여하는 기저핵은 물론, 주의집중을 관장하는 전두엽 피질도 몰입상태와 연관돼 있으리라 생각한다.

청중을 사로잡는 프레젠테이션 노하우

✱ 프레젠테이션이 몰입상태를 유도한다면 청중은 즐거운 경험을 하게 될 것이다.

✱ 프레젠테이션 중에 활동을 넣어라. 몰입상태에 들어가려면 사람들이 깊이 몰두해야 한다. 아무리 훌륭한 프리젠터라도 말로 청중을 몰입상태로 유도할 수 없다. 사람들이 몰입상태에 들어가려면 직접 하는 활동이 있어야 한다.

✱ 활동을 할 때는 자기 행동에 관한 통제권을 청중에게 줘라. 통제는 몰입상태의 중요한 요인이다.

✱ 집중을 방해할 요소를 최소화하라.

✱ 도전적인 활동을 하되 너무 어려우면 안 된다.

✱ 사람들에게 지금 하는 활동에 대한 피드백을 줘라. 몰입상태에 들어가고 유지하기 위해서는 지속적인 피드백이 필요하다.

19 문화는 사람들의 사고방식에 영향을 미친다

그림 19.1에서 어떤 게 더 눈에 띄는가? 소 아니면 배경?

그림 19.1 추아의 연구에 사용된 그림(Chua, 2005)

대답은 당신이 자란 지역이 서양(미국, 영국, 유럽)인지 동아시아인지에 따라 다를 수 있다. 리처드 니스벳(Richard Nisbett)은 《생각의 지도(The Geography of Thought)》에서 문화가 사람의 사고방식에 어떻게 영향을 미치고 형성하는가에 관한 연구를 실었다.

다른 지역과 문화에서 자란 사람들은 정보, 사진, 맥락에 다르게 반응한다. 서로 다른 여러 문화와 지역 출신의 청중을 상대로 프레젠테이션을 준비하고 있다면 다른 문화에 맞게 약간 다른 프레젠테이션을 준비해야 할 수 있다.

동양은 관계, 서양은 개인

서양 출신의 사람에게 그림을 보여주면 주된 혹은 지배적인 전경 대상에 초점을 두는 반면 동아시아 사람들은 맥락과 배경에 더 많은 관심을 둔다. 서양에서 자란 동아시아 사람들은 아시아 방식이 아닌 서양 방식을 따른다. 그러므로 이 차이는 유전자가 아니라 문화에서 오는 것임을 알 수 있다.

이론에 따르면 동아시아에서는 문화적 규범이 관계와 집단을 강조한다. 그러므로 동아시아 사람들은 맥락에 더 많은 관심을 쏟도록 배우면서 자란다. 서양 사회는 더 개인적이어서 서양 사람들은 중심 대상에 관심을 기울이도록 배우면서 자란다.

추아 외(2005) 연구자들과 루 지후이(Lu Zihui, 2008)는 그림 19.1에 나온 그림을 사용해 안구 추적을 통해 안구의 움직임을 측정했다. 두 연구 모두 동아시아인 참가자들은 배경에 중심시각을 둔 시간이 더 길었으며 서양인 참가자들은 중심시각을 전경에 둔 시간이 더 길었다.

뇌 촬영에 문화적 차이가 나타난다

샤론 베글리(Sharon Begley)가 최근 뉴스위크지에 게재한 신경과학 연구 관련 기사에서 문화적 영향을 확인할 수 있다. 기사에서는 "복잡하고 바쁜 장면을 볼 때 아시아계 미국인과 비아시아계 미국인의 두뇌에서 활성화되는 지역이 다르다. 아시아계는 전경-배경 관계의 전체 맥락을 처리하는 영역이 활발해지는 반면, 비아시아계는 대상을 인식하는 영역이 활성화된다."고 밝힌다.

청중을 사로잡는 프레젠테이션 노하우

✳ 지역과 문화적 출신이 다른 사람들은 정보와 사진에 다르게 반응한다.

✳ 동아시아 사람들은 서양 사람들보다 배경과 맥락을 더 많이 알아보고 기억한다.

✳ 문화에 따라 다른 프레젠테이션 사용을 고려하라.

 20분 단위로 학습할 때 가장 효과가 좋다

프레젠테이션에 관해 지도할 때면 나는 거의 언제나 테드(TED talks)를 보라고 추천한다. 테드를 잘 모른다면 www.ted.com에 들어가서 한번 보라. 테드는 각 분야에 종사하는 사람들이 나와서 이야기하는 것이다. 이 사람들은 대부분 프레젠테이션 전문가가 아니지만 모든 프레젠테이션이 흥미롭다. 테드를 보면 효과적인 프레젠테이션에 대해 많은 것을 배울 수 있다.

테드에서 또 하나 흥미로운 점은 대부분 20분 길이라는 점이다. 이것이 테드가 효과적인 이유 중 하나라고 생각한다. 똑같은 프레젠테이션을 1시간 길이로 한다면 그렇게 멋지지 않을지도 모른다.

실제로 20분이 프레젠테이션하기에 이상적인 시간임이 밝혀졌다. 모린 머피(Maureen Murphy)는 실험에서 성인을 60분짜리 프레젠테이션에 참석하게 했다. 그리고 60분간 계속된 프레젠테이션과 똑같은 것을 20분으로 나누어 중간 휴식을 가진 프레젠테이션 간의 기억과 반응의 차이를 알아봤다. 연구 결과 사람들은 20분 단위의 프레젠테이션을 더 좋아했으며, 프레젠테이션 직후 더 많은 정보를 학습했고 한 달 후에 더 많은 정보를 기억했다.

프레젠테이션을 20분 단위로 계획하라

이 연구에 의거해서 프레젠테이션을 20분 단위로 계획하라. 20분마다 어떤 변화를 줄 수 있는지 살펴보라. 학습효과를 최대한 높이려면 20분마다 주제를 바꾸는 것보다 휴식시간이 필요하다. 이렇게 하려면 다음과 같은 방법이 가장 좋다.

★ 긴 휴식 시간을 한 번 갖는 대신 짧게 여러 번 쉬어라. 예를 들어, 오전 9~11시30분 혹은 9~12시의 워크숍을 할 때는 10시 30분쯤에 20~30분의 휴식시간을 갖는 게 보통이다. 30분 휴식시간 대신 15분 휴식 한번 하고 짧게 5분 휴식 시간을 3번 가져라.

★ 나는 프레젠테이션 도중에 2~5분 정도 짧은 '스트레칭' 휴식 시간을 쓴다. 그냥 이렇게 말한다. "3분간 스트레칭하면서 쉬겠습니다." 이것을 20분 간격으로 배치한다.

★ 활동, 연습, 상호작용이 있다면 20분 간격으로 배치하라. 휴식시간은 아니지만 좀 전에 들은 정보를 사람들이 완전히 이해할 수 있게 해 준다.

★ 한 시간 이상 지속되는 프레젠테이션을 계획한다면 휴식시간도 계획해야 한다. 휴식시간을 20분 간격으로 배치하라.

> **청중을 사로잡는 프레젠테이션 노하우**
>
> ✻ 프레젠테이션을 20분 단위로 나눌 방법을 모색하라.
>
> ✻ 20분 지점에 실습이나 활동이 들어가도록 계획하라.
>
> ✻ 한 번의 긴 휴식보다 짧은 여러 번의 휴식이 좋다.

21 학습양식은 사람마다 다르다

내 딸은 학교에서 수학을 어려워했다. 그 위의 아들은 수학 영재에 가까웠고, 나도 나름 대수와 기하를 제법 잘했기에 딸아이가 뺄셈 같은 기본적인 수학 개념을 어려워하는 건 쉽게 납득이 안 갔다.

하루는 딸아이가 방과 후에 내 사무실에서 수학 숙제를 하는데 한눈에 보기에도 쩔쩔 매고 있었다. 아이는 언제나처럼 손가락으로 덧셈, 뺄셈을 하고 있었는데, 그때 갑자기 내 머릿속에 "아, 어쩌면 쟤는 운동감각으로 배우는 스타일인가 봐!"라는 생각이 떠올랐다. 마침 사무실 책상에 컬러펜 몇 세트가 있어서 아이에게 컬러펜으로 덧셈, 뺄셈을 알려주기 시작했다. 말 그대로 파란색 펜 5자루를 준 다음 초록색 펜 2자루를 주고는 모두 몇 자루냐고 물었다. 또 여러 색깔 펜을 10자루 주었다가 초록색 펜 2자루를 돌려달라고 한 다음, 몇 자루 남았냐고 물었다. 딸아이는 펜만 있으면 덧셈, 뺄셈을 할 수 있었다.

학습양식이란 사실일까, 허구일까?

학습양식 전반에 대한 논란이 분분한 탓에 섣불리 얘기하기가 조심스럽다. 어떤 교육학자는 학습양식의 개념이 매우 가치가 크다고 얘기하고, 어떤 인지과학자는 그것을 뒷받침할 연구가 없다고 말한다. 이 개념에 대한 연구가 많지 않은 것은 사실이지만 관련 논란을 살펴보고 내가 내린 결론은 우리가 아직 학습양식이 무엇인지 몰라서 그것을 연구할 방법을 찾지 못했다는 것이다. 앞으로의 연구에서 내가 틀렸다고 밝혀질지도 모르지만 나는 사람마다 선호하는 학습양식이 있다고 얘기하겠다.

학습양식의 VAK 모형

학습양식 모형 중에서 가장 괜찮다고 생각되는 것은 시각, 청각, 운동감각(VAK; Visual, Auditory, Kinesthetic) 모형이다. 이것은 각 개인마다 자기에게 가장 잘 맞는 학습 방식이 있다는 개념이다. 어떤 사람들은 그림이나 도표와 같이 시각적인 형태로 자료를 제공할 때 가장 잘 이해한다. 어떤 사람은 누가 말해 줄 때(청각) 그렇고, 또 어떤 사람들은 사물을 움직이거나 조작하는 등 몸을 사용할 때 그렇다. 사람들은 누구나 이 세 가지 양식을 모두 사용하지만 자기에게 가장 잘 맞는 스타일이 하나 있다. 예를 들어, 내 딸은 펜이나 손가락 세기 등 사물을 조작해서 학습할 때 잘하는 걸 보면 운동감각 학습자였다.

타당성, 신뢰성이 입증된 측정 방법이 없다

타당성과 신뢰성이 입증된 VAK 측정 방법을 찾으려 해 봤지만 찾을 수 없었다(이런 이유로 연구가 결론을 내리지 못하고 있는 것 같다. 연구자들은 개인마다 어떤 학습양식이 가장 좋은지 측정할 도구를 찾지 못했다). 현재로선 입증되지 않은 수치와 증거를 사용하고 있다.

가르칠 때도 자기에게 가장 편한 양식으로 가르치는 경향이 있다

내가 이제껏 본 가장 강력한 학습양식의 예는 데이비드 메이어(David Meier)의 가속학습(Accelerated Learning) 워크숍에 갔을 때였다. 워크숍에서 메이어는 VAK 모형의 효과를 실습으로 보여줬다. 그는 병렬식 vs. 직렬식 컴퓨터 처리과정에 대한 짧은 강의를 진행했다.

 VAK 모형에 관한 좋은 책

VAK에 관한 실용적인 책으로는 마릴리 스프렝거(Marilee Sprenger)의 《학습양식 및 기억을 통한 구별(Differentiation through Learning Styles and Memory》이 있다.

그는 먼저 둘의 차이점을 설명하고, 그림을 보여준 다음, 참가자를 반으로 나눴다. 한 팀은 옆으로 나란히 줄을 서서 발을 올려 차며 춤추는 대형을 만들었고(병렬처리 과정), 다른 팀은 길게 줄을 서서 앞사람을 잡고 콩가 춤을 추듯 방 안을 빙글빙글 돌아다니는 대형을 만들었다. 나는 이 모두가 흥미로웠지만 처음에 차이점을 말로 설명했던 단계에서 이미 개념을 이해했다. 데이비드는 참가자들에게 물었다. "병렬처리와 직렬처리의 차이점을 제가 말로 설명했을 때 이해했던 분은 몇 명이나 됩니까?" 나를 비롯한 3분의 1 정도가 손을 들었다. "그림을 보고 나서 이해하신 분은 몇 명이죠?" 반 정도가 손을 들었다. "댄스를 하고 나서 이해하신 분은요?" 나머지 사람들이 손을 들었다.

그것은 나에게 인상 깊은 수업이었다. 내가 선호하는 학습양식은 청각적이다. 그러므로 나의 프레젠테이션은 청각적인 요소를 심하게 강조하는 경향이 있다. 시각적, 운동감각적 스타일의 학습자들과 효과적으로 커뮤니케이션하려면 시각적 정보와 사람들이 말 그대로 몸을 움직이는 실습을 넣는 것을 잊지 말아야 한다.

트레이너와 프리젠터를 위한 워크숍

가속학습 워크숍은 훌륭한 경험이다. www.alcenter.com에서 확인해 보라.

여러 학습양식에 맞는 프레젠테이션을 작성하라

시각적, 청각적, 운동감각적 학습양식의 청중들 모두와 커뮤니케이션을 잘 하려면 멈춰서 생각하고 계획해야 한다.

당신은 어떤 유형의 학습자인가? 사람은 자기가 가장 잘 학습하는 방식으로 프레젠테이션을 고안하는 경향이 있다. 자신의 학습양식을 알아둬야 프레젠테이션이 어떻게 왜곡되는지 알 수 있다.

★ 시각적 학습자라면 도표, 심지어 텍스트가 들어간 많은 슬라이드를 사용할 것이다. 시각적 학습양식이 맞지 않는 청중은 이런 슬라이드 공격이 헷갈리고 지루할 것이다.

★ 청각적 학습자라면 슬라이드를 많이 사용하기보다는 말을 많이 할 것이다.

★ 운동감각적 학습자라면 실습과 활동을 많이 넣을 것이다. 모든 청중이 활동을 즐기지만 시각적, 청각적 학습자들은 뭘 많이 했는데 별로 정보가 남은 것이 없다고 느낄 것이다.

세 가지 학습양식의 청중에 호소하려면 시각적 자료, 말, 활동을 각각 적절히 넣어라. 가능하면 자기와 다른 학습양식을 가진 친구나 동료를 대상으로 당신의 생각이 그 학습양식에도 효과적으로 호소력을 갖는지 시험해 보라.

청중을 사로잡는 프레젠테이션 노하우

✱ 프레젠테이션에 3가지 학습양식(시각적, 청각적, 운동감각적) 모두에 맞는 자료를 넣어라.

✱ 자기의 학습양식이 프레젠테이션 방식에 지나치게 영향을 미치지 않도록 주의하라.

# 사람들은 실수를 통해 배운다

사실, 이 제목은 두 가지 이유에서 맞지 않다.

- ★ 사람들은 실수를 통해 배울 수도 있다. 하지만 늘 그런 것은 아니다.
- ★ 사람들은 실수에 대해 피드백을 받아야 실수를 통해 배운다.

실수를 하고 실수에 대해 피드백을 받는 것은 효과적인 학습에 매우 중요하기 때문에 프레젠테이션에 사람들이 직접 활동할 기회를 넣어서 프레젠테이션 내용이 잘 전달되는지 시험해 보고 피드백을 얻을 필요가 있다.

실수에 대한 두뇌의 반응

다우너의 연구에서 의사들은(시뮬레이션 상황에서) 어떤 약물을 처방할지 결정을 내렸다(Downar, 2011). 의사들은 결정이 옳았는지 즉각 피드백을 받았고 그런 다음 자기가 학습한 것을 이용해서 다시 해 볼 기회가 있었다.

연구에서 다우너가 의사들의 두뇌 활동을 살펴봤을 때 문제 해결 활동에서 특정 두뇌 반응이 일어나는 것을 볼 수 있었고 이것이 다음 번 결정 때 주의력을 높인다는 것을 발견했다. 이 경우, 참가자들은 다음 과제에서 성과가 향상되는 경향을 보였다. 이들은 실수로부터 배웠다.

하지만 어떤 사람들은 두뇌 활동이 다른 패턴을 보였다. 그들의 두뇌는 활동이 증가하지도 않았고 문제 해결과 관련된 두뇌 활동도 보여주지 않았다. 마치 부정적인 피드백을 차단해 버린 것처럼 보였다.

흥미롭게도 이런 뇌의 차단 반응을 보인 사람들이 긍정적인 피드백에는 훨씬 더 많은 주의를 기울인다.

실수와 피드백을 집어넣어라

사람들이 실수를 하고 피드백을 통해 학습한다면 프레젠테이션 중에 사람들이 실수할 기회를 넣고 싶을 것이다. 다음 몇 가지를 명심하라.

- ★ 사람들이 자기가 배운 것을 시험해 볼 수 있는 활동이나 실습을 만든다.
- ★ 자기 경험이나 의견을 말하는 것과 같이 반드시 정답이 필요하지 않은 활동으로 시작한다. 그러면 사람들이 좀 더 편안하게 말할 수 있다. 그런 다음 결정을 내리고 나중에 옳고 그름을 알려주는 활동으로 옮겨가면 된다.
- ★ 사람들을 소그룹으로 묶는다. 25명보다는 3명 앞에서 실수하는 게 덜 위협적이다.
- ★ 실수에 대해 피드백을 해 준다.
- ★ 배운 것을 적용해 볼 수 있게 비슷한 과제를 다시 할 수 있는 기회를 준다.
- ★ 위압적이지 않은 환경을 조성해서 사람들이 편안하게 시도해 보고 실수할 수 있게 한다. 예를 들어, 누군가 실수하면 그것을 실수라고 말하지 않는다. "아뇨, 틀렸어요."라고 말하지 말고 "왜 그렇게 생각하시는지 알겠어요. 이렇게 다르게 생각할 수도 있습니다."라고 말하는 게 좋다.
- ★ 실수해도 괜찮다고 알려준다. 나는 가끔 활동으로 넘어가기 전에 청중에게 이렇게 말한다. "우리는 실수로부터 배우니까 우리 모두가 배울 수 있도록 여러분이 모두 일부러 실수를 했다고 생각할 겁니다."라고 말한다.

청중을 사로잡는 프레젠테이션 노하우

✶ 자기 분야에서 경험이 많은 사람일수록 실수로부터 배우기 어렵다.
✶ 위압적이지 않은 환경을 조성하라. 사람들이 실수를 해도 괜찮다고 느낄 수 있는 기회를 마련하라.
✶ 실수한 사람에게 피드백을 주어라. 그리고 비슷한 과제를 다시 한 번 해 볼 기회를 주어라.

"청중이 듣는 것을 끝내기 전에 연설을 먼저 끝내야 합니다."

- 도로시 사노프(Dorothy Sarnoff)

청중의 주의를 끌고 유지하는 방법

내가 반복해 꾸는 악몽이 있다. 꿈속에서 나는 프레젠테이션을 하고 있다. 내가 열정을 느끼는 주제이고, 프레젠테이션 준비를 아주 잘 했다. 하지만 프레젠테이션이 진행되면서 청중 장악에 실패하기 시작한다. 두어 명이 내 말을 듣지 않는다. 그들은 한쪽 구석에서 자기들끼리 이야기를 나눈다. 부주의가 퍼져간다. 점점 더 많은 사람들이 내 얘기를 듣지 않고 자기들끼리 얘기하기 시작한다. 결국 웅성대는 이야기 소리 때문에 목소리를 높여 소리를 질러야 들릴 정도다. 사람들은 방을 빠져나가기 시작하고 아무도 듣고 있지 않다. 나는 공황상태로 잠에서 깨어나 그저 악몽이었음을 다행으로 여긴다.

다행히도 이런 악몽이 현실이 된 적은 없다. 하지만 이런 악몽을 계속 꾼다는 사실은 내가 청중의 주의를 잃을까봐 두려워하고 있음을 나타내는 징조다.

청중의 주의를 끌고 유지하는 것은 훌륭한 프리젠터라는 신호다. 이 장에서는 어떤 심리학 이론이 그렇게 할 수 있는 방법을 알려주는지 살펴본다.

23 주의집중 지속 시간은 약 10분이다

지난 분기의 판매 실적을 발표하고 있는 회의장에 있다고 해 보자. 발표자는 당신의 주의를 얼마나 오랫동안 붙잡을 수 있을까? 당신이 관심 있는 주제이고 훌륭한 발표자라고 해도 프레젠테이션에 집중할 수 있는 시간은 기껏해야 7~10분이다. 별로 관심 없는 주제이거나 발표자가 특별히 지루하다면 훨씬 더 빨리 흥미를 잃는다. 어쩌면 7분 아닌 7초 만에 관심을 끊을 수도 있다.

사람들은 짧은 휴식 후에 다시 7~10분 정도 집중할 수 있다. 하지만 어떤 프레젠테이션이든 간에 사람들이 집중할 수 있는 최대 시간은 7~10분이다.

이그나이트!와 페차쿠차는 왜 그렇게 인기일까?

'이그나이트!(Ignite!)' 혹은 페차쿠차(Pecha Kucha) 프레젠테이션 '잼(jam)'에 가 본 적이 있다면 7~10분 규칙이 맞는다고 인정할 것이다. 이것은 프리젠터들이 모여서 아주 구조화된 포맷으로 짧은 프레젠테이션을 하는 모임이다. 이그나이트 세션에서 각 프리젠터는 5분에 20장의 슬라이드를 보여주거나, 한 장을 15초씩 보여준다. 슬라이드는 자동으로 넘어가므로 발표자는 규칙에 따르게 되어 있다. 페차쿠차 프레젠테이션도 비슷하다. 20장의 슬라이드를 각각 20초씩 보여줄 수 있다. 이런 이벤트에서 서로 다른 발표자가 연속해서 프레젠테이션을 한다. 최근에 이그나이트 세션에 참석한 적이 있는데, 1시간 반 동안 15명이 나왔다. 이그나이트와 페차쿠차가 잘 되는 이유 중 하나는 각각 프레젠테이션이 7분 이하로 하게 돼 있기 때문이다. 5분마다 새로운 프리젠터와 새로운 주제를 만난다면 주의집중하기가 더 쉽다.

변화를 주고 짧은 휴식시간을 넣어라.

프레젠테이션은 보통 7~10분 이상이다. 한 시간 하는 것도 많다. 그러니 사람들의 집중력을 붙잡기 위해서는 적어도 7분마다 변화를 줄 방법을 모색해야 한다. 프리젠터는 청중의 집중력이 시들해져가고 있음을 잊기 쉽다. 프리젠터는 청중과 상당히 다른 경험을 하고 있다. 즉, 프리젠터는 무대 위에 있기 때문에 아드레날린이 흘러나오고, 발표의 극심한 고통 속에 있으며, 몸을 움직이고 있다. 반면 청중들은 몸은 의자에 앉은 채 정신은 이리저리 헤매고 다니기 쉽다.

짧은 휴식시간을 만드는 6가지 방법

집중력을 유지하기 위해 최소한 7분마다 약간의 변화를 주어야 한다. 그리 어렵지 않은 몇 가지 방법이 있다.

- ★ 짧은 휴식시간을 갖는다. 프레젠테이션이 60분이 넘는다면 어떤 식으로든 휴식이 필요하다. 길게 20분씩 쉬지 않아도 된다. 5분 휴식도 괜찮다.
- ★ 양방향 활동을 한다. 나는 청중이 몇 명이든 상관없이 할 수 있는 작은 실습을 넣는다. 예를 들어 더운물, 찬물 손잡이가 2개 달린 구식 수도꼭지 사진을 보여준다. 청중들에게 미지근한 물이 나오게 하려면 어느 쪽으로 돌릴 건지 그려보라고 한다. 그런 다음 가능한 모든 경우를 검토하고, 각 방법에 대해 손을 들게 한다. 이 결과를 다음 주제(정신 모델)를 소개하는 데 활용한다.
- ★ 청중에게 질문을 한다. 질문 시간 1분은 휴식시간의 역할을 한다. 대규모 그룹이라면 거수로 의사 표현하는 질문을 할 수 있다("여러분 중 몇 명이 ~~").
- ★ 다른 위치로 움직인다. 발표회장 앞쪽, 혹은 무대 한 곳에만 있지 말고, 한 곳에 몇 분 있다가 다른 곳으로 걸어가 거기서 말한다. 매 7분 미만 간격으로 하되, 불안해 보일 정도로 계속 돌아다니면 안 된다.
- ★ 다른 주제로 넘어간다. 말을 멈추고 "이제 전혀 다른 얘기를 하고 싶습니다."라고 한다.
- ★ 이야기를 들려준다. 이야기는 즉각 주의를 끈다. 프레젠테이션 곳곳에 재미있는 이야기를 배치하라. 이야기는 짧고 해당 주제와 관련 있는 것이어야 한다.

청중을 사로잡는 프레젠테이션 노하우

- ✳ 한 사람의 주의를 끌 수 있는 시간은 7~10분이다.
- ✳ 프레젠테이션을 10분 단위로 계획을 세워라.
- ✳ 매 10분마다 뭔가 다른 것을 하라. 짧은 휴식, 이야기, 실습 혹은 양방향 활동, 청중에게 질문하기, 다른 위치로 움직이기, 주제 바꾸기 등.

24 무의식이 의식을 지휘한다

숲속을 걷다가 땅에서 뱀을 봤다고 상상해 보라. 몸은 그대로 얼어붙고 뒤로 한발 물러나며, 심장이 요동친다. 도망갈 준비가 끝났다. 그런데 잠깐, 뱀이 아니라 막대기다. 마음을 가라앉히고 가던 길을 계속 간다. 막대기를 발견한 것과 그 이후에 보인 반응은 대개 무의식적으로 이뤄졌다.

의식적으로 인식하는 경우도 있지만 무엇에 주의를 기울이는지는 대개 무의식이 지휘한다.

사람들은 음식, 섹스, 그리고 위험에 주의를 기울이지 않을 수 없다

교통사고 현장 옆을 지날 때 왜 차량이 정체되는지 궁금했던 적이 있는가? 끔찍한 사고 현장에 관심을 쏟는 사람들을 흉보면서도 막상 그 옆을 지나갈 때 흘끗거리지 않는가? 당신이 (그리고 남들이) 위험한 장면을 보지 않고 지나칠 수 없는 것은 당신 잘못이 아니다. 당신의 구뇌(old brain)가 주의하라고 말하고 있기 때문이다.

사람들은 1개가 아닌 3개의 뇌를 갖고 있다

《심리를 꿰뚫는 UX 디자인(Neuro Web Design: What Makes Them Click?)》에서는 사람이 3개의 뇌를 갖고 있음을 얘기한다. 신뇌(new brain)는 우리가 가장 잘 알고 있다고 생각하는 부분으로 의식, 추리, 논리적인 뇌이고, 중뇌(middle brain)는 감정을 처리하는 부분이다. 그리고 구뇌는 사람의 생존에 가장 관심이 많은 부분으로, 진화의 관점에서 구뇌가 가장 먼저 발달했다. 사실, 이 부분의 뇌는 파충류의 뇌와 매우 비슷해서 '파충류의 뇌(reptilian brain)'라고 부르기도 한다.

구뇌는 "저것을 먹어도 될까? 저것과 짝짓기를 해도 될까? 저게 나를 죽일까?"라고 질문한다

구뇌가 하는 일은 주위환경을 끊임없이 살펴보고 "저걸 먹어도 될까? 저것과 짝짓기를 해도 될까? 저게 나를 죽일까?"라는 질문에 답하는 것이다. 구뇌는 여기에만 관심이 있다. 생각해 보면 이것은 참 중요하다. 먹을 것이 없으면 죽고, 짝짓기가 없으면 종이 살아남지 못하며, 죽어버리면 다른 문제가 모두 소용없다. 그래서 동물의 뇌는 초기에 이 3가지를 집중적으로 살피도록 발달했다. 동물이 진화하면서 다른 능력(감정, 논리적 사고)들이 발달했지만 이 3가지를 언제나 살피는 뇌의 부분은 그대로 유지했다.

구뇌 때문에 저항할 수 없다

그러니 아무리 안 하려고 해도 먹을 것, 짝짓기, 위험을 보지 않을 수 없는 것이다. 이것은 구뇌의 작용이다. 일단 보고 나면 꼭 무엇을 해야 할 필요는 없다. 초콜릿을 본다고 꼭 먹어야 하는 것은 아니며, 예쁜 여성이 회의장에 들어온다고 치근거려야 하는 것도 아니며, 예쁜 여성과 함께 들어오는 덩치 크고 무섭게 생긴 남성을 피해 도망가야 하는 것도 아니다. 하지만 당신이 원하든 원치 않든 이 모두에 눈길이 갈 것이다.

구뇌는 쉽게 주의가 흐트러진다

이 무의식적인 주의 끌기 때문에 청중들은 프레젠테이션 중에 주의가 흐트러지기 쉽다. 이런 요소를 최소화해야 한다.

발표회장 배치를 조정할 할 수 있다면 사람들이 문으로 들어오고 나가는 모습이 청중의 주변시야에 들어오지 않도록 배열한다. 누가 들어오거나 나갈 때마다 무의식적으로 누구인지(즉, 무서운 동물은 아닌지) 보게 된다.

식사 시간 즈음에 프레젠테이션을 하고 있다면 음식 얘기나 음식 사진을 보여주지 마라. 음식 얘기는 처음에 주의를 끌 수는 있지만 청중은 그때부터 끝날 때까지 계속 음식 생각을 하기 쉽다.

잘 생긴 사람이나 위험한 상황의 사진을 사용하기에 적절한 경우라면 그렇게 하라. 청중의 주의를 확실히 끌 것이다.

청중을 사로잡는 프레젠테이션 노하우

✻ 사람들은 무의식적으로 주위 환경을 살핀다. 여기에는 자기 이름과 음식, 짝짓기, 위험에 관한 메시지가 포함된다.

✻ 사람들이 아무리 주의를 집중하려고 해도 뜻대로 안 될 때가 있다.

✻ 프레젠테이션 시간이 식사 시간에 가깝다면 음식 얘기나 음식 사진의 사용을 삼가라.

# 발생 빈도를 예측하는 것은 주의집중에 영향을 준다

텍사스 주 휴스턴의 사업가 파리드 세이프(Farid Seif)는 노트북 컴퓨터 가방에 장전된 권총을 넣은 채 휴스턴에서 비행기에 탑승했다. 그는 보안 검색을 아무 문제없이 통과했다. 세이프는 테러리스트가 아니었다. 텍사스에서 총기 소지는 합법이고 다만 여행 전에 권총을 꺼내 놓는 것을 깜박 잊었을 뿐이다.

휴스턴 공항 보안 검색은 권총을 탐지하지 못했다. 엑스레이 검색에서 쉽게 눈에 띄었어야 했는데, 아무도 보지 못했다.

미국 국토안보부는 비밀 요원들이 총기, 폭탄 부품 및 기타 금지 품목을 소지하고 보안 검색을 통과할 가능성을 일상적으로 시험한다. 공식 발표를 내놓지는 않지만 대략 이 시험의 70퍼센트가 불합격한다. 즉, 파리드 세이프처럼 검색대에서 걸려야 하는 물품을 소지한 채 보안 검색을 통과할 수 있는 확률이 높다는 얘기다.

왜 이런 일이 일어날까? 왜 보안요원은 규정보다 큰 로션 병은 발견하면서 장전된 권총은 놓치는 걸까?

 파리드 세이프에 관한 영상

http://abcnews.go.com/Blotter/loaded-gun-slips-past-tsa-screeners/story?id=12412458에서 이에 관한 ABC 뉴스 영상을 볼 수 있다.

빈도에 관한 정신 모델

보안요원이 장전된 권총과 폭탄 부품을 놓치는 것은 그것을 마주칠 일이 적기 때문이다. 보안요원은 한 번에 몇 시간씩 일하면서 사람들을 지켜보고 스캐너 화면을 본다. 그는 어떤 위반 사례가 얼마나 자주 일어나는지에 대해 예상한다. 예를 들어, 손톱깎이나 핸드 로션을 발견하는 일은 꽤 자주 일어나기 때문에 그런 것을 예상하고 찾는다. 반면, 장전된 권총이나 폭탄 부품을 볼 일은 그리 많지 않다. 이런 일들이 일어나는 빈도에 대한 정신 모델을 만들어내고, 무의식적으로 그에 따라 주의를 기울인다.

앤드류 벨렌키스는 예상에 대한 연구에서 사람들이 어떤 일의 발생 빈도를 예상했을 때 그보다 더 자주, 혹은 덜 일어나는 경우 종종 그것을 놓친다는 것을 발견했다(Andrew Bellenkes, 1997). 사람들은 그 일의 발생빈도에 대한 정신 모델을 갖고 있고, 그 모델에 주의집중을 맞춰놓았다.

사람들은 자극에 길들어진다

한 시간마다 시간 벨이 울리는 시계가 있는 집을 방문해 본 적 있는가? 침대에서 잠이 들 만하면 그놈의 시계가 울린다. "대체 이 집 사람들은 어떻게 잠을 자지?"라면서 궁금해 하겠지만 그 집 사람들은 모두 잘 잔다. 그들은 시간 벨에 길들여져서 매시간 그 소리를 듣지만 더 이상 거기에 주의를 기울이지 않는다.

사람의 무의식은 위험한 것은 없나 끊임없이 주위 환경을 조사한다. 새로운 것은 언제나 주의를 끈다. 하지만 똑같은 신호가 계속 반복되면 무의식은 그것이 더 이상 새로운 것이 아니므로 무시한다.

 일시정지(pause)의 힘

연설할 때 가장 효과적인 것 중 하나는 일시정지다. 일시정지는 방금 한 말, 혹은 이제 할 말을 강조하는 효과가 있다. 일시정지 사용을 연습하라. 그리고 녹음해서 들어보라.

예측할 수 없게 하라

사람들은 자극에 길들어지기 때문에 약간이라도 예측 불가능한 게 도움이 된다. 프레젠테이션이 너무 예측하기 쉽다면 사람들은 주의를 기울이지 않을 것이다. 이것은 "말하려는 것을 말하고, 또 말하라. 말했던 것을 또 말하라."는 격언과는 반대되는 얘기로, 뒤에 나오는 '프레젠테이션 작성 방법(227쪽)' 장에서 대안을 제시한다.

> **청중을 사로잡는 프레젠테이션 노하우 25**
>
> ✱ 사람들은 어떤 일의 발생 빈도에 대한 무의식적 정신 모델을 만든다.
>
> ✱ 청중의 주의를 잃지 않으려면 예측할 수 없게 하라. 질문을 하고, 자리를 옮기고, 이야기를 하고, 주제를 바꾸고, 조금 다른 간격으로 휴식시간을 마련하라.
>
> ✱ 일시정지를 통해 주의를 끌 수 있다.

26 사람들은 멀티태스킹을 할 수 없다

멀티태스킹이 인기라는 것은 알지만 사람들은 실제로 멀티태스킹을 할 수 없다는 명백한 연구 결과가 있다. 여러 해 동안 심리학 연구는 사람들이 한 번에 오직 하나의 과제에만 집중할 수 있다는 사실을 보여줬다. 한 번에 오직 한 가지만 생각할 수 있고, 한 가지 정신 활동만 할 수 있다. 그래서 말하기 아니면 읽기, 읽기 아니면 타이핑하기, 듣기 아니면 읽기와 같이 한 번에 오직 한 가지만 할 수 있다. 사람은 앞뒤로 재빨리 전환하기 때문에 멀티태스킹 한다고 생각하지만 실제로는 그렇지 못하다.

사람들은 멀티태스킹하는 게 아니라 작업 전환을 한다

멀티태스킹은 잘못 붙여진 용어다. 사람들은 한 번에 하나 이상의 일을 할 수 없고, 작업을 전환하는 것이다. 그래서 연구자들은 '작업 전환(task switching)'이라는 용어를 쓴다. 작업 전환에 관한 많은 연구를 통해 다음과 같은 사실을 알게 됐다.

★ 작업 전환에는 '비용이 많이 든다.' 한 번에 하나의 과제를 할 때보다 더 많은 시간이 걸린다.

★ 한 번에 하나의 과제를 할 때보다 더 많은 실수를 한다.

★ 복잡한 과제일 때는 이런 시간과 실수가 더 늘어난다.

★ 한 번의 작업 전환에 걸리는 시간은 10분의 1초에 불과하지만, 하루에도 많은 작업 전환을 한다면 생산성 손실이 40퍼센트에 이를 수 있다.

★ 작업 전환에는 뇌의 여러 부분이 관여한다. 작업 전환이 일어날 때 뇌를 촬영해 보면 4대 영역에서 활동이 나타난다. 전전두엽은 주의 전환 및 집중, 그리고 언제 어느 작업을 할지 선택하는 데 관여하고, 두정엽은 전환한 작업을 관장하는 활동을 하고, 변연계의 전측 대상회(anterior cingulate gyrus)가 실수를 감시하며, 전운동피질은 움직임을 준비한다(Meyer, et al., 1997-1998).

 작업 전환에 관한 흥미로운 기사

www.apa.org/research/action/multitask.aspx에서 작업 전환 연구를 요약한 훌륭한 기사를 볼 수 있다.

연구에서 하나의 예외가 가능하다는 사실을 발견했다. 아주 자주 해서 아주 잘하는 신체 활동을 하는 경우라면 정신 작업을 하면서 신체 작업을 할 수 있다. 성인이고 걸을 줄 안다면 걸으면서 동시에 말할 수 있다. 아니 할 수 있을지도 모른다. 걷기와 말하기조차 항상 잘 어울리는 것은 아니다. 아이라 하이먼의 연구에 따르면 걸어가면서 전화 통화하는 사람은 말 그대로 다른 사람들과 더 자주 부딪쳤고, 주변에 뭐가 있는지 보지 못했다(Ira Hyman, 2009). 연구자는 외발자전거를 타는 어릿광대를 길에 배치했는데, 휴대폰 통화 중인 사람들은 그를 보지 못했거나 기억하지 못하는 사람이 훨씬 많았다.

> **현장의 소리**
>
> "나는 격식 차린 프레젠테이션을 그리 많이 하진 않아요. 하지만 지난 몇 년간 프로젝트 매니저 혹은 팀장으로서 많은 회의를 주관했죠. 내가 거기서 배운 것은, 회의 인원이 많든 적든 나눠주는 자료 문건은 최소한으로 해야 한다는 겁니다. 너무 많은 자료를 나눠주면 사람들은 그걸 읽느라 회의에 집중하지 않아요. 설득을 목표로 하는 프레젠테이션에서는 이 원칙을 더욱 철저하게 따릅니다."
>
> - 데이비드 바드웰(David Bardwell)

프레젠테이션 때 멀티태스킹하는 청중 대하기

멀티태스킹 할 수 없기 때문에 청중들이 다른 일을 하면서 당신 말을 들을 수는 없다. 프레젠테이션에서 노트를 필기하는 청중은 작업 전환이 꽤 잘 이뤄지는 편이고, 컴퓨터로 노트를 작성하는 경우도 비슷하다. 하지만 이메일을 읽거나 보내는 사람, 문자메시지를 보내는 사람은 당신의 말을 듣지 않고 있다(자기는 멀티태스킹을 꽤 잘 한다고 말하는 사람도 마찬가지다).

유인물

프레젠테이션 도중에 슬라이드 사본을 유인물로 제공하면 청중은 그것을 먼저 읽느라 당신의 말을 듣지 않는다. 슬라이드에 많은 텍스트를 넣지 말라는 이유 중 하나는 이 때문이다. 하지만 사람들은 종종 프레젠테이션이 끝난 후에 참고할 자료를 원하고, 노트로 필기된 것을 갖고 싶어 한다. 유인물은 이렇게 하면 좋다.

★ 요점을 요약한 별도의 문서를 제공하라. 1~2페이지로 짧다면 프레젠테이션을 시작하기 전, 도중, 혹은 직후에 나눠줘도 좋다. 2~3페이지 이상이라면 맨 끝에 나눠주거나 온라인에 올려라. 혹은 둘 다 해도 좋다.

★ 더 많은 정보가 있는 웹 페이지를 소개하고, 프레젠테이션이 끝난 후 URL을 알려준다.

★ www.slideshare.net에 발표에 쓴 슬라이드를 올려서 공유하라. 발표를 처음 시작할 때 이렇게 할 거라고 미리 공지하고 URL을 발표 끝에 혹은 이메일로 알려줘라.

★ 종이로 된 요약본을 제공하지 않는다면 노트 필기를 원하는 사람을 위해 필기도구를 비치하라.

청중을 사로잡는 프레젠테이션 노하우

✳ 사람들은 자기가 멀티태스킹할 수 있다고 말하지만 사실은 그렇지 않다.

✳ 프레젠테이션 중에 청중이 손 혹은 컴퓨터로 노트필기 하는 정도는 괜찮지만 그 외에는 안 된다.

✳ 프레젠테이션 중에 문자메시지나 컴퓨터 사용을 금지하는 것은 역효과가 있을 수 있지만 청중들에게 발표 중에는 오직 한 가지, 발표를 듣는 것만 해 달라고 하라.

✳ 프레젠테이션이 끝난 후 참고자료를 제공할 예정이라고 말해주면 청중들도 마음 편하게 노트 필기를 안 하고 당신에게 더 집중할 것이다.

27 30%의 시간은 잡념에 쓴다

동료의 프레젠테이션을 듣고 있는데, 프레젠테이션은 안 듣고 깜박 잊고 보내지 않은 이메일을 생각하고 있을 때가 있다. 잡념을 겪은 것이다.

잡념(mind-wandering)은 똑같지는 않지만 몽상과 비슷하다. 심리학자들은 엉뚱한 생각이나 환상, 복권 당첨이나 유명인이 되는 상상을 가리키는 데 모두 몽상(daydreaming)이라는 용어를 쓴다. 잡념이라는 용어는 좀 더 구체적이고, 하나의 과제를 하다가 그것과 상관없는 것에 대한 생각으로 빠져드는 것을 가리킨다.

잡념은 아주 흔하게 일어난다

사람들은 잡념을 과소평가한다. 산타바바라 캘리포니아 대학의 조나단 스쿨러(Jonathan Schooler)에 따르면 사람들은 10퍼센트 정도의 시간을 잡념에 쓴다고 생각하지만 실제로는 그보다 많다. 보통 일상적인 활동을 할 때 30퍼센트의 시간을 잡념에 쓰며, 어떤 경우(예: 한산한 고속도로를 운전할 때)에는 70퍼센트까지 올라간다.

> **➡ 잡념은 어떤 신경과학자에게는 골칫거리다**
>
> 어떤 신경과학자들은 잡념 연구에 관심을 갖게 됐는데, 두뇌 촬영 연구에서 잡념이 아주 골칫거리기 때문이다. 연구자들은 피실험자에게 그림 보기나 읽기 같은 어떤 과제를 시키고 두뇌 활동을 촬영했는데, 그 중 약 30퍼센트의 시간이 과제와 연관 없는 것이라는 결론을 얻었다. 결국 연구자들은 잡념 때문에 짜증내는 대신 본격적으로 연구하기 시작했다.

> **➡ 잡념이 많을수록 창의력이 높다?**
>
> 잡념이 일어나면, 뇌의 한 부분은 당면 과제에 집중하고, 다른 부분은 마음속 더 높은 목표에 매달려 있다. 산타바바라 캘리포니아 대학의 크리스토프(Christoff)는 잡념이 많은 사람이 더 창의적이고 문제 해결력이 뛰어나다는 증거를 얻었다. 이들의 두뇌는 당면 과제를 하면서도 동시에 다른 정보를 처리하고 연결고리를 만들고 있다.

잡념을 줄이는 방법

잡념을 전혀 못하게 할 수는 없지만 빈도를 줄일 수는 있다. 프리젠터의 역량이 좋을수록 프레젠테이션에 더 많이 집중한다. 이 장에서 제시한 지침(예: 7~10분 규칙)에 주의를 기울이면 청중이 잡념에 빠지는 것을 그만큼 줄일 수 있다. '사람들은 프리젠터에게 어떻게 반응할까(157쪽)' 장과 '프레젠테이션 작성 방법(227쪽)' 장에서 더 많은 아이디어를 얻을 수 있을 것이다.

청중을 사로잡는 프레젠테이션 노하우

✳ 잡념이 일어난다. 그것을 완전히 막을 수는 없다.

✳ 발표 내용이 재미있을수록, 주의를 끌고 붙잡아 둘 방법이 많을수록, 잡념은 줄어든다.

✳ 청중이 잡념에서 벗어나도록 앞서 논의했던 짧은 휴식시간을 마련하라.

"동기부여는 사람들에게 시키고 싶은 일을 자기가 하고 싶어서 하게 만드는 예술이다."

- 드와이트 D. 아이젠하워(Dwight D. Eisenhower)

사람들이 행동하도록 동기부여 하는 방법

몇 년 전 모 대학교에서 심리학과 교수로 재직했던 시절, 나는 가르치는 주제(심리학)가 너무 좋았지만 학생들은 대개 관심이 없어 보였다. 필수 강좌여서 혹은 '쉽게 A를 받을 수 있으리라' 생각해서 수강하는 학생들이 대부분이었다.

모두들 나처럼 그 주제에 신 나 할 것으로 생각하고 있었기에 내가 쏟아내는 정보에 학생들이 동기부여 받지 못하는 것을 보고 혼란과 좌절에 빠졌었다. 청중을 신 나게 하고, 나아가 연설이나 강의 후 행동에 옮기게 하려면 청중에게 동기부여 하는 게 무엇인지 알아내어 그 동기에 불을 붙여야 한다.

 사람들은 목표에 가까이 다가갈수록 더 동기부여를 받는다

동네 커피숍에서 단골 고객카드를 받는다. 커피 1잔을 살 때마다 카드에 스탬프 도장을 받아서 카드를 다 채우면 공짜 커피 1잔을 받는다. 여기서 2가지 시나리오가 나온다.

★ 카드 A. 스탬프 칸이 10칸이고, 받을 때 모두 빈칸이다.

★ 카드 B. 스탬프 칸이 12칸이고, 애초에 처음 두 칸에 도장을 찍어서 준다.

질문: 그 카드를 채우는 데 얼마나 걸릴까? 카드 A가 더 오래 걸릴까, B가 더 오래 걸릴까? 두 시나리오 모두 공짜 커피 1잔을 받으려면 10잔을 사야 한다. 어느 카드를 사용하느냐에 차이가 있을까?

목표구배(GOAL-GRADIENT) 효과

대답은 분명 '예'다. 어느 카드를 쓰느냐에 확실히 차이가 있다. 카드 A보다 카드 B를 더 빨리 채울 것이다. 이유는 목표구배 효과 때문이다.

목표구배 효과를 처음 연구한 것은 클라크 헐이다(Clark Hull, 1934). 그는 생쥐 실험에서 생쥐들이 미로 끝에 있는 먹이를 찾으러 달려갈 때 미로 끝에 가까워질수록 더 빨리 달린다는 사실을 발견했다.

목표구배 효과란 목표에 가까이 다가갈수록 행동을 가속화하는 것을 말한다. 내가 얘기한 커피숍 사은카드 시나리오는 사람들도 1934년 연구에서의 쥐들과 비슷한 행동을 보이는지 알아보기 위한 랜 키베츠의 연구(Ran Kivetz, 2006) 중 일부다.

사람들은 보상 프로그램의 일부가 되는 것을 즐긴다. 키베츠는 보상 프로그램에 참여하지 않은 고객과 비교해 볼 때, 사은카드를 소지한 고객이 더 많이 미소 짓고, 카페 직원과 더 오래 담소를 나누며, "고맙습니다."라는 말을 더 자주 하고, 팁을 놓고 가는 일도 더 많다는 사실을 발견했다.

 사람들은 달성한 것보다 남은 것에 관심을 쏟는다

구민정은 a) 이미 달성한 것에 집중하기 혹은 b) 달성을 위해 남은 것에 집중하기 중 어느 것이 사람들에게 목표 달성의 동기부여를 하는지 알아보기 위한 연구를 진행했다(Minjung Koo, 2010). 답은 b였다. 사람들은 남은 할 일에 집중할 때 계속해서 동기부여를 받았다.

'현재 도달 위치'의 중요성

사람들이 목표에 가까워질수록 더 많은 동기부여를 받는다면 프레젠테이션 중에 청중에게 진행의 정도를 보여줘야 한다. 하루 종일 혹은 며칠 연속 강좌와 같은 긴 프레젠테이션이라면 시작할 때 모든 부문 혹은 교과목의 목록을 제공하고, 한 부문이 끝나면 목록으로 돌아온다. 짧은 프레젠테이션이라면 진행 과정이 그 안에 들어가도록 구조화하라. 내 경험상 숫자를 넣어서 구조화한 프레젠테이션이 아주 효과적이었다. 이를테면 '~ 분야 상위 10위는······.' 혹은 '7가지 필수 원칙은······.'처럼 말이다. 7개 혹은 10개의 항목을 지나면서 목표를 향해 다가가고 있음을 분명히 한다. 나는 높은 숫자 10에서 시작해서 거꾸로 내려오는 방식을 좋아한다. 실제로 1을 향해 카운트다운 할수록 관심과 흥분이 높아지는 것 같다.

청중을 사로잡는 프레젠테이션 노하우

* 목표와의 거리가 가까워질수록 사람들은 거기에 도달하려는 동기부여를 더 많이 받는다. 목표 지점이 눈에 보일 때 훨씬 더 큰 동기부여가 된다.
* 카드 B 사례처럼 진행의 착시를 이용해 추가로 동기부여를 얻을 수 있다. 실제로는 진행의 차이가 전혀 없지만(10잔의 커피를 구매해야 하는 것은 똑같다), 보기에는 뭔가 진행된 것처럼 보이므로 효과가 있다.
* 짧은 프레젠테이션에서도 청중이 프레젠테이션이 얼마큼 진행됐는지를 알 수 있게 해라. 프레젠테이션 진행 상황에 대한 힌트를 제공하라.

29 가변적 보상은 큰 효과를 발휘한다

20세기에 심리학을 공부한 사람들은 B.F.스키너(Skinner)와 조작적 조건화(operant conditioning) 연구를 기억할 것이다. 스키너는 강화(reinforcement), 즉 보상이 얼마나 자주, 어떤 방식으로 주어지느냐에 따라 어떤 행동이 증가 혹은 감소하는지를 연구했다.

카지노의 비밀

쥐 한 마리를 막대기가 있는 우리에 넣는다고 생각해 보자. 쥐가 막대기를 누르면 먹이를 받는다. 먹이가 이른바 강화다. 하지만 쥐가 막대기를 누를 때마다 먹이를 받지 못하도록 설정해 놓으면 어떻게 될까? 스키너는 다양한 시나리오를 테스트해 본 결과, 먹이를 주는 빈도, 또 시간이 지나면 먹이를 주는지, 막대기를 누르면 주는지 여부는 쥐가 막대기를 얼마나 자주 누르는지에 영향을 미쳤다. 여러 다른 스케줄의 개요는 다음과 같다.

★ **간격 스케줄.** 일정 시간 간격을 두고 먹이를 준다. 간격이 5분이라면, 5분의 시간이 지난 후 쥐가 막대기를 누르면 바로 먹이를 준다.

★ **비율 스케줄.** 시간이 기준이 아니라, 막대를 누른 횟수에 따라 강화하는 것이다. 쥐는 막대를 10번 누르면 먹이를 받는다.

변형 방식이 더 있다. 각 스케줄마다 고정된 혹은 가변적인 변화를 둘 수 있다. 고정 스케줄이라면 5분마다 혹은 10번 누를 때마다와 같이 똑같은 간격 혹은 비율을 유지한다. 가변적이라면 시간과 비율에 변화를 주지만 그 평균을 내라. 몇 번은 2분 후에 강화를 제공하고 몇 번은 8분 후에 제공한다면 평균 5분이 된다.

그러니 모두 합하면 4가지 스케줄이 나온다.

★ **고정 간격.** 강화는 시간 기준이고, 시간 간격은 항상 똑같다.

★ **가변 간격.** 강화는 시간 기준이다. 각 시간의 양은 다르지만 평균을 내면 일정 시간이다.

★ **고정 비율.** 강화는 막대를 누르는 횟수 기준이고, 횟수는 항상 똑같다.

★ **가변 비율.** 강화는 막대를 누르는 횟수 기준이다. 횟수는 다르지만 평균을 내면 일정 비율이다.

쥐(그리고 사람)는 사용한 스케줄에 따라 예측 가능한 행동 방식을 보여준다. 그림 29.1은 각 스케줄 유형별로 나타나는 행동 양식을 보여주는 표다.

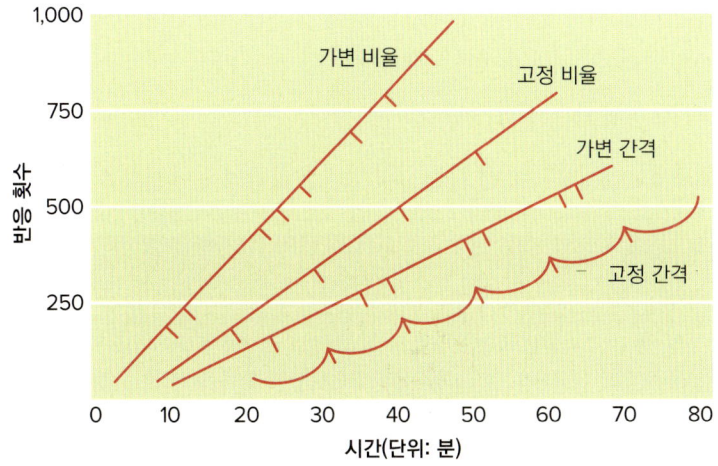

그림 29.1 조작적 조건화를 위한 강화 스케줄

그러면 사람들이 강화 혹은 보상 받는 방식에 따라 특정 행동을 보이는 빈도를 예측할 수 있다. 특정 행동을 가장 많이 하게 하고 싶으면 가변 비율 방식을 사용할 것이다.

라스베이거스에 가 본 적 있다면 가변비율 스케줄이 실행되는 모습을 본 적이 있을 것이다. 슬롯머신에 동전을 넣고 버튼을 누른다. 승률이 얼마나 되는지는 모른다. 시간 기준보다는 게임 횟수에 달려 있다. 그것도 고정 스케줄이 아니라 가변 스케줄이다. 그것은 예측불가능이다. 언제 이길지는 모르지만 게임을 많이 할수록 승률이 높아진다는 것은 안다. 그래서 최대한 게임을 많이 하고 카지노는 많은 돈을 버는 결과가 나온다.

조작적 조건화는 인기를 잃었다

조작적 조건화는 1960~70년대 전 세계 여러 대학의 심리학과에서 인기 있는 이론이었다. 하지만 다른 관점(인지 혹은 사회심리학)을 지닌 심리학자들 가운데 이 이론을 지지하지 않는 사람이 많았고 이후 급격히 인기가 시들해졌다. 다른 학습 및 동기부여 이론들이 더 인기를 얻었고, 요즘 조작적 조건화는 대학의 심리학 입문 강좌에서 한 시간 정도 강의하고 교과서 몇 페이지에 실려 있을 뿐이다. 눈치 못 챘을 수도 있지만 나는 학부시절 조작적 조건화 훈련을 받았고, 지금도 팬이다. 조작적 조건화가 모든 행동과 동기부여를 설명해 주지는 않지만 그 이론들은 잘 검증됐고 효과가 있다고 믿는다. 개인적으로 나의 경영 방식, 강의 방식, 자녀 양육 방식에 그것을 사용해 왔다.

프레젠테이션에 가변적 강화를 사용하는 방법

특정 행동을 증대 또는 장려하기 위해 프레젠테이션에 가변적 강화를 사용할 수 있다. 예를 들어, 사람들이 토의에 참여하기를 원한다면 사람들이 큰 소리로 말할 때 강화를 제공한다. 장난감이나 상품, 초콜릿, 아니면 그냥 고개를 끄덕여주거나 미소를 보낸다. 참여를 가장 많이 끌어내려면 한 사람이 말할 때마다 매번 주지 말고 참여할 때 가끔만 준다.

하지만 활동을 강화하기 위해서는 청중이 관심을 갖는 강화 방식을 골라야 한다는 점을 잊지 마라.

➡ 사람들이 어떤 행동을 못하게 하는 방법

분노 발작을 일으킨 꼬마아이를 데리고 쩔쩔 매는 부모를 본 적 있는가? 아니면 당신이 그런 부모인가? 그렇다면 '타임아웃' 개념을 잘 알고 있을 것이다. 그 개념은 1950~60년대 행동심리학자인 아서 스타츠(Arthur Staats)가 주장한 것이다. 원래 타임아웃은 특정 행동을 못하게 하기 위한 것이다(요즘에는 부모들이 여러 가지 방식으로 타임아웃을 사용하는데, 원래 개념이 가장 효과적이다).

행동 심리학자의 견해는 이렇다. 어떤 행동을 없애고 싶다면 그 행동을 강화하는 것을 멈춰야 한다. 그 행동을 강화하지 않으면 결국에는 없어질 것이다. 행동주의 심리학자에게 강화하지 않기와 벌주기 사이에는 중요한 차이가 있다. 타임아웃은 원치 않는 행동을 강화하지 않기, 즉, 모든 반응과 모든 관심을 끊는다는 의미다. 벌을 주면 관심을 주는 것이다. 스타츠의 타임아웃 개념에서는 아이를 부모의 관심과 상호작용 밖으로 빼놓는 것이다.

희망하건대 청중들 중에 분노 발작, 혹은 다른 방식으로 꼬마아이처럼 행동하는 사람이 없기를 바란다! 하지만 사람들의 어떤 행동을 못하게 하기 위해 강화 제거의 개념을 사용할 수 있다. 이것을 많이 할 필요는 없겠지만 때로는 어떤 행동을 하지 못하게끔 관심을 끊는 것도 유용하다. 예를 들어, 어떤 사람이 계속해서 손을 들고 너무 많은 질문을 해 댄다. 모든 질문에 답할 시간이 없거나 그 사람 한 명에게만 너무 많은 시간을 할애하는 것 같다. 그럴 땐 그 사람을 쳐다보지도 말고 발언 기회를 주지도 마라. 얼마 안 가서 손드는 것을 그만 둘 것이다.

청중을 사로잡는 프레젠테이션 노하우

✳ 강화를 제공함으로써 행동에 영향을 미칠 수 있다.

✳ 당신이 원히는 행동 패턴에 따라 다른 강화 유형을 선택한다.

✳ 당신이 찾는 행동 패턴을 생각해 보라. 그런 다음 그 행동을 강화하기 위해 할 수 있는 일을 찾아라. 행동의 반복이 가장 많이 일어나게 하려면 가변 비율 스케줄을 사용한다.

✳ 조작적 조건화가 효력이 있으려면 강화(보상)는 청중이 원하는 것이어야 한다. 배고픈 쥐는 먹이를 원한다. 당신의 청중이 원하는 것은 무엇일까?

✳ 어떤 행동을 멈추기 바란다면 아무 강화도 주지 않는다.

✳ 당신이 원하지 않는 행동은 무시하고, 당신이 원하는 행동은 강화한다.

 사람들의 행동은 인위적으로 조성될 수 있다

대학 학생들이 조성(shaping)이라는 행동주의 개념을 사용해서 교수가 강의를 하다 말고 강의실을 떠나게 만들었다는 내용의 이야기가 심리학 강의실에 전해진다. 학생들은 자기들끼리 강의가 시작되기 전에 미리 짜 놓은 대로, 교수가 들어와 강의를 시작하자 그를 무시하고(강화하지 않기) 교수가 문 쪽을 볼 때만 반응을 보였다. 강의 중간 중간에 교수는 무심코 문을 쳐다봤는데, 이때 학생들은 잠깐 동안 집중해서 교수를 쳐다봤다. 교수가 문을 쳐다볼 때마다 학생들은 집중해서 쳐다보곤 했다(집중해서 쳐다보기가 강화였다). 얼마 안 가서, 교수는 문을 자꾸 쳐다보게 됐다. 그러자 학생들은 문을 쳐다보는 것에 의한 강화를 멈췄다. 대신, 교수가 문 쪽으로 한 걸음 걸어갈 때만 집중해서 쳐다봤다. 강의 중에 어쩌다가 교수가 문 쪽으로 한 걸음 가면 학생들은 집중해서 쳐다봤다.

이렇게 교수의 행동에 대한 조성이 계속되어(문에 가까이 다가가기, 문 쪽으로 팔을 움직이기, 문에 손대기 등등) 급기야 교수는 실제로 강의실 밖으로 나갔다.

내 생각엔 이것은 어느 심리학 교수가 조성을 설명하기 위해 지어낸 이야기가 틀림없다.

조성에 대한 정식 설명은 '연속적 근접의 차별적 강화(the differential reinforcement of successive approximations)'다. 이것은 어떤 새로운 행동을 조성하려면 그 행동을 유발하는 이전 행동을 강화해야 한다는 개념이다.

강화를 사용해서 이전 행동이 조성되고 나면 그 행동에 대한 강화는 멈추고 최종적으로 원하는 행동에 더 근접하게 하는 또 다른 행동을 강화한다.

프레젠테이션에서 조성 사용하기

조성 개념을 프레젠테이션에서 사용할 수 있다. 대화형 프레젠테이션을 하고 있다고 해 보자. 당신은 청중들이 참여하고 서로 편안하게 상호작용하기를 원하지만 청중들은 잘 따라주지 않는다. 이런 식으로 행동을 조성할 수 있다. 청중에게 질문을 하나 하고 당신을 쳐다보는 참가자에게 미소를 짓거나 고개를 끄덕여준다(여기선 발표자의 관심이 강화다). 다음에 다른 질문을 하되, 손을 드는 사람에게만 미소 짓거나 끄덕인다. 다음엔 의견을 말하는 사람에게만 미소 짓거나 끄덕인다. 이를 계속해 나가면(발표자가 원하는 것이라고 생각하고) 참가자들이 질문을 기다리지 않고 아무 때나 자유롭게 말하는 시점이 온다.

청중을 사로잡는 프레젠테이션 노하우

✳ 프리젠터의 행동은 참가자들의 행동에 영향을 미친다.

✳ 참가자들이 당신이 원하는 방식대로 행동하지 않는다면 원하는 행동이 무엇인지 정하고, 청중에게 무엇이 강화 역할을 해 줄지 파악한다.

✳ 새로운 행동을 하게 하려면 먼저 그 사람을 원하는 행동으로 이끌어줄 연속선상의 근접한 행동을 파악한다. 그런 다음 원하는 행동을 할 때까지 연속선상에 있는 행동을 먼저 강화한다. 연속선상의 바로 다음 행동을 차례차례 강화한다.

31 도파민은 사람들을 정보 탐색에 중독시킨다

이메일이나 트위터 혹은 문자 메시지에 중독된 것 같다는 느낌이 든 적 있는가? 수신함에 메일이 온 걸 알면 보지 않고 못 견디는가? 어떤 정보를 찾으려고 구글에 들어갔다가 30분 넘게 전혀 상관없는 글이나 링크를 읽고 있지는 않은가? 이것은 모두 도파민 계가 작동하는 예다.

신경과학자들은 스웨덴 국립 심장 연구소의 에이브리드 칼슨(Avrid Carlson)과 닐스-에이크 힐라프(Nils-Ake Hillarp)가 도파민을 발견한 1958년부터 소위 도파민 계에 대한 연구를 계속했다. 도파민은 뇌의 여러 부분에서 만들어지며, 사고, 운동, 수면, 기분, 주의, 동기부여, 탐색 및 보상을 포함한 모든 두뇌의 기능에 절대적인 역할을 한다.

쾌락 물질? 혹은 동기부여 물질?

도파민이 뇌의 쾌락 시스템을 관장해서 쾌락을 느끼게 해 주는 물질이라는 얘기를 들어 본 적이 있을지도 모르겠다. 하지만 연구자들은 최근에 도파민이 쾌락을 경험하게 해 주는 게 아니라 실제로 원하고 소망하며, 찾아내고 검색하게 하는 물질임을 발견했다. 도파민은 자극, 동기부여 및 목표 지향 행동을 증대시킨다. 음식이나 성(性)과 같은 신체적 욕구뿐 아니라, 추상적인 개념도 마찬가지다. 도파민은 호기심을 유발하고 정보를 검색하도록 부채질한다. 최근 연구에서 쾌락을 관장하는 것은 도파민 계보다는 오피오이드 계(opioid system)라는 게 밝혀졌다. 켄트 베리지(Kent Berridge)의 1998년 연구에 따르면 '호감(wanting)'(도파민)과 '쾌락(liking)'(오피오이드)이라는 2개의 시스템은 상호 보완적인 관계. 호감 기능은 사람을 행동하게 하고, 쾌락 기능은 만족감을 느끼게 해서 탐색(seeking)을 잠시 멈추게 한다. 탐색이 멈춰지지 않으면 사람은 무한 반복의 경주를 시작하게 된다. 도파민 계가 오피오이드 계보다 강해서 만족하는 수준 이상으로 탐색한다.

> **도파민은 인류의 생존에 중요한 역할을 했다**
>
> 도파민은 진화의 관점에서 대단히 중요하다. 만약 인간이 새로운 것을 탐색하는 호기심에 이끌리지 않았더라면 그냥 동굴 속에 앉아 있었을 것이다. 도파민 계는 인간의 조상들이 넓은 세계를 돌아다니고 학습하고 살아남도록 계속 동기부여를 했다. 탐색 덕분에 만족의 환각에 안주하지 않고 인류가 생존할 수 있었다.

> **획득보다 기대가 더 낫다**
>
> 두뇌 촬영 연구를 통해 우리의 뇌는 보상을 획득했을 때보다 기대할 때 더 많은 자극과 활동을 보인다는 것이 밝혀졌다. 실험쥐에 대한 연구에서 도파민 뉴런이 손상된 쥐는 걷기, 씹고 삼키기는 여전히 할 수 있지만 먹이가 바로 옆에 있어도 굶어 죽고 만다. 음식을 먹으러 갈 욕망을 잃은 것이다.

사람들의 동기부여를 지속하기 위해 정보 탐색 사용하기

이런 타고난 정보 욕구를 이용해 프레젠테이션 동안 청중의 흥미와 동기를 유지할 수 있다. 이렇게 하면 된다. 프레젠테이션의 첫 부분에서 전체 내용을 요약해 준다. 예를 들면, 컨설팅 회사의 회장 겸 CEO에게 프레젠테이션을 하고 있다고 해보자. 그 회사에서는 나와 우리 연구팀에게 영업사원과 상담원이 팀을 이뤄서 더욱 효율적으로 구매로 이어지게 하려면 판매 과정에 어떤 변화를 꾀해야 하는지 조사해 달라고 의뢰했다. 이 프레젠테이션을 이렇게 시작할 수 있다.

> "아시다시피, 지난 3주 동안 저희는 회장님과 경영진을 인터뷰했고, 영업사원과 상담원들을 관찰하고 인터뷰했습니다. 모든 분들이 많이 도움을 주셨고 적극 협조해 주셨어요. 저희는 데이터를 수집하고 분석했는데, 오늘 프레젠테이션에서 그 결과를 함께 나누고 판매 과정 개선을 위한 변화를 제안하려고 합니다."

아니면 이렇게 시작할 수도 있다.

> "귀사의 가장 소중하고 높은 임금의 영업사원과 상담원들이 고객을 만날 시간에 컴퓨터 앞에 앉아 제안서를 만드느라 시간을 낭비하고 있습니다. 귀사의 판매 과정을 변화시키지 않으면 소중한 자원을 계속 낭비하고 판매주기는 너무 길어질 겁니다. 이번 프레젠테이션에서는 판매 과정을 더욱 효율적으로 만들고, 더 짧은 시간 내에 더 많은 구매로 이어지게끔 귀사에서 즉시 시행해야 할 10가지 변화를 보여드릴 겁니다."

어떤 오프닝이 더 큰 동기부여가 될까? 부디 두 번째 오프닝이라고 대답했기를 바란다. 두 번째 오프닝은 프레젠테이션의 구조를 정해준다. 사람들이 당신에게 더 많은 정보를 원하도록 관심을 유지하는 열쇠는 정보를 그들이 공감할 수 있는 방식으로 표현하는 것이다. 만약 영업사원이나 상담원을 대상으로 하는 프레젠테이션이었다면 회장 겸 CEO에게 할 때와는 약간 다르게 했을 것이다.

프레젠테이션을 이렇게 시작하면 청중들은 나에게 더 많은 정보를 원하게 된다.

이 책의 뒷부분에 나오는 '프레젠테이션 작성 방법(227쪽)'에서는 프레젠테이션 내내 계속해서 도파민이 흐르게 하려면 프레젠테이션을 어떻게 구조화하고 어떻게 작성해야 하는지 자세한 사항을 알게 될 것이다.

청중을 사로잡는 프레젠테이션 노하우

* 사람들은 계속해서 정보를 탐색하도록 동기부여 받는다.
* 프레젠테이션의 첫 60초에 간단한 개요를 제공해 주면 청중들에게 더 많은 정보를 얻으려는 동기를 유발할 수 있다.
* 주요 청중이 공감할 수 있는 방식으로 표현하라.

32 사람들은 주변 환경의 신호에 반응한다

도파민 계는 보상이 나오는 신호에 특히 민감하다. 무슨 일이 일어날 것을 암시하는, 작지만 특정한 신호가 있다면, 그것이 도파민 계를 작동시킨다. 이것이 이른바 파블로프의 조건 반사 반응으로, 러시아 과학자 이반 파블로프(Ivan Pavolv)는 개를 대상으로 실험을 했다. 개는(사람도 마찬가지로) 먹을 것을 보면 침을 흘린다. 파블로프는 먹이를 종소리와 짝을 지었다. 종소리가 자극 역할을 해서, 개는 먹이를 볼 때마다 종소리를 듣는다. 그리고 먹이를 보면 침을 흘린다. 어느 정도 시간이 지나면 개는 종소리를 들으면 침을 흘린다. 먹이가 아예 없어도 침을 흘린다. 자극이 정보 탐색 행동과 짝을 이루면(문자메시지가 오면 소리가 난다거나 이메일이 도착하면 소리나 시각적인 신호가 뜨는 등) 똑같은 파블로프의 조건반사를 경험한다. 도파민이 방출되고 정보 탐색이 다시 시작된다.

프레젠테이션에서 신호 사용하기

프레젠테이션에서 사람들에게 동기부여하고 특정 방식으로 행동하게 하기 위해 신호를 사용할 수 있다. 예를 들면, 긴 프레젠테이션이나 강의에서 나는 휴식시간과 음악을 짝짓는다. 휴식시간이 되면 음악을 튼다. 음악이 꺼지면 자리에 돌아올 시간이 된 것이다. 휴식시간이면 문을 열어놓는다. 문이 닫히면 다시 프레젠테이션이 시작된다는 의미다. 참가자들이 질문에 대답하며 상호작용하기를 원할 때는 플립차트로 걸어가서 펜 뚜껑을 열고 기대에 찬 표정으로 참가자들의 얼굴을 똑바로 마주보며 선다. 이것은 모두 그들이 어떻게 행동해야 하느냐에 대한 신호다. 그들이 적절한 행동을 하면 보상을 받는다. 보상으로 내가 미소 짓거나 혹은 고개를 끄덕여주는데, 때로는 먹을 것을 주기도 한다. 예를 들어, 휴식시간 후에 자리에 돌아오면 테이블 위에 작은 사탕 더미를 놓아둔다(늦게 들어오면, 테이블의 다른 사람들이 제일 맛있는 사탕을 차지해 버린다).

> ### 청중을 사로잡는 프레젠테이션 노하우
> ✱ 빛이나 소리, 음악, 혹은 먹을 것과 다른 신호를 짝지어서 사람들의 행동에 영향을 줄 수 있다.
> ✱ 다양한 신호는 주변 환경에 재미를 더해 주고, 청중의 행동을 조성할 수 있게 한다.

사람들은 외적인 보상보다 내적인 보상에 더 큰 동기부여를 받는다

지금까지 조작적 조건화와 파블로프의 고전적 조건화 및 보상과 강화에 대한 이야기를 했다. 보상과 강화의 사용이 행동을 수립하고 조성한다는 게 입증되긴 했지만 조작적 조건화 및 고전적 조건화를 사용하는 데 문제점도 있다.

조작적 조건화 및 고전적 조건화에 대한 비평 중 하나는 행동이 영원히 고착되는 게 아니라는 점이다. 이런 방법들은 하나의 프레젠테이션 세션 동안 행동을 변화시키고자 할 때 효과가 있다. 하지만 프레젠테이션이 끝나고 좀 더 영구적으로 행동을 변화시키고 싶다면 어떻게 해야 할까?

연구에 따르면 보상 및 강화(외적 동기부여)를 주는 것보다 사람들이 활동 그 자체를 즐기게 하는 것(내적 동기부여)이 더 효과적이다.

예를 들어, 팀 협동에 관한 프레젠테이션을 할 예정이라고 해 보자. 당신은 팀 활동과 공동 작업이 혼자 하는 활동보다 어떻게 좋은지에 대해 얘기하고, 이후에 청중들이 혼자 하는 활동보다 팀 활동을 즐겨 하도록 동기부여 받기를 바란다. 세션 중에 팀 공동 작업의 이점에 대해 이야기하고, 그런 다음 사람들을 팀으로 나눠서 팀 활동을 하게 한다. 다음 중 어느 것이 더 효과적일까?

a) 세션 중에 팀 활동에 참가하는 사람에게 팀 협동 인증서 주기(외적 동기부여)

b) 인증서를 주지 않되, 활동 자체가 흥미롭고 사람들이 더 많은 공동 작업을 하고 싶게 만들기(내적 동기부여)

마크 레퍼, 데이비드 그린, 리차드 니스베트는 "내적 동기부여와 외적 동기부여 중 어느 것이 행동에 더 크게 영향을 끼치는가?"라는 질문에 답하기 위해 비슷한 연구를 진행했다(Mark Lepper, David Greene and Richard Nisbett, 1973).

그들은 한 학교에서 아이들의 그리기 활동을 시키면서 서로 다른 조건을 설정했다.

★ 그룹 1은 기대그룹이다. 연구자는 아이들에게 그리기 우수 상장을 보여주고, 상장을 받기 위해 그림을 그리고 싶은지 물었다.

- ★ 그룹 2는 비기대그룹이다. 연구자는 아이들에게 그림을 그리고 싶은지 물어보았지만, 상장에 대한 이야기는 하지 않았다. 아이들은 한참 동안 그리기 활동을 한 후, 기대하지 않았던 그리기 상장을 받았다.

- ★ 그룹 3은 대조그룹이다. 연구자는 아이들에게 그림을 그리고 싶은지 물었지만, 상장 이야기도 안 하고 주지도 않았다.

진짜 실험은 2주 후에 실시됐다. 노는 시간에 그리기 도구를 방에 갖다 놓았다. 아이들은 그리기에 대한 아무런 얘기도 듣지 않았고 그냥 사용할 수 있는 그림 도구가 방에 있을 뿐이었다. 무슨 일이 일어났을까? 비기대그룹과 대조그룹은 대부분의 시간을 그림을 그리며 보냈다. 기대했던 보상을 받은 기대그룹 아이들이 그림 그리기에 쓴 시간이 가장 적었다. 조건적 보상(contingent reward), 즉 어떤 행동을 하면 주겠다고 미리 약속한 보상은 바라는 행동이 더 적게 나타나는 결과를 낳았다. 아이들 및 성인을 대상으로 비슷한 더 많은 연구를 진행했는데, 비슷한 결과를 얻었다.

팀 공동 작업에 관한 위의 질문에 답은 상장 주지 않기다. 그 대신 참가자 스스로가 협력 활동에 내적 동기부여를 받게 해야 한다.

금전적 보상을 약속받으면 도파민이 방출된다

브라이언 넛슨은 기업의 성과급 계획을 연구해서 사람들이 업무에 대해 금전적 보상을 약속받으면 두뇌의 축핵(nucleus accumben)에서 활동이 증가한다는 것을 발견했다(Brian Knutson, 2001). 축핵은 코카인, 담배 혹은 어떤 중독성 물질을 기대할 때 활성화되는 영역으로, 도파민이 방출된다. 또한 도파민이 방출되고 축핵이 활성화되고 나면 위험한 행동을 더 많이 하는 경향이 나타난다.

하지만 돈을 주는 것은 역효과가 날 수 있다. 사람들이 금전적 보상에 의존하게 되어 상여나 성과급이 없으면 적극적으로 일하지 않는 경향이 있기 때문이다.

알고리즘적 작업에서 휴리스틱(발견적) 작업으로

다니엘 핑크는 자신의 저서인 《드라이브(Drive): 창조적인 사람들을 움직이는 자발적 동기부여의 힘》에서는 공장에서 기계를 사용하는 것처럼 사람들의 작업 상당수가 하나의 과제 완수를 위한 절차 중 일부일 뿐이라고 지적한다. 그는 이것을 알고리즘적 작업(algorithmic work)이라고 부른다. 많은 사람들이 여전히 알고리즘적 작업을 하고 있지만 휴리스틱 작업을 하는 사람의 숫자도 늘어나고 있다(핑크는 개발도상국에서 70퍼센트라고 추산한다).

휴리스틱 작업은 정해진 절차, 지침, 원칙이 아무것도 없다. 전통적인 징벌과 보상 시나리오는 외적 동기부여에 기반을 둔 것으로, 알고리즘적 작업에는 효과가 있지만 휴리스틱 작업에는 효과가 없다. 알고리즘적 작업은 사람들이 과제를 하기 싫어해서 외적 동기부여가 필요하다고 여긴다. 하지만 휴리스틱 작업은 일 자체를 즐기는 유인이 있다고 생각한다. 작업은 성취감을 주고 그러므로 외적 동기부여가 필요치 않다. 사실, 보상을 주는 것은 역효과가 있을 수 있고, 사람들의 동기부여를 낮추는 결과를 낳기도 한다.

 사람들은 무의식적으로 동기부여를 받는다

어떤 목표를 달성하겠다고 결심해 본 경험이 있을 것이다. 그래서 동기부여가 의식적인 과정이라고 생각하겠지만 루드 커스터즈와 헨크 아아츠의 연구에서 적어도 어떤 목표는 무의식적으로 생긴다는 것이 밝혀졌다(Ruud Custers and Henk Aarts, 2010). 무의식이 목표를 세우고, 그런 다음 그 목표가 의식적인 생각으로 표면화되는 것이다.

 사람들은 인맥 형성이 가능할 때 동기부여를 받는다

사람을 사귈 기회 또한 강한 동기부여 요소다. 사람들은 어떤 일로 인해 다른 사람들과 연결될 가능성이 있다는 이유만으로 그 일을 할 동기부여를 얻는다. 프레젠테이션에서 청중들이 말하고, 공동 작업하고, 프레젠테이션 내용에 대해 토의하는 활동을 넣는다면 청중들은 거기에 참석해서 관여하려는 동기부여를 더 많이 받을 것이다.

청중을 사로잡는 프레젠테이션 노하우

* 돈이나 외적인 보상이 가장 좋은 보상 방식이라고 생각하지 마라. 외적 보상보다 내적 보상을 찾아라.
* 외적인 보상을 준다면 예기치 않은 상태에서 줄 때 더 효과적이다.
* 프레젠테이션 중에 문제 해결을 위해 청중들끼리 토론하고 공동 작업하는 인맥 활동(connection activities)을 포함시켜라. 다른 사람들과 인맥을 쌓으려는 동기가 생긴다.
* 세션 이후에도 인맥을 유지하는 후속활동을 마련한다면 당신이 제공하는 아이디어와 정보를 사용하는 데 더 큰 동기부여를 받을 것이다. 예를 들어, 온라인 토론 그룹을 개설하거나, 팀 단위의 문제 해결 경진대회를 열거나, 혹은 주제의 진행상황을 논의하는 후속 프레젠테이션을 개최한다.

34 사람들은 진보, 숙련, 통제에 동기부여 받는다

왜 사람들은 자기 시간과 창의적인 생각을 기부할까? 사람들은 자발적으로 위키피디아에 글을 써서 올리거나 오픈소스 활동을 위해 프로그램 코드를 짠다. 잠깐만 생각해 보면 사람들이 많은 활동에 연관돼 있음을 알게 된다. 그 일이 오랜 시간이 걸리고, 고도의 전문지식을 필요로 하지만 아무 금전적 혹은 경력에 이득이 없어도 그런 일을 한다. 사람들은 자기가 발전하고 있다는 느낌을 좋아하며, 새로운 지식과 기술을 배우고 숙련되고 있다는 느낌을 좋아한다.

작은 진보의 신호가 큰 효과가 있다

숙련은 아주 강력한 동기유발자라서 작은 발전의 신호라도 사람들이 다음 단계로 전진하게 하는 동기부여에 큰 효과가 있다.

 숙련은 실제로는 도달할 수 없다

다니엘 핑크의 《드라이브(Drive): 창조적인 사람들을 움직이는 자발적 동기부여의 힘》에서 숙련은 접근할 수는 있으나 도달할 수 없는 것이라고 한다. 그림 34.1은 점점 가까워지지만 결코 도달할 수는 없는 모습을 그래프로 나타낸 것이다. 이 그래프를 점근선(漸近線)이라고 한다. 이것은 숙련이 그토록 강한 동기유발이 되게 하는 요소 중 하나다.

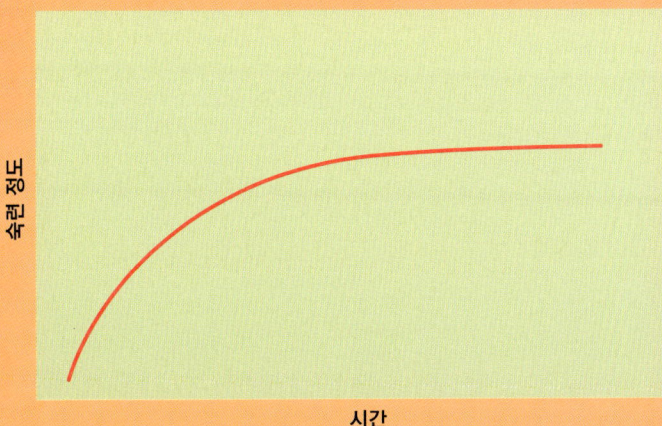

그림 34.1 다니엘 핑크에 따르면 숙련은 점근선으로, 결코 완전히 도달될 수 없다.

다니엘 핑크의 생각에 대한 동영상

다음은 《드라이브(Drive): 창조적인 사람들을 움직이는 자발적 동기부여의 힘》에 실린 생각들에 대한 훌륭한 동영상이다.
http://www.youtube.com/watch?v-u6XAPnuFjJc

특히 2시간짜리 세션이라면 이런 숙련 욕구를 자극하고 반응하는 프레젠테이션을 설계할 수 있다. 청중들이 프레젠테이션과 활동을 따라오면서 개념과 실습을 숙련하는 방향으로 계획하라. 실습 코너를 넣어서 방금 배운 것을 해 보고 남들에게 그리고 스스로에게 자기가 어떤 아이디어나 기술을 숙련했음을 보여주는 기회를 마련하라.

청중을 사로잡는 프레젠테이션 노하우

✱ 사람들은 숙련에 대해 타고난 욕구가 있다.

✱ 프레젠테이션이 진행될수록 숙련을 향해 조금씩 나아가는 느낌이 들도록 구조화하라.

✱ 사람들이 어떻게 목표를 향해 전진하고 있는지 보여주어라.

 # 사람들의 만족지연 능력은 어릴 때 시작된다

당신은 킨들(아마존닷컴의 전자책 서비스와 서비스를 사용하기 위한 기기 - 옮긴이)을 사고 싶지만 좀 기다려야 한다고 생각 중이다. 올해 후반기에 가격이 떨어질 수 있다거나 새로운 기기를 구입하기 전에 신용카드 대금을 좀 갚아야 한다고 생각할 것이다. 당신은 기다리는 쪽인가 아닌가?

만족지연이 가능한 유형이든 아니든 당신은 어렸을 때부터 그러했을 것이다.

1960년대 후반과 1970년대 초에 월터 미셸(Walter Mischel)은 유치원생들을 대상으로 만족 지연에 대한 일련의 연구를 진행했다. 몇 년 후 그는 연구에 원래 참가했던 사람들에 대한 후속 연구를 진행했다. 그는 만족을 지연시킬 수 있었던 어린이들이 십대가 되어서도 학업성적도 더 우수하고 SAT 점수도 높으며, 스트레스와 좌절에 더 잘 대처해 나간다는 것을 발견했다. 이들이 성인이 된 후에도 추적 조사를 했는데, 이 차이는 계속됐다. 반면 유치원 때 만족을 지연시키지 못했던 어린이들은 어른이 되어서도 약물 중독을 포함해서 문제가 있는 경우가 더 많았다.

> **미셸의 실험에 대한 동영상 보기**
>
> 마시멜로 실험이라 불리는 월터 미셸의 연구에 대한 최신 정보 및 동영상을 아래 사이트에서 확인할 수 있다.
> http://www.youtube.com/watch?v=6EjJsPylEOY

버클리 캘리포니아 대학의 오즐렘 아이더크(Ozlem Ayduk)는 똑같은 사람들을 실험실로 데려왔다. 연구자들은 fMRI 뇌 촬영을 통해 만족지연을 할 때 뇌의 어느 부분이 활성화되는지 더 잘 알아보고자 한다. 이 책을 집필하는 현재까지, 오즐렘의 연구는 아직 끝나지 않았다.

만족지연을 못하는 사람들을 위한 프레젠테이션

청중들 중 몇 명이 만족지연을 잘하고 몇 명이 못하는지 알 수 없기 때문에 프레젠테이션에서는 양쪽 유형이 다 있다고 생각해야 한다. 사람들이 프레젠테이션이 다 끝날 때까지 기다려야 '이해할 수 있게' 해서는 안 된다. '기다릴 수 없는' 사람들이 '지금 당장' 뭔가를 배우고 있다는 기분이 들도록 프레젠테이션 중간 중간에 "아!" 하고 깨닫는 순간이 있어야 한다.

> **청중을 사로잡는 프레젠테이션 노하우**
>
> ✳ 만족지연을 잘하는 사람들도 있지만 그렇지 않은 사람들도 있다.
>
> ✳ 프레젠테이션 청중들 중에 두 가지 유형이 다 있다고 생각하라. '기다릴 수 없는' 사람들이 '지금 당장' 뭔가를 배우고 있다는 기분이 들도록 프레젠테이션 중간 중간에 "아!" 하고 깨닫는 순간을 넣어라.

36 사람은 선천적으로 게으르다

사람이 선천적으로 게으르다는 말은 약간 과장일지 모르겠다. 하지만 연구를 통해 사람들이 어떤 과제를 할 때 가능한 한 최소한의 노력만 한다는 것이 밝혀졌다.

프리젠터는 청중들이 프레젠테이션을 듣고 나서 어떤 주제에 대한 생각 또는 행동, 아니면 둘 다 바뀌기를 희망한다. 이것이 가능하긴 하지만, 너무 많이 기대하지 않는 것이 좋다. 사람들이 바뀌는 것은 어렵고 그렇게 힘들게 노력하고 싶어 하지 않는다.

게으르다는 게 효율적이라는 뜻일까?

수억 년의 진화를 거치면서 인간은 에너지를 아껴야 더 오래, 더 잘 살아남는다는 걸 배웠다. 충분한 자원(음식, 물, 성(性), 주거지)을 얻을 만큼의 에너지를 써야 하지만 그 이상으로 돌아다니거나 더 많은 것을 얻으려고 너무 많은 시간을 쓴다면 에너지를 낭비하는 셈이다. 물론, 얼마나 많이 가져야 충분할지, 우리가 이미 충분히 가졌는지, 그것을 얼마나 오랫동안 가져야 할지는 여전히 골치 아픈 문제다. 하지만 철학적인 문제는 차치하고, 사람들은 대부분의 활동에서 대부분의 시간을 만족하기 원칙을 따르려고 애쓴다.

만족시키기(SATISFY) +충분하게 하기(SUFFICE) =만족하기(SATISFICE)

허버트 사이먼(Herbert Simon)은 만족하기(satisfice)라는 용어를 만들어냈다. 이것은 최적의 선택보다는 적정한 선택을 한다는 의사결정 전략을 설명하는 용어다. 만족하기란 모든 선택의 경우를 완벽하게 분석하는 것은 그럴 만한 가치가 없을뿐더러 할 수도 없다는 발상이다. 사이먼에 따르면 우리는 종종 모든 선택권을 따져볼 인지 능력이 없다. 그래서 최적의 혹은 완벽한 해법을 찾으려 애쓰기보다는 '무엇이면 충분할까' 혹은 무엇이 '괜찮을까'에 따라 결정하는 것이 더욱 합리적이다.

너무 많이 기대하지 마라

당신은 아마도 주제에 흥분돼 있고, 세상이 다 그럴 거라고 생각할지 모른다. 하지만 사람은 누구나 각자의 세계관이 있다. 청중이 당신이 요구하는 변화를 위해 기꺼이 약간이라도 노력을 기울일 수도 있지만, 모든 사람이 즉시 극적으로 변하거나 변하려고 아주 열심히 노력할 가능성은 거의 없다.

너무 많은 변화를 기대하지 마라. 청중의 현재 상태와 그들을 어디로 데려가고 싶은지를 파악하라. 사람들에게 당신의 프레젠테이션을 한 번 들은 것만으로 엄청난 도약을 하라고 요구하지 마라.

> **청중을 사로잡는 프레젠테이션 노하우**
>
> ✱ 사람들은 어떤 일을 하는 데 가능한 한 최소한의 노력을 들인다는 것을 알아 두라.
>
> ✱ 사람들은 만족한다. 즉, 최적의 해법이 아니라 적당히 괜찮은 해법을 찾는다.
>
> ✱ 하나의 프레젠테이션으로부터 너무 많은 변화를 기대하지 마라. 현실적으로 사람들에게 요구할 수 있는 것을 요구하라. 그렇지 않으면 사람들은 아무것도 안 한다.

 습관을 형성하려면 오랜 시간이 걸리고 작은 단계들을 거쳐야 한다

아침에 일어나면 이를 닦고, 휴대폰과 이메일을 확인하고, 샤워를 한 다음 옷을 입는다(어떤 순서로 하든 상관없다). 매일 아침마다 이렇게 한다. 습관이다. 왜 이런 똑같은 일을 매일 하게 됐는가? 이런 활동이 습관으로 자리 잡는 데 무엇이 필요했는가? 습관을 바꾸려면 무엇이 필요할까?

필리파 랠리는 최근에 습관 형성이 '어떻게' 그리고 '얼마나 오래' 걸리는지를 연구했다(Philippa Lally, 2010). 그녀는 사람들에게 12주 동안 매일 수행할 먹기, 마시기, 혹은 활동을 선택하게 했다. 또, 참가자들은 매일 온라인으로 습관 지수를 작성함으로써 그 행동을 했는지 여부를 기록해야 했다.

습관을 들이는 데 시간이 얼마나 걸릴까?

습관을 형성하는 데 걸리는 시간은 평균 66일이었지만, 변동 폭이 커서 평균 수치는 별로 의미가 없다. 몇 사람은 어떤 행동들을 자연스러운 습관으로 만드는 데 18일이 걸렸지만, 사람과 행동에 따라 254일이 걸리기도 했다. 이것은 이전의 기록보다 훨씬 더 긴 것이었다. 랠리는 사람들이 처음에는 자동적으로 그 행동을 하는 것이 처음에는 증가하다가 평평한 곡선을 이룬다는 것을 발견했다. 사람들의 행동은 점근곡선의 형태로 나타났다(그림 37.1).

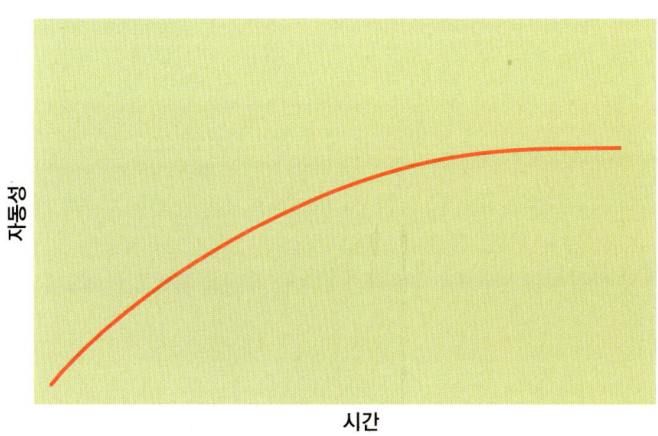

그림 37.1 새로운 습관 형성은 점근곡선 형태를 이룬다.

작은 단계로 나눠라

습관을 바꾸고 싶다면 인내심을 가져야 한다. 습관 바꾸기를 작은 단계로 나눠서 한 번에 한 단계씩 해야 한다. 예를 들면, 좀 더 생산적인 시간 관리를 위해 필요한 10단계를 한 번의 프레젠테이션에 끝내지 말고, 일련의 프레젠테이션을 통해 한 번에 한 단계만 다루는 게 좋다.

어떤 행동은 다른 것보다 더 빨리 습관이 된다

행동이 복잡할수록 습관이 되는 데 더 오랜 시간이 걸렸다(놀랄 일은 아니다). 운동 습관을 만들기로 한 참가자는 점심에 과일 먹는 습관을 들이려는 참가자들보다 1.5배의 시간이 더 걸렸다.

하루 거르는 게 얼마나 나쁠까?

중간에 하루를 빼먹는다고 습관 형성에 걸리는 기간에 심각한 영향을 주지는 않았다. 하지만 빠진 날이 너무 많거나, 한 번에 며칠을 빠진 경우에는 영향을 미쳐서 습관 형성을 더디게 했다. 당연히 하루 빠지는 것이 습관 형성을 지체시키지는 않았지만 꾸준한 사람일수록 자동적으로 습관으로 자리 잡는 지점에 빨리 도달했다. 이틀 이상 빠지면 습관 형성이 지체됐다.

★ 주저하지 말고 자기 자신을 용서하라

마이클 월(Michael Wohl)은 미루기를 예방하는 가장 효과적인 방법은 예전의 미루기 행동을 용서하는 것임을 발견했다.

사람들에게 작은 일을 하게 함으로써 새로운 습관 형성의 동기를 부여하라

사람들이 큰일을 하기를 원한다면 우선 관련된 작은 일부터 하게 해야 한다. 이런 변화는 자신의 자아상을 변화시켜서 더 큰 습관으로 이어질 수 있다. 사람들이 습관을 형성할 때는 반드시 새로운 헌신이 필요하다. 사람들이 맨 먼저 할 작은 일을 선택하고 나면 나중에 더 큰 습관을 들이고 헌신하게 만들 수 있다.

> **청중을 사로잡는 프레젠테이션 노하우**
>
> ✳ 프레젠테이션을 듣고 나서 사람들이 어떤 행동을 영구적으로 바꾸거나 새로운 습관을 형성하기를 원한다면 복잡한 일보다는 작고 쉬운 일을 선택하게 하라.
>
> ✳ 당신이 바꾸고 싶은 행동이 복잡하다면 작은 단계로 시작하고, 최초의 작은 단계로부터 프레젠테이션 혹은 회의를 여러 번 계속해야 한다.

 38 경쟁자가 적을수록 경쟁하려는 동기가 강해진다

SAT와 ACT 같은 표준화된 대학 입학시험을 처러 본 적이 있는가? 시험을 볼 때 한 교실에 몇 명이 있었는가? 그것이 중요할까? 스티븐 가르시아와 아비샬롬 토르의 연구에 따르면 매우 중요하다(Stephen Garacia and Avishalom Tor, 2009). 가르시아와 토르는 먼저 고사장에 많은 수의 수험생이 있었던 지역의 SAT 점수와 더 적은 수의 수험생이 있었던 지역의 SAT 점수를 비교했다. 그들은 각 지역의 교육 예산 등 다른 요소도 비교해 봤는데, 결과는 고사장에 더 적은 수험생이 있었던 지역 학생들의 점수가 더 높았다.

가르시아와 토르는 경쟁자가 두어 명만 있을 때, (아마도 무의식적으로) 1등을 할 수 있을 것 같은 기분이 들어서 더 열심히 하게 된다는 가설을 세웠다. 이 이론에 따르면 경쟁자가 많아지면 자신의 순위를 가늠하기 어렵기 때문에 1등을 하기 위해 경쟁하려는 동기부여가 적어진다. 그들은 이것을 N-효과라고 불렀는데, N은 공식에서 사용하는 숫자와 같은 의미다.

10명과 경쟁하기 vs. 100명과 경쟁하기

가르시아와 토르는 그들의 이론을 실험을 통해 증명해 보기로 했다. 그들은 학생들에게 쪽지시험을 치르게 하고, 가능한 한 빠르고 정확하게 답을 쓰라고 했다. 상위 20퍼센트에게는 5달러를 주겠다고 했다. 그룹 A에게는 경쟁자가 10명이라고 했고, 그룹 B에게는 경쟁자가 100명이라고 했다. 그룹 A의 참가자가 그룹 B의 참가자보다 훨씬 더 빨리 시험문제를 풀었다. 흥미로운 것은 실제로 함께 시험을 본 사람은 없었고, 그냥 다른 사람들도 시험을 보고 있다고 얘기해 주었을 뿐이다.

> **청중을 사로잡는 프레젠테이션 노하우**
>
> ✳ 경쟁이 동기부여가 될 수 있다.
> ✳ 청중의 숫자가 적을수록 경쟁이 포함된 실습을 해 보려는 동기부여를 더 많이 받는다.
> ✳ 청중의 규모를 정할 수 있다면 경쟁이 포함된 활동은 작은 그룹 단위로 하도록 계획하라.
> ✳ 그룹의 인원수가 많다면 경쟁이 필요한 활동의 수를 제한할 필요가 있다.

39 사람들은 자율성에 동기부여 된다

사람들은 실제로 독립적인 것, 즉 다른 사람의 도움을 최소한으로 받고 자기 스스로 일하고 있다는 느낌을 좋아한다. 사람들은 자기가 하고 싶은 방식으로, 자기가 하고 싶을 때 하는 것을 좋아한다. 사람들은 자율성을 좋아한다. 종종 전문가를 고용하지 않고 자기 스스로 하고 싶어 한다.

> **자율성은 자기가 통제하고 있다는 기분이 들기 때문에 동기부여가 된다**
>
> 뇌의 무의식적인 부분은 자기가 통제한다는 느낌을 좋아한다. 당신이 통제한다면 당신이 위험에 처할 가능성이 적어진다. '구뇌'는 오직 위험에서 벗어나는 것만 신경 쓴다. 통제는 위험에서 벗어난다는 의미이자 직접 한다는 의미이며, 자율성에 의해 동기부여를 받는다는 의미다.

프리젠터의 역할을 부드럽게 하는 방법

프리젠터로서, 당신은 권위와 통제력을 갖는다. 일부 사람들은 그 권위를 못 견뎌하고 자기가 자율성을 잃었다는 기분이 들기 쉽다. 그렇게 느끼는 사람들은 당신의 프레젠테이션에 연관되거나 참여할 의욕이 안 생긴다. 사람들이 자율성을 좋아하는 것을 인식하고, 사람들이 자기가 통제하고 있다는 느낌이 들게 할 방법을 모색함으로써 이런 상황을 개선할 수 있다. 사소하지만 중요한 것들이다.

★ **활동이 있을 때, 세부사항에 대한 선택권은 청중들에게 주어라.** 예를 들어, 나는 프레젠테이션에서 참가자들에게 우리가 논의하고 있는 생각을 적용해보는 사례 연구를 시키는 경우가 많다. 나는 그들에게 사례를 할당해 주지 않고, 몇 가지 사례 연구 중에서 고를 수 있는 선택권을 준다.

★ **자기 팀을 스스로 만들게 한다.** 나는 종종 팀별 활동을 시킨다. 내가 임의로 팀을 정해주지 않고, 스스로 2~3명씩 함께 할 팀을 짜도록 한다.

★ **몇몇 활동은 개인별로 하게 한다.** 나는 그룹 활동을 좋아하지만 모두가 그런 것은 아니다. 그룹별 활동과 개인별 활동의 비율을 적절히 균형을 맞춘다.

★ **사람들이 취할 행동을 직접 선택하게 한다.** 프레젠테이션의 끝부분에서는 언제나 사람들에게 행동 촉구(call to action)를 제시한다. 이것은 내가 그들이 취하기를 바라는 행동이다. 하지만 하나의 행동 촉구를 제공하지 않고, 2~3가지 행동을 제시하고 선택하게 한다.

> **청중을 사로잡는 프레젠테이션 노하우**
>
> ✱ 사람들은 스스로 하는 것을 좋아하며 그렇게 하려는 동기부여를 받는다.
>
> ✱ 프레젠테이션에서 그룹별 활동이 좋긴 하지만 개인별 활동과의 균형을 고려해야 한다.
>
> ✱ 참가자에게 그룹별 활동을 시키든 개인별 활동을 시키든 간에 이따금 그 사람 혹은 그룹에게 활동의 통제권을 주어라. 사람들은 자기가 선택할 수 있는 자율성을 좋아한다.

"눈은 마음이 이해할 준비가 된 것만 본다."
- 로버트슨 데이비스(Robertson Davies)

사람들은 어떻게 **듣고** 어떻게 **보는가**

우리 마을 학교에 강당이 지어졌다. 강당이 지어지기 전, 여러 해 동안 체육관에서 하는 공연을 많이 봤다. 학교 측에서 농구 골대를 옮기고 철제 접이식 의자를 놓고, 저렴하고 그저 그런 음향 시스템을 설치하고 연극 공연을 했다. 최선을 다했고, 공간, 좌석, 음향의 문제에도 불구하고 좋은 극장이었다. 이제 우리에게 좋은 조명, 더 나은 음향, 편안한 좌석을 갖춘 강당이 생겼다. 그러자 공연이 향상된 것처럼 보인다.

프레젠테이션은 공연이다. 2명이든 2천명이든 간에 사람들 앞에서 발표하는 것은 공연을 하는 것이다. 내용도 훌륭해야 하지만 반드시 사람들의 눈과 귀를 고려해야 한다. 당신이 보여주는 정보를 사람들이 반드시 볼 수 있어야 하며, 당신의 말소리가 사람들에게 들려야 한다.

40 여러 감각기관이 경쟁한다

음악을 틀어놓고 조수석에 앉은 사람과 이야기를 하며 운전하고 있다고 생각해 보라. 여러 감각기관을 동시에 사용하고 있다. (도로를) 보고, (라디오와 친구의 말을) 들으며, 생각하고 말하고 있다. 이것이 그리 어려울 것 같진 않다. 사람들은 항상 여러 감각기관을 사용한다. 하지만 한계가 있어서 동시에 사용하는 감각기관이 많을수록 처리하기가 어려워진다. 어느 하나의 감각기관이 복잡하거나 처리하기가 어려워진다면 다른 감각기관을 함께 처리하기가 아주 힘들어질 수 있다. 예를 들어, 운전 중에 갑자기 폭풍이 몰아쳐서 폭우 때문에 길이 잘 안 보인다면 어떻게 될까? 조수석에 앉은 친구의 말에 집중하거나 기억하기가 어려워지기 시작한다.

듣기와 읽기는 함께 하기 어렵다

프레젠테이션을 하는 동안 가장 활발한 감각기관은 시각과 청각 두 가지다. 청중들은 당신을 쳐다보면서 슬라이드도 보고 당신의 말을 듣는다. 슬라이드가 이해하기 쉬운 시각자료로, 사진이나 프레젠테이션에 추가적인 맥락과 의미를 더해주는 도표 정도라면 여러 감각기관들은 긍정적인 경험으로 남을 것이다. 하지만 만약 슬라이드가 읽기 어렵고 복잡하다면 청중은 주의가 산만해질 것이다.

특히, 텍스트가 빽빽한 슬라이드를 보면서 설명하는 경우는 감각 조합이 나쁘다. 슬라이드를 이해하려면 읽어야 하는데, 글을 읽을 때는 듣지 못한다. 듣기와 읽기는 서로 경쟁하는 감각기관이다. 그림 40.1은 간단한 요약 텍스트만 있는 슬라이드의 예다. 그림 40.2는 읽을 것이 너무 많은 슬라이드의 예다.

그림 40.1 읽을 게 별로 없음

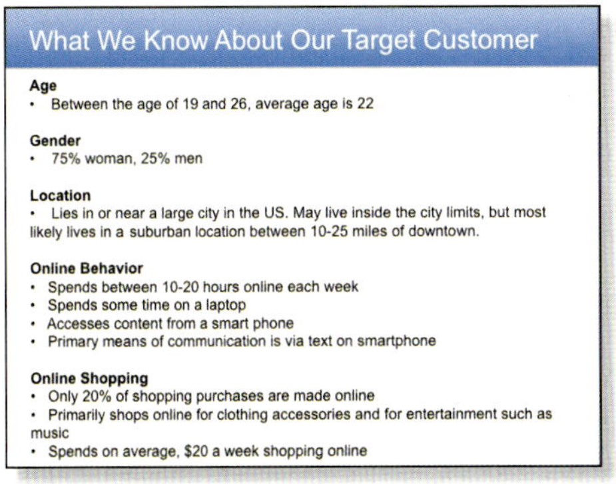

그림 40.2 읽을 게 너무 많음

청중을 사로잡는 프레젠테이션 노하우

✳ 프레젠테이션에서 슬라이드를 반드시 사용할 필요는 없다. 처음에는 슬라이드 없이 프레젠테이션을 해 보고, 그런 다음 시각 자료나 그림을 사용할 때 요점이 더 잘 드러나는지 여부를 결정하라.

✳ 슬라이드를 사용한다면 간단한 사진, 도표, 그림을 넣어라.

✳ 슬라이드 한 장에 2~3단어 이상 글자를 넣지 마라. 사람들은 글을 읽을 때 당신 말을 듣지 않는다.

✳ 슬라이드에 넣을 텍스트가 많다면 필요한 것은 슬라이드가 아닌 노트다! 청중에게 당신의 노트를 보여주지 마라.

 집중해서 들으려면 소리가 들려야 한다

당신은 청중들이 집중해서 듣고 그대로 행동하기를 바란다. 하지만 사람들이 집중해서 들으려면 먼저 말소리가 잘 들려야 한다. 잘 들리고 이해할 수 있을 만큼 크고 분명한 소리로 말해야 한다. 사람들은 잘 들리지 않으면 금세 흥미를 잃는다.

예를 들어, 당신이 40명 이하의 중소 규모의 사람들 앞에서 말하고 있다면 마이크를 사용하지 않아도 된다고 생각할지 모른다. 당신이 목소리를 잘 내고 실내의 음향 시설이 괜찮고, 냉난방기 같은 배경 소음이 많지 않다면 그럴 수도 있다. 주최 측에서 마이크를 제공한다고 하면 일단 받아라. 사용하지 않아도 될 것 같으면 그때 가서 안 쓰면 된다.

한 시간 이상 말하게 된다면 중간 규모의 청중에 좋은 실내 조건이라 하더라도 마이크 사용을 고려하라. 당신이 발성법을 알고 있다 하더라도 일정 시간 이상 말하면 성대에 무리가 올 수 있다.

 휴식시간에는 언제나 마이크를 끈다

자주는 아니지만 일어날 가능성이 있다. 실제로 어느 연사가 옷깃 마이크를 끄지 않고 음향 기술자는 스피커를 끄지 않은 상황이 있었다. 화장실이 회의실 바로 옆이어서 강당에 있던 모든 사람들에게 연사가 화장실에서 내는 소리가 다 들렸다.

준비를 갖춰라

회의실에 일찍 가서 살펴보라. 가능하면 친구와 함께 가서 당신이 말하는 동안 회의실 안을 돌아다니며 당신 목소리가 잘 들리는지 확인해 달라고 하라. 마이크를 사용할 때는 볼륨을 적당히 조절하라. 어떤 곳에서는 음향 담당자가 현장에 나와서 설치하고 음향 상태를 확인하기도 한다. 마이크는 설치돼 있는데 주변에 아무도 없다면 음향 기술자가 있는지 물어봐라.

녹음기로 미리 연습해 보고 자기 목소리를 들어본다. 충분히 큰 소리로 말하는가? 또박또박 말하는가? 중얼거리지는 않는가?

청중을 사로잡는 프레젠테이션 노하우

✳ 마이크를 요청하라.

✳ 마이크를 사용한다면 음향 기술자 혹은 친구를 데려가서 회의실 이곳저곳을 걸어 다니면서 모든 곳에서 당신 목소리가 잘 들리는지 확인해 달라고 하라.

✳ 가능하면 일찍 가서 회의실과 음향 시스템을 미리 확인하라.

✳ 녹음기로 당신의 목소리를 녹음해서 들어보면서 크고 분명한 목소리로 말하는지 확인하라.

 42 시각이 모든 감각에 우선한다

우리 뇌의 절반은 보는 것과 본 것을 해석하는 데 사용된다. 어쩌면 그래서 프리젠터들이 메시지를 다듬거나 발표 연습은 미뤄 둔 채, 파워포인트 슬라이드 작업에 많은 시간과 에너지를 쏟는지도 모르겠다. 시각이 중요하다고 해서 시각이 메시지의 주요 채널이 돼야 하는 것은 아니다. 그리고 분명히 당신의 모든 생각과 시간, 에너지를 다 파워포인트 슬라이드에 쏟아야 한다는 의미가 아니다. 사실, 사람들은 프리젠터, 회의실, 회의실 안의 다른 사람들에 훨씬 더 많은 주의를 쏟는다. 시각자료는 발표 수준을 높여줄 수 있지만, 그것이 전부는 아니다.

시각은 매우 중요하기 때문에 실제로 보여주는 것을 최소화할 필요가 있다. 시각이 청각 같은 다른 감각기관을 방해할 수 있기 때문이다. 당신이 하는 말이 잘 들리고 귀 기울이게 하려면 시각적 주의분산을 최소화해야 한다. 사람들이 당신의 말에 집중하게 하려면 시각적 자료를 줄여야 한다.

이미지는 메시지에 부합해야 한다

파워포인트 슬라이드에 그림이나 사진을 사용할 때는 해당 시각자료가 메시지에 잘 어울려야 한다. 가끔 프리젠터가 엉뚱한 방향으로 가는 경우가 있다. 텍스트를 많이 쓰면 안 된다는 생각에 십여 장의 슬라이드에 그림과 사진만 넣는 경우도 있다. 너무 많은 그림을 사용하지 말고 지금 말하고자 하는 내용에 부합하지 않는 그림은 사용하지 마라.

> **키보드의 'b'자의 비밀**
>
> 프레젠테이션 내내 계속 슬라이드를 보여줄 필요는 없다. 잠시 슬라이드를 사용하다가 또 잠시 사용하지 않아도 괜찮다. 예를 들어, 프레젠테이션 도중에 보여주고 싶은 시각자료가 있지만 지금 당장은 이야기만 할 것이고 마침 이야기에 어울리는 시각 자료는 없다고 해 보자. 파워포인트를 사용한다면 컴퓨터의 b자를 눌러라. 회의실 앞의 스크린뿐 아니라 컴퓨터 스크린에서도 내용이 모두 사라져 버린다. 파워포인트를 다시 보여주고 싶다면 다시 한 번 b 키를 눌러라.

슬라이드에서 사물이 이리저리 날아다니거나 많이 움직인다면 시각을 분산시키기 때문에 사람들이 프리젠터와 프리젠터의 메시지를 듣지 않게 된다. 프리젠터는 처음에 슬라이드를 보여줄 때는 자료가 없다가 버튼이나 키를 클릭하면 자료가 나타나는 특징을 사용하기 좋아한다. 이런 접근방식은 괜찮다. 이렇게 하면 스크린에 나타난 내용을 미처 논의하기도 전에 청중이 스크린을 다 읽어버리는 문제를 방지할 수 있기 때문이다. 하지만 슬라이드에 텍스트가 많지 않을 때는 굳이 이렇게 하지 않아도 된다.

회의실 안에서 사람들이 왔다 갔다 하는 것, 발표자가 너무 화사한 색깔의 옷을 입는 것, 반복적인 행동(불안하게 앞뒤로 걷는 것 등)도 시각적 분산 요소다.

현장의 경험담

"오스트리아 대학에 재직할 때 350명 넘는 학생들을 대상으로 하는 어떤 교수님의 강의에 참석한 적이 있어요. 화면에는 11포인트 폰트로 한 페이지에 수백 단어가 포함된 슬라이드가 계속해서 넘어갔어요. 앞자리 몇 줄만 그 작은 글자를 읽을 수 있었어요. 그 뒤 10줄은 단어를 알아보는 데만 집중했고, 나머지는 아예 안 보였죠. 아무도 슬라이드를 읽을 수도 없고, 교수님의 말을 들을 수도 없고 필기조차 제대로 할 수 없었습니다. 학생들은 강의실을 떠나기 시작했고, 한두 명씩 나가던 것이 점차 썰물처럼 빠져나갔습니다."

- 팔리 라이트(Farley Wright)

청중을 사로잡는 프레젠테이션 노하우

* 슬라이드를 만드는 데 너무 많은 에너지를 쏟지 말고, 메시지의 내용과 말하는 방법을 모색하는 데 쏟아라.
* 주의를 분산시키는 옷을 입지 마라. 밝은 패턴보다는 차분한 색상의 옷을 입어라.
* 자기가 말하는 모습을 비디오로 촬영해서 한번 확인해 보라. 혹시 어떤 반복행동이나 주의를 분산시키는 행동 양식(주머니 속에서 열쇠 짤랑거리기 혹은 넥타이 잡아당기기)이 있다면 습관을 고치고 주의를 분산시키지 않도록 연습하라.

 사람들은 글을 읽는 방향이 있다

사람들이 글을 읽는 방향이 있다(어떤 언어에서는 왼쪽에서 오른쪽으로, 어떤 언어에서는 오른쪽에서 왼쪽으로, 또 어떤 언어는 위에서 아래로)는 사실이 효과적인 프레젠테이션을 하는 데 별로 중요하지 않은 것처럼 보이지만 사실은 매우 중요하다. 최근에 겪은 프레젠테이션 상황을 생각해 보라. 슬라이드를 사용했고, 스크린이 있다고 생각해 보자. 아마도 스크린은 발표자보다 키가 더 클 것이다. 그게 첫 번째 문제다. 사람들은 발표자가 아니라 스크린을 보게 된다. 스크린의 위치와 발표자의 위치에 대해 몇 가지 얘기를 더 해보자.

왼쪽에서 오른쪽으로 읽는 청중들인데, 발표자가 스크린의 '잘못된' 쪽에 서 있다면 사람들은 프레젠테이션 중 대부분 발표자를 보지도 않을 것이다(그림 43.1과 그림 43.2). 슬라이드가 프레젠테이션의 초점이 되어선 안 된다. 사람들이 그저 슬라이드를 보려고 왔다면 그것을 보내줄 수도 있었고 그랬어야 했다. 발표자가 앞에 나가서 프레젠테이션을 한다면 슬라이드가 아니라 발표자가 메시지의 핵심이다.

그림 43.1 왼쪽 → 오른쪽으로 읽는 청중일 경우 '잘못된' 위치에 서 있기

그림 43.2 왼쪽 → 오른쪽으로 읽는 청중일 경우 '옳은' 위치에 서 있기

회의실 환경에 영향을 주는 방법

프레젠테이션 시간에 임박해서 도착하면 회의실 환경이 원하는 방식이 아니어도 그 시점에 고칠 수 있는 게 별로 없다. 그러니 일찍 가서 바꿔달라고 할 게 없는지 확인하라.

더 좋은 것은 스크린 설치와 발표장 앞쪽을 어떻게 구성하는 게 좋을지 미리 그림으로 그려서 보내 주는 것이다.

노트북 컴퓨터를 놓아야 할 자리에 독서대가 있는데 전기 코드나 전선 때문에 움직일 수 없는 경우가 많다. 독서대가 잘못된 위치에 있거나, 그냥 독서대 쪽에 서기 싫을 수도 있다. 그러니 원격제어기를 구입해서 항상 갖고 다녀라. 원격제어기란 손 안에 들어가는 작은 장치로 슬라이드를 앞뒤로 넘길 수 있는 것이다. 나는 로지텍 제품을 가장 선호한다. 단순한 것으로 사서 사용법을 연습하라. 원격제어기가 있으면 꼭 컴퓨터 근처에 서 있지 않아도 된다.

 레이저 포인터 사용은 자제하라

주의를 분산시키는 행동 중 하나는 레이저 포인터를 움직이고 빙빙 돌리는 등 레이저 포인터를 남용하는 것이다. 이런 불안한 틱 행동을 조심하라. 작은 광선이 위아래로 움직이거나 빙빙 도는 것은 아주 정신을 산만하게 한다.

청중을 사로잡는 프레젠테이션 노하우

✶ 스크린이나 모니터로 슬라이드를 보여줄 예정이라면 청중이 회의실을 죽 둘러볼 때 발표자가 가장 먼저 보이도록 장비와 구성을 재배치하라. 왼쪽에서 오른쪽으로 읽는 문화권이라면 청중이 보는 쪽에서 왼쪽에 서 있어야 한다.

✶ 프레젠테이션 장소에 일찍 도착해서 장비 및 다른 사람들과 관련해서 당신이 어디에 있어야 할지를 파악하라. 구성을 재배열하는 데는 시간이 걸리므로 회의 주관자의 도움이 필요할 수도 있다. 충분한 시간 여유를 가져라.

✶ 가급적 회의 주관자에게 당신이 선호하는 발표장 및 무대 지역의 배치를 그림으로 그려서 보내라. 회의 주관자는 이런 정보를 미리 얻게 된 걸 고마워한다.

✶ 슬라이드와 레이저 포인터를 사용한다면 쓸데없이 포인터를 스크린에서 움직이지 마라.

44 대문자가 읽기 어렵다는 것은 잘못된 고정관념이다

대문자가 대소문자를 섞어서 쓴 것보다 읽기 어렵다는 얘기를 들어본 적 있을 것이다. '14-20퍼센트 더 어렵다'라는 구체적인 이야기를 들었을지도 모르겠다. 이 주장에 따르면 우리는 단어의 모양과 단어의 그룹을 인식함으로써 읽는다. 대소문자를 섞어 쓴 단어는 독특한 모양이 되지만 대문자 단어는 모양이 똑같이 같은 크기의 직사각형이 되어서 더 구별하기 어렵다는 것이다(그림 44.1).

그림 44.1 단어 모양 이론

이 설명은 그럴 듯하게 들리지만 사실은 그렇지 않다. 단어의 모양에 따라 더 정확하고 더 빠르게 읽는 데 도움이 된다는 것에 대한 연구는 없다. 제임스 케텔(James Cattell)이라는 심리언어학자가 1886년에 이 아이디어를 들고 나왔을 당시 몇 가지 근거를 제시했지만, 이후 케네스 팝(Kenneth Paap)의 1984년 연구와 키스 레이너(Keith Rayner)의 1998년 연구에서 읽을 때 글자를 인식하고 예측한다는 것이 밝혀졌다. 그런 다음, 글자를 기초로 단어를 인식한다.

그러면, 대문자가 읽기 어려운가?

실제로 우리는 모두 대문자로 된 단어를 읽는 속도가 더 느린데, 그런 텍스트를 읽는 일이 흔치 않아서 익숙하지 않기 때문이다. 대소문자가 섞여 있는 텍스트를 읽는 경우가 대부분이어서 더 익숙하다. 모두 대문자로 된 텍스트를 읽는 연습을 하면 읽는 속도가 비슷해질 것이다. 그렇다고 모두 대문자로 쓰라는 의미는 아니다. 요즘에는 모두 대문자로 된 텍스트는 '소리치는 것'으로 인식된다. 대문자를 자유롭게 사용하되 남용하지는 마라.

대문자에 대한 연구 요약

케빈 라슨은 대문자 vs. 혼합 텍스트에 대한 연구를 요약한 기사를 썼다.
http://www.microsoft.com/typography/ctfonts/wordrecognition.aspx

 현장의 경험담

나는 TEDx 컨퍼런스에서 많은 시간과 에너지를 들여 준비한 18분짜리 프레젠테이션을 하려고 막 무대에 오르려던 참이었다. 그 자리엔 650명의 청중이 있었다.

컨퍼런스 매니저가 "이야기를 더 짧게 해 주세요. 스케줄이 밀렸어요!"라고 했다.

게다가 슬라이드를 넘기는 리모컨이 고장 나는 바람에 가장자리에 앉은 사람에게 손을 내밀어서 다음 슬라이드를 보여 달라고 일일이 요청해야 했다.

이 사건에서 두 가지 교훈을 얻었다.

1. 발표를 자동적으로 할 수 있을 정도로 잘 알게 될 때까지 발표 연습을 계속 하라. 이렇게 하면 정신적 여유가 생겨서 어떤 돌발 상황에도 대처할 수 있고 청중과 긴밀한 관계를 유지할 여력이 있다.

2. 발표 전에 혹은 발표 도중에 잘못될 수 있는 모든 가능성을 목록으로 만들어라. 만약의 사태가 생겨도 실패하지 않을 계획을 세워 둬라.

- 크리스토퍼 존 페인(Christopher John Payne)

청중을 사로잡는 프레젠테이션 노하우

* 모두 대문자로 된 텍스트를 남용하지 말고 꼭 필요할 때만 써라.
* 헤드라인이나 주의를 끌고 싶을 때는 모두 대문자 텍스트를 써도 괜찮다.
* 최대한 강력한 인상을 줄 수 있게 구성했고, 슬라이드가 많지 않으며, 슬라이드에 많은 텍스트를 넣지 않았다면 강조를 위해 대문자 텍스트를 사용해도 좋다.

45 타이틀과 헤드라인은 결정적인 맥락을 제공한다

다음을 읽어보라.

> 먼저 항목을 카테고리별로 분류하세요. 색깔을 기준으로 분류하는 방법이 일반적이지만 질감이나 손질 방법 같은 다른 특성을 기준으로 사용할 수 있습니다. 분류가 끝나면 기기를 사용할 준비가 끝났습니다. 이제 분류된 각 항목을 따로따로 처리하도록 기기에 한 번에 하나의 카테고리만 넣으십시오.

무엇에 관한 글인가? 이해하기가 어렵다. 같은 단락에 제목을 붙이면 어떨까?

> **새 세탁기 사용하기**
>
> 먼저 항목을 카테고리별로 분류하세요. 색깔을 기준으로 분류하는 방법이 일반적이지만 질감이나 손질 방법 같은 다른 특성을 기준으로 사용할 수 있습니다. 분류가 끝나면 기기를 사용할 준비가 끝났습니다. 이제 분류된 각 항목을 따로따로 처리하도록 기기에 한 번에 하나의 카테고리만 넣으십시오.

글은 여전히 엉망이지만, 이제는 적어도 이해는 할 수 있다.

사람은 단어를 처리할 때 뇌의 다른 부분을 사용한다

단어로 무엇을 하느냐에 따라 뇌의 다른 부분에서 처리된다. 단어를 보거나 읽기, 듣기, 말하기, 동사 만들기 등 이 모든 단어 활동은 그림 45.1에서 보여주는 것과 같이 뇌의 다른 부분과 연관 있다.

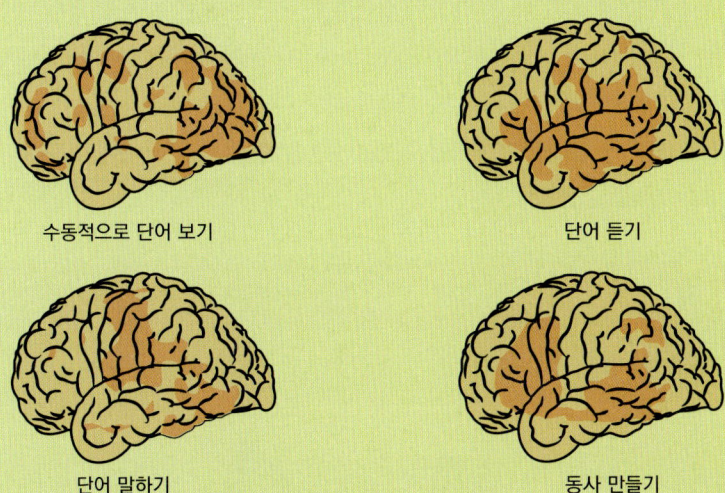

그림 45.1 뇌의 다양한 부위에서 단어를 처리한다.

청중을 사로잡는 프레젠테이션 노하우

✻ 프레젠테이션에서 슬라이드를 사용할 때는 헤드라인과 타이틀을 사용해서 청중이 정보를 파악하고 체계화하기 쉽게 하라.

✻ 하지만 목표는 단어 수를 최소로, 단어가 있는 슬라이드 수도 최소로, 슬라이드의 개수를 최소로 하는 것이다. 타이틀이나 헤드라인을 말로 해도 된다. 그것을 꼭 청중이 글로 읽어야 하는 것은 아니다.

46 읽기 어렵다 = 하기 어렵다

어느 폰트가 읽기에 더 좋고 더 쉬운지, 혹은 가장 적절한지에 대한 논의는 수백 년 동안 계속돼 왔다. 그런 논쟁 중 하나는 세리프(serif) vs. 산세리프(sans serif)의 두 가지 폰트 사용에 집중됐다. 어떤 사람들은 산세리프 서체가 평범하기 때문에 더 읽기 쉽다고 주장하고, 어떤 사람들은 세리프 서체가 시선을 끌기 때문에 더 읽기 쉽다고 반박한다. 사실, 연구 결과 두 글꼴 사이에 이해도, 읽는 속도, 혹은 선호도에 아무런 차이가 없다.

 사람들은 패턴 인식을 통해 글자를 구별한다

그림 46.1의 표시를 어떻게 모두 글자 A로 인식할 수 있는 것일까?

그림 46.1   우리는 한 글자의 많은 변형을 인식할 수 있다.

글자 A의 이런 변형을 모두 외워두지는 않았을 것이다. 대신, A의 생김새의 패턴에 대한 기억을 형성해 두었다. 비슷한 것을 보면 뇌는 그 패턴을 인식한다.

디자이너는 어떤 분위기나 브랜드, 연관성을 떠올리게 하려고 폰트를 사용한다. 어떤 폰트군은 시대(구식 vs. 현대)를 연상시키는 반면, 어떤 것들은 심각함 혹은 장난스러움이 묻어난다. 하지만 가독성(readability) 측면에서는 너무 멋을 부려서 글자를 알아보기 힘들 정도만 아니라면 폰트의 종류는 그리 중요하지 않다. 어떤 폰트는 패턴을 인식하는 두뇌 활동에 방해가 되기도 한다.

그림 46.2에서는 여러 가지 장식 폰트를 볼 수 있다. 첫 번째 폰트는 비교적 읽기 쉽지만 두 번째 폰트부터는 점점 더 읽기 어렵다. 이런 서체들은 뇌가 글자 패턴을 인식하기 어렵게 한다.

그림 46.2 가독성 있는 장식 폰트도 있지만, 그렇지 않은 것도 있다.

There are many fonts that are easy to read. Any of them are fine to use. But avoid a font that is so decorative that it starts to interfere with pattern recognition in the brain.

There are many fonts that are easy to read. Any of them are fine to use. But avoid a font that is so decorative that it starts to interfere with pattern recognition in the brain.

There are many fonts that are easy to read. Any of them are fine to use. But avoid a font that is so decorative that it starts to interfere with pattern recognition in the brain.

There are many fonts that are easy to read. Any of them are fine to use. But avoid a font that is so decorative that it starts to interfere with pattern recognition in the brain.

그림 46.2 가독성 있는 장식 폰트도 있지만, 그렇지 않은 것도 있다.

 글꼴타입, 타이포그라피 및 가독성

글꼴타입, 타이포그라피(typography) 및 가독성에 관심 있는 분께 추천할 만한 훌륭한 웹 사이트가 두 군데 있다.

www.alexpoole.info/academic/literaturereview.html

http://typoface.blogspot.com/2009/12/typeface-or-font-readability-which.html

가독성 낮은 서체는 텍스트의 의미 전달이 안 된다

송현진 & 노베르트 슈와르츠는 연구에서 사람들에게 운동 방법을 글로 적은 지시사항을 주었다 (Hyunjin Song and Norbert Schwarz, 2008). 가독성 높은 글꼴(Arial)로 쓰인 경우, 사람들은 운동을 하는 데 8분 정도 걸릴 거라고 추산하며, 그리 어렵지 않을 거라고 생각했다. 이들은 기꺼이 일상 운동에 그것을 넣었다. 하지만 지나치게 장식적인 서체(Brush Script MT Italic)로 쓰인 경우, 사람들은 시간이 거의 두 배인 15분쯤 걸릴 것으로 생각하고 하기 어려운 운동이라고 생각했다(그림 46.3). 또한 일상 운동에 그것을 기꺼이 넣으려는 사람이 적었다.

턱을 가슴 쪽으로 끌어당긴다. 그런 다음 턱을 위로 최대한 멀리 들어올린다.
 6~10회 반복. 왼쪽 귀를 왼쪽 어깨 쪽으로 붙인다.
그런 다음 오른쪽 귀를 오른쪽 어깨 쪽으로 붙인다.
 6~10회 반복.

턱을 가슴 쪽으로 끌어당긴다. 그런 다음 턱을 위로 최대한 멀리 들어올린다.
 6~10회 반복. 왼쪽 귀를 왼쪽 어깨 쪽으로 붙인다.
그런 다음 오른쪽 귀를 오른쪽 어깨 쪽으로 붙인다.
 6~10회 반복.

그림 46.3 단순한 폰트로 쓰인 지시사항을 받은 사람은 이 운동을 다 하는 데 8분쯤 걸릴 거라고 예상했지만, 가독성 낮은 폰트로 된 지시사항을 받은 사람은 약 2배 더 걸릴 거라고 예상했다.

청중을 사로잡는 프레젠테이션 노하우

✱ 세리프와 산세리프는 가독성 면에서 똑같다.

✱ 특이하거나 지나치게 장식적인 폰트는 패턴 인식을 방해해서 읽는 속도가 떨어진다.

✱ 슬라이드에 지나치게 장식적인 폰트를 사용하지 마라. 폰트의 가독성이 낮으면 사람들은 프레젠테이션 자체의 의미에 어려운 느낌을 전이시켜서 이해하거나 행동하기 어렵다고 생각한다.

47 글꼴 크기가 중요하다

'프레젠테이션 작성 방법(227쪽)' 장을 읽을 때 정말 슬라이드가 필요한지, 슬라이드를 사용한다면 텍스트가 있어야 할지를 아주 신중하게 결정하기 바란다. 만약 슬라이드를 사용하고 텍스트도 넣기로 결정했다면 반드시 청중이 알아보기 쉽게 큰 글씨로 넣어라. 글꼴 크기는 청중이 긴장하지 않고 읽을 만큼 충분히 큰 크기여야 한다. 나이 드신 분들만 큰 폰트가 필요한 게 아니다. 젊은 사람들도 글씨가 너무 작아서 안 보인다고 불평하는 사람들이 있다.

어떤 글꼴은 크기가 같아도 x-높이(x-height) 때문에 더 커 보이는 경우가 있다. x-높이는 말 그대로 해당 글꼴군에서 소문자 x의 높이를 말한다. 글꼴마다 x-높이가 다른데, 그 결과 어떤 글꼴은 같은 크기라도 다른 것들보다 커 보이는 경우가 있다.

그림 47.1은 글꼴크기 및 x-높이 측정 방법을 보여준다.

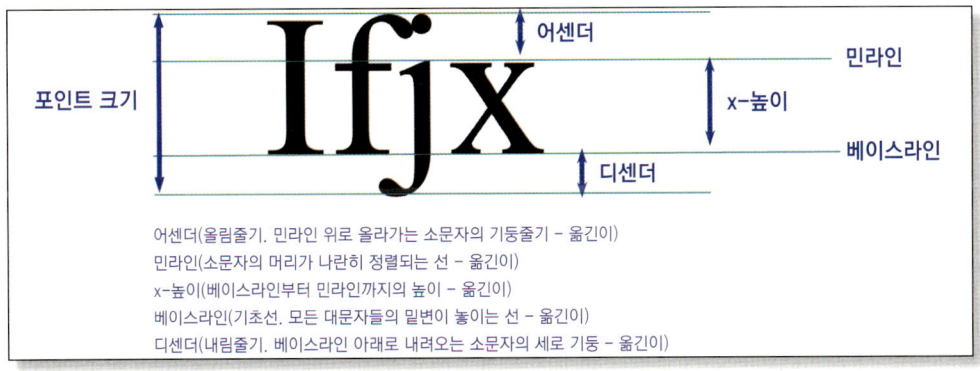

그림 47.1 글꼴크기 및 x-높이 측정법

타호마(Tahoma), 베르다나(Verdana) 등 새로 나온 글꼴군은 화면상에서 가독성이 높도록 x-높이를 크게 설계했다. 그림 47.2에는 모두 같은 포인트 크기의 글꼴군이다. 하지만 x-높이가 큰 글꼴이 더 커 보인다.

글꼴 크기는 어느 정도여야 할까?

글꼴 크기를 어느 정도로 할까는 상당 부분 청중과 스크린 사이의 거리에 달렸다. 실제로 글씨 크기를 계산하는 공식이 있다(http://www.hf.faa.gov/webtraining/visualdisplays/Text/size1a.htm). 이것은 관객과 스크린 사이의 거리에 근거한 것이다. 이것은 복잡한 공식이라서 링크는 걸어놓았지만 공식에 대해 자세한 얘기는 하지 않겠다.

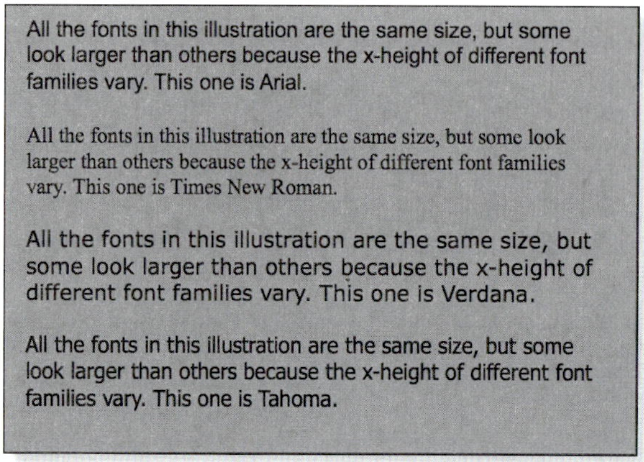

> All the fonts in this illustration are the same size, but some look larger than others because the x-height of different font families vary. This one is Arial.
>
> All the fonts in this illustration are the same size, but some look larger than others because the x-height of different font families vary. This one is Times New Roman.
>
> All the fonts in this illustration are the same size, but some look larger than others because the x-height of different font families vary. This one is Verdana.
>
> All the fonts in this illustration are the same size, but some look larger than others because the x-height of different font families vary. This one is Tahoma.

그림 47.2   x-높이가 크면 글꼴이 커 보인다.

ThinkOutsideTheSlide.com에 나온 데이브 파라디(Dave Paradi)의 가이드라인이 더 '쓸 만하다.' 그림 47.3은 데이브의 웹사이트에 소개된 청중과 스크린 사이의 거리에 따라 편안하게 볼 수 있는 글꼴 크기표다.

조건은 다음과 같다.

★   청중의 시력은 20/40(0.5 – 옮긴이) 이상

★   화면 비율은 4:3

★   슬라이드가 화면에 꽉 참

이 표를 사용하려면 스크린의 대각선 길이와 사용 글꼴 크기를 알아야 한다. 표에 나온 숫자는 사람이 편안하게 텍스트를 읽을 수 있는 스크린으로부터의 최대 거리를 미터(m)로 나타낸 것이다.

	글꼴 크기(포인트)						
	18	24	28	32	36	40	44
36	6	8	9	10	12	13	14
48	8	11	12	14	16	17	19
60	10	13	16	17	20	21	23
72	12	16	19	21	23	26	28
84	13	19	22	24	27	30	33
96	16	22	25	28	31	34	37
120	20	27	31	35	39	43	47

스크린 폭(인치)

그림 47.3 스크린 크기와 스크린부터의 거리에 따른 적절한 글꼴 크기

청중을 사로잡는 프레젠테이션 노하우

✱ 방 안의 모든 사람들이 읽을 수 있을 만한 글꼴 크기를 결정하기 전에 스크린에 텍스트를 꼭 사용해야 하는지를 신중하게 생각해 보라.

✱ 정말로 텍스트를 사용해야 한다면 표제(heading) 혹은 짧은 구절이면 좋겠다. 그러면 더 큰 글꼴을 사용할 수 있다.

✱ 30포인트 미만의 글꼴을 사용 중이라면 슬라이드에 텍스트가 너무 많은 것이다.

48 요지 파악에는 주변시야가 중앙시야보다 더 많이 사용된다

중앙시야(central vision)와 주변시야(peripheral vision)의 두 가지 유형의 시야가 있다. 중앙시야는 사물을 똑바로 보면서 자세히 알려고 할 때 사용하는 시야다. 주변시야는 나머지 부분, 즉 보이기는 하지만 똑바로 쳐다보고 있지 않는 지역을 말한다. 곁눈질로 보는 것은 분명 유용한 능력이지만 캔자스 주립대학의 새로운 연구는 주변시야가 주변 세상을 이해하는 데 생각보다 중요하다는 것을 밝혀냈다. 사람은 자기가 보고 있는 게 어떤 장면인지를 주변시야를 통해 정보를 얻는 것으로 보인다.

애덤 라르손과 레스터 로슈키는 연구에서 사람들에게 부엌이나 거실과 같은 흔한 장면의 사진들을 보여주었다(Adam Larson and Lester Loschky 2009). 사진 중 일부는 바깥 부분을 부옇게 처리하고, 다른 몇몇은 중앙 부분을 부옇게 처리했다. 아주 짧은 시간동안 보여주되, 약간 보기 힘들게 하기 위해서 일부러 회색 필터를 넣었다(그림 48.1과 그림 48.2). 그런 다음 연구 참가자에게 보이는 것을 식별하게 했다.

그림 48.1 라르손과 로슈키의 연구에서 사용된 중앙시야 사진

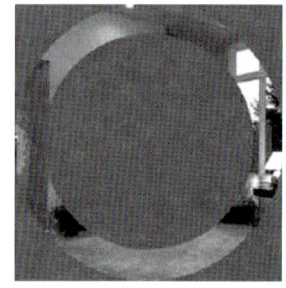

그림 48.2 라르손과 로슈키의 연구에서 사용된 주변시야 사진

연구 결과, 사진의 중앙시야가 없어져도 사람들은 무슨 사진인지 알 수 있었다. 하지만 주변시야가 없어지면 그것이 거실인지 부엌인지 구별하지 못했다. 부옇게 처리하는 부분의 양을 달리해 보기도 했다. 중앙시야는 특정 사물을 인식하는 데 보다 중요한 역할을 하지만, 대략적인 장면을 이해하는 데는 주변시야가 사용된다는 결론을 내렸다.

> **주변시야 덕분에 초원에 살던 인류의 조상이 살아남았다**
>
> 진화론 관점에서 볼 때 이론적으로 초기 인류 중에서 살아남아 유전자를 전수한 사람들은 부싯돌을 갈거나 하늘을 쳐다보면서도 주변시야를 통해 사자가 다가오고 있는지를 파악한 사람들이다. 주변시야가 나쁜 사람들은 살아남아서 유전자를 전수하지 못했다.
>
> 최근의 연구가 이 생각을 확인해 준다. 디미트리 베일은 공포의 대상이 나오는 사진을 피실험자의 주변시야 혹은 중앙시야에 놓고 연구했다(Dimitri Bayle, 2009). 그런 다음 편도체(공포 이미지에 반응하는 뇌의 감정 영역)가 반응하기까지 걸리는 시간을 측정했다. 공포의 대상이 중앙시야에 보였을 때 편도체가 반응하는 데 140~190ms(밀리초. 1000분의 1초)가 걸렸다. 하지만 대상이 주변시야에 보였을 때는 겨우 80ms가 걸렸다.

청중들의 중앙시야와 주변시야

최대의 효과를 얻기 위해 청중들의 중앙시야와 주변시야는 어떠한지 알고 싶을 것이다. 중요한 프레젠테이션일수록, 많은 시간을 들여 청중의 시야를 연구하고 그에 맞춰야 한다. 최고의 프리젠터는 이것을 운에 맡기지 않는다. 가능하면 발표를 할 방에 직접 가서 청중석 여러 군데에 앉아 본다. 청중의 중앙시야에 무엇이 보일까? 주변시야에는 무엇이 보일까? 청중들이 주변시야로 대략의 요지를 파악한다면 무엇이 요지가 될까? 전문적인 세션이라는 것? 스타 연사라는 것? 주변시야에 주의를 분산시키는 요소는 없는가? 당신은 프레젠테이션을 할 때 청중들의 중앙시야에 딱 들어가기를 희망한다. 그렇게 하려면 주변시야가 적절한 인상을 주고 주의를 분산시키지 말아야 한다.

> **청중을 사로잡는 프레젠테이션 노하우**
>
> ✴ 시야의 가장자리에 보이는 것은 중앙에서 보이는 것만큼 중요하다.
>
> ✴ 시간을 내어 청중의 관점에서 발표장을 살펴보고, 주변시야 때문에 발표자에게 집중하지 못하는 일이 생기지 않도록 필요한 조치를 취하라.
>
> ✴ 당신이 발표 중에 움직이면 청중의 주의를 끌 것이다. 이것의 활용 방안을 잘 고려하라. 끊임없이 움직인다면 오히려 주의를 분산시키고 만다.

49 얼굴 인식만 담당하는 두뇌의 특별한 부위가 있다

대도시의 복잡한 거리를 걷다가 갑자기 친척의 얼굴을 봤다고 상상해 보라. 그 사람을 만나리라 예상하지 않았고, 시야에 수십, 수백 명이 있다 하더라도 그 사람을 보는 즉시 알아 볼 것이다. 또한 동반하는 감정 반응이 있다. 사랑, 미움, 두려움, 혹은 그 무엇이라도.

시각 피질이 매우 크고 중요한 뇌 자원을 차지하지만 얼굴 인식이라는 유일한 목적에 사용되는 뇌 부위가 따로 있다. 낸시 캔위셔(Nancy Kanwhisher)가 정의한 방추상 얼굴 영역(FFA: fusiform face area) 덕분에 다른 사물보다 얼굴을 더 빨리 구별할 수 있다. FFA는 또한 뇌의 감정 센터인 편도체 부근에 있다.

 자폐증이 있는 사람은 얼굴을 FFA로 보지 않는다

캐런 피어스의 연구는 자폐증이 있는 사람들은 얼굴을 볼 때 FFA를 사용하지 않는다는 것을 보여주었다 (Karen Pierce, 2001). 대신 얼굴이 아닌 대상을 인지하고 해석하는 데 주로 사용하는 뇌의 경로와 시각 피질을 사용한다.

얼굴은 주의를 끌고 감정을 교류한다

FFA 때문에 사람들은 얼굴에 주의를 기울이게 돼 있다. 사람들의 얼굴이 있는 사진과 그림을 슬라이드에 사용하는 것을 생각해 보라. FFA를 자극하려면 얼굴처럼 보여야 한다. 즉, 눈 두 개, 코 하나, 입 하나가 있어야 한다. 정면 얼굴을 가장 잘 인식한다. 측면 혹은 옆으로 살짝 돌린 얼굴은 FFA에 쉽게 인식되지 않는다.

부정적인 메시지를 전달하려는 게 아니라면 변형된 얼굴을 사용하지 마라. 예전에 고객 한 분이 좌우 절반씩 다른 사람의 얼굴을 합성한 사진을 사용한 적이 있었다. 주의를 끌긴 했지만 아주 섬뜩한 느낌이었다.

FFA는 편도체와 아주 가깝기 때문에 얼굴은 뇌의 감정 센터에 곧장 감정을 전달한다. 행복, 슬픔, 역겨움, 두려움 등 감정을 나타내는 사람의 그림은 말보다 더 빠르고 깊이 있게 감정을 전달한다.

사람들은 날 때부터 선호하는 얼굴이 따로 있다

캐더린 몬드로크의 연구에 따르면 태어난 지 한 시간도 안 된 아주 어린 아이가 얼굴 비슷한 대상을 보는 데 특별한 선호도를 나타낸다고 한다(Catherine Mondloch, 1999).

사람은 남들이 보는 쪽을 본다

안구 추적 연구에 따르면 사진 속 얼굴이 나로부터 먼 쪽에 있는 스크린상의 다른 어떤 것을 보고 있다면 나도 따라서 그것을 보는 경향이 있다.

프리젠터가 등을 돌려 뒤에 있는 스크린을 쳐다보면 청중들도 스크린을 보게 된다. 이것은 스크린상의 어떤 것으로 청중의 주의를 끌고 싶을 때 좋은 방법이다. 하지만 당신이 불안해서, 혹은 스크린에 있는 내용을 까먹어서 계속 스크린을 보고 있다면 청중들은 주의가 분산되어 당신의 말을 듣지 않는다.

 프로의 조언

가능한 한 당신의 앞쪽에 모니터를 놓아서 등 돌리지 않고 청중이 보는 것을 볼 수 있게 하라.

최고의 프리젠터와 대중 연설가는 프레젠테이션에 연습을 아주 많이 해서 스크린을 전혀 볼 필요가 없다. 청중에게 보이지도 않게 손에 든 원격 장치로 살짝 클릭해서 슬라이드를 넘기는 사람들도 있다. 그들은 앞에 모니터도 없다. 그들은 아주 자신감 있게 매 슬라이드를 넘기면서 매끄럽게 말을 이어간다.

청중을 사로잡는 프레젠테이션 노하우

* 얼굴 사진이나 그림을 이용해 주의를 끌고 감정을 전달하라.
* 최대의 효과를 위해 얼굴이 청중을 향해 정면으로 보이게 하라.
* 청중이 스크린에 집중하게 하고 싶을 때만 스크린을 쳐다보라.
* 등을 돌리지 않고 청중이 보는 것을 볼 수 있도록 당신의 앞쪽에 모니터를 놓는다.

50 빨간색과 파란색이 함께 있으면 눈이 피로하다

다른 색깔의 선이나 텍스트가 화면에 나타나거나 인쇄되면 선의 깊이가 달라 보인다. 한 색깔은 튀어나오는 반면, 다른 색깔은 뒤로 물러난다. 이런 효과를 색입체시(chromostereopsis)라고 한다. 이 효과는 빨간색과 파란색에서 가장 강하지만 다른 색깔(빨간색과 초록색)에서도 나타난다. 이런 색의 조합은 보거나 읽기에 어렵고 피곤하다. 그림 50.1은 색입체시의 몇 가지 예다.

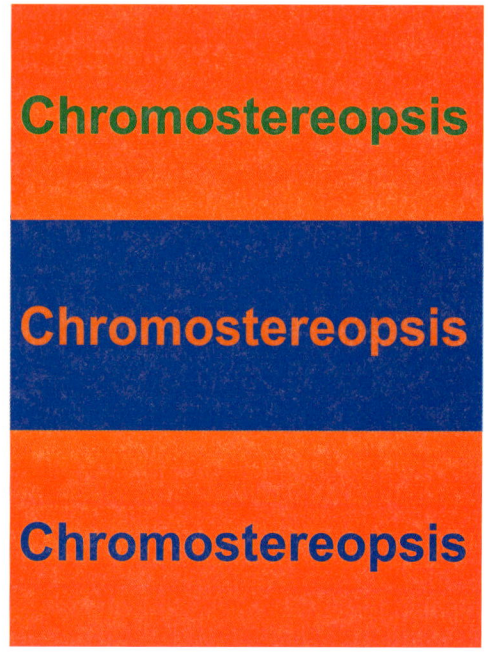

그림 50.1 색입체시는 눈을 피로하게 만든다.

> ### 청중을 사로잡는 프레젠테이션 노하우
>
> ✳ 슬라이드에 파란색과 빨간색, 혹은 초록색과 빨간색을 서로 가까운 위치에 쓰지 마라.
>
> ✳ 빨간색 배경에 파란색 혹은 초록색 텍스트, 그리고 파란색 배경에 빨간색 혹은 초록색 텍스트를 쓰지 마라.

51 빨간색 배경에 파란색 혹은 초록색 텍스트, 그리고 파란색 배경에 빨간색 혹은 초록색 텍스트를 쓰지 마라

색맹이란 용어는 사실 부적절하다. 색맹인 사람들 대부분은 모든 색깔을 구별하지 못하는 것이 아니라 특정 색상끼리의 차이를 잘 구별하지 못하는 것이기 때문이다. 색맹은 병이나 부상으로 인해 생길 수도 있지만 대부분 유전된 것이다. 색깔 유전자는 대부분 X 염색체상에 있다. 남성은 X 염색체가 하나뿐이고 여성은 두 개이기 때문에 색깔을 구별하는 데 어려움을 겪을 확률은 남성이 여성보다 높다.

색맹은 그 종류가 다양하지만 빨간색, 노란색, 초록색 구별에 어려움을 겪는 경우가 가장 흔하다. 이를 적록색맹이라고 한다. 다른 형태(노란색과 파란색 구별에 어려움을 겪는 것과 모두 회색으로 보이는 경우)는 아주 드물다.

그림 51.1은 겨울철 도로 교통 상황(위스콘신 교통국 제공)을 보여주는 지도로, 정상인 사람에게 보이는 모습이다. 그림 51.2는 같은 지도를 적록 색맹인 사람이 보는 모습이고, 그림 51.3은 청-황색 구별에 결함이 있는 사람에게 보이는 지도다. 색깔이 달라 보이는 것에 주목하라.

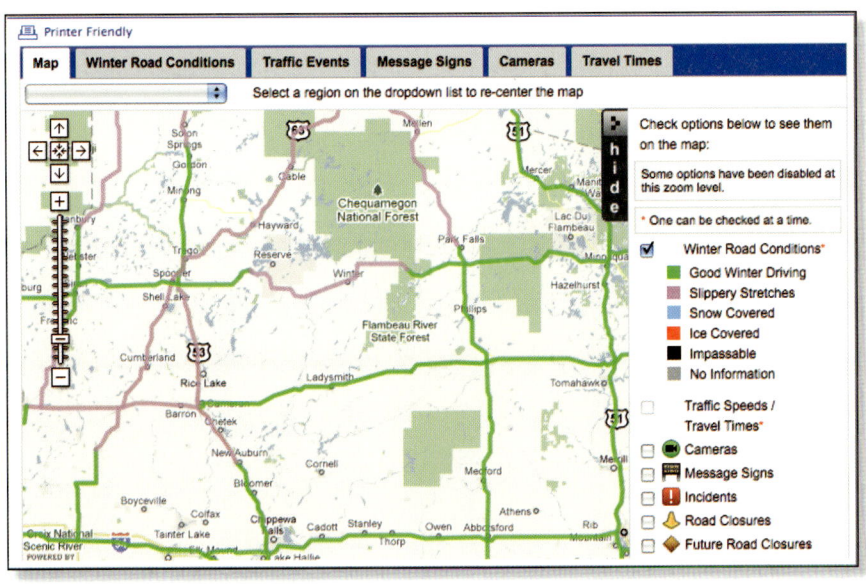

그림 51.1   정상인 사람에게 보이는 지도

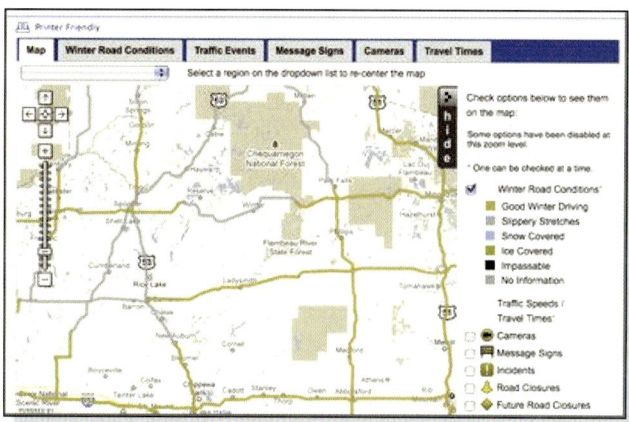

그림 51.2 적록 색맹인 사람에게 보이는 지도

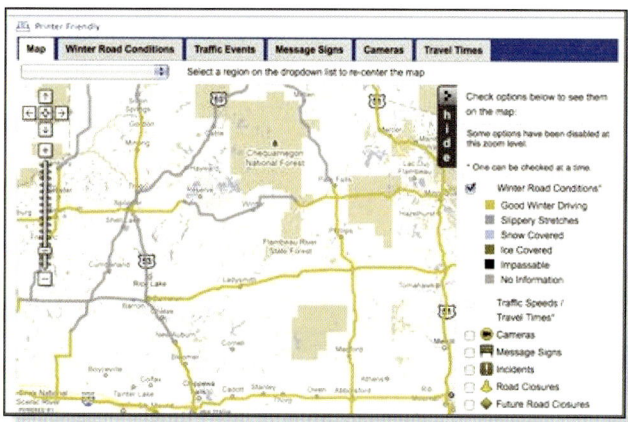

그림 51.3 청황 색맹인 사람에게 보이는 지도

경험상 색깔로 뭔가를 구별할 때는 색깔 외에 구별하는 방식이 더 있어야(예: 색깔 + 선의 굵기) 색맹인 사람들도 무리 없이 구별할 수 있다.

또는 다양한 유형의 색맹을 가진 사람들도 모두 구별할 수 있는 색깔 체계를 사용하는 방법도 있다. 그림 51.4와 그림 51.5, 그림 51.6은 일주일간 유행성 독감이 어떻게 전파됐는지를 보여준다. 정상인 사람과 색맹인 사람 모두에게 똑같이 보일 수 있도록 의도적으로 색깔을 골라 만든 탓에 3개의 그림이 거의 같아 보이는 것을 알 수 있다.

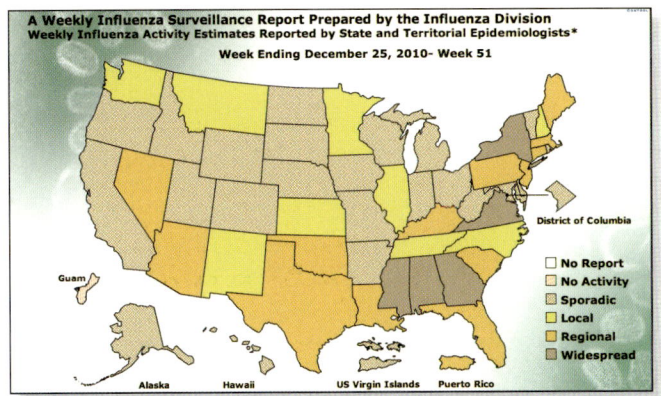

그림 51.4 정상인 사람에게 보이는 지도(www.cdc.gov 제공)

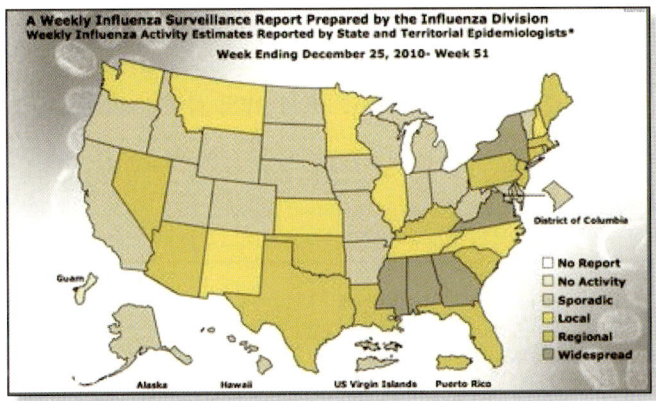

그림 51.5 적록 색맹인 사람에게 보이는 지도(www.cdc.gov 제공)

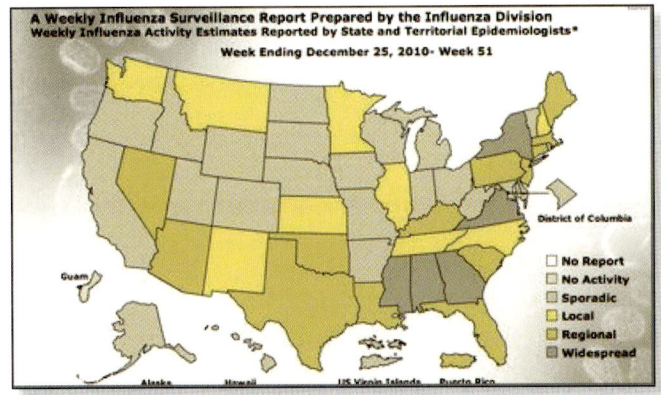

그림 51.6 청황 색맹인 사람에게 보이는 지도(www.cdc.gov 제공)

51   빨간색 배경에 파란색 혹은 초록색 텍스트, 그리고 파란색 배경에 빨간색 혹은 초록색 텍스트를 쓰지 마라

색맹 관련 유용한 웹사이트

색맹인 사람들에게 이미지가 어떻게 보이는지 확인해 볼 수 있는 사이트가 몇 군데 있다. 내가 추천하고 싶은 곳 두 군데는 아래 사이트다.

www.vischeck.com

http://colorfilter.wickline.org

청중을 사로잡는 프레젠테이션 노하우

✳ www.vischeck.com 혹은 http://colorfilter.wickline.org에서 당신의 이미지가 색맹인 사람들에게 어떻게 보일지 확인해 보라.

✳ 색깔을 사용해서 어떤 의미를 나타내고자 한다면(예를 들어, 지도의 초록색 부분은 인플루엔자 발병률이 가능한 낮은 지역, 빨간색 부분은 발병률 높은 지역) 별도의 표시 방법을 생각해 내라.

✳ 모든 사람이 구별 가능한 색깔을 사용하라. 예를 들어 갈색과 노란색 계통의 다양한 색깔을 사용하고, 빨간색, 초록색, 파란색은 피하라.

 색깔의 의미는 집단과 문화에 따라 다르다

몇 년 전 어떤 고객이 회사의 영업 지역별로 분기 총수입을 보여주는 색상 지도를 만들었다. 미국 서부 지역은 노란색, 중부 지역은 초록색, 그리고 서부 지역은 빨간색이었다. 판매 부사장이 연단에 나와 회사의 재무 및 회계 담당 직원을 대상으로 슬라이드 쇼를 시작했다. 색상지도가 나타나자, 곳곳에서 한숨 소리가 흘러나왔고 곧이어 다급한 대화를 나누는 소리로 시끌시끌해졌다. 부사장은 말을 계속하려 했지만 그는 모든 사람들의 주의를 잃고 말았다. 청중들은 모두 자기들끼리 얘기하느라 바빴다.

마침내 누군가 불쑥 말했다. "도대체 서부 지역은 어떻게 된 겁니까?"

"무슨 말씀이시죠? 아무 일도 없어요. 서부는 이번 분기에 아주 좋았습니다." 부사장은 대답했다.

회계 혹은 재무 담당자에게 빨간색은 나쁜 것, 즉 적자가 나고 있다는 의미다. 부사장은 그냥 무작위로 색깔을 골랐을 뿐이라고 설명해야 했다.

색깔은 연관된 의미를 갖는다. 예를 들어, 빨간색은 '적자' 혹은 재정적인 문제나 위험 혹은 정지를 의미한다. 초록색은 돈 혹은 "지나가도 좋습니다"를 의미한다. 색깔은 의미가 있기 때문에 신중하게 골라야 한다.

여러 국가 출신의 청중을 대상으로 프레젠테이션을 준비하고 있다면 다른 문화권에서 색깔이 갖는 의미를 고려해야 한다. 세계 어디서나 비슷한 의미를 갖는 색깔도 몇 가지 있지만(금색은 대부분의 문화권에서 성공과 고품질을 의미한다.) 대부분은 문화마다 다른 의미를 지닌다. 한 예로, 미국에서는 흰색이 순결을 의미해서 결혼식에 사용되지만, 다른 문화에서 흰색은 죽음과 장례식을 상징한다. 행복을 나타내는 색은 흰색, 초록색, 노란색, 빨간색 등 지역에 따라 다르게 나타난다.

 데이비드 맥캔들스(David McCandless)의 색상환을 확인할 것!

InformationIsBeautiful.net의 운영자인 데이비드 맥캔들스는 문화에 따라 색깔이 어떻게 다르게 보이는지를 나타내는 색상환을 갖고 있다.
http://www.informationisbeautiful.net/visualizations/colours-in-cultures/

 **색깔과 기분에 관한 연구**

연구에 따르면 색깔은 기분에 영향을 준다. 외식 및 서비스 업계에서 이 분야에 대한 연구를 많이 했다. 예를 들어, 미국에서 주황색은 사람을 불안하게 해서 오래 머무르지 못하게 한다(패스트푸드 식당에 유용하다). 갈색과 파란색은 마음을 진정시키는 색깔이어서 사람들을 오래 머무르게 한다(술집에 유용하다). 프레젠테이션 슬라이드에서 배경에 색깔을 사용하는지 여부가 기분에 영향을 줄 정도인지는 분명하지 않다. 하지만 발표장 내부의 색이 청중의 기분에 영향을 주는 것은 분명하다.

청중을 사로잡는 프레젠테이션 노하우

* 다른 문화권에서 발표한다면 맥캔들스의 색상환을 확인해서 색깔 선택에 문제가 없는지 점검하라.

* 스크린이 아주 크다면 슬라이드 배경 색을 넣는 것도 생각해 보라. 주황색은 피하라(청중이 불안하고 초조해지길 원하지 않는다면).

"청중이 반만 차 있는 발표장은 지옥이다."
- 로버트 프로스트(Robert Frost)

사람들은 환경에 어떻게 반응하는가

커다란 회의실 혹은 강당에 절반 이하의 좌석만 차 있는 상황에서 프레젠테이션을 해 본 사람은 시인 로버트 프로스트의 말에 동의할 것이다. 똑같은 프레젠테이션을 똑같은 프리젠터가 하더라도 상황이 다르면 다른 결과가 나온다. 발표자와 청중 모두 프레젠테이션이 진행되는 환경에 많은 영향을 받을 수 있다.

 발표회장이 가득 찰수록 사람들은 강한 에너지를 느낀다

사람들은 함께 있으면 알게 모르게 변한다. 인간 행동은 타인과 상호작용의 복잡한 결합이다. 텅텅 비어 있는 방에 들어가면 사람들은 방 전체에 서로 멀찍이 떨어져 앉는다. 프레젠테이션을 기다리는 동안 다른 사람들과 그리 가까이 있고 싶지 않다는 의미다. 사람 수에 비해 방의 크기가 클수록 이런 효과가 크게 나타난다.

프리젠터도 이런 미묘한 반응에 무심하지 않다. 프리젠터로서 발표회장에 들어가서 많은 사람들의 말소리로 윙윙거리는 무대 앞에 선다면 당신도 영향을 받을 것이다. 조용하고 텅 빈 발표회장에 들어선다면 기운이 나지 않을 것이다.

되도록이면 행사 주최자와 상의해서 에너지와 흥분을 느낄 수 있도록 발표 시작 전에 방이 거의 채워질 수 있는지 알아 둬라. 이것은 규모가 큰 행사뿐 아니라 작은 행사 때도 그렇다.

사람들의 좌석 배치에 따라 영향을 받는 경우도 가끔 있다. 강당에서는 좀처럼 그렇지 않지만 강의실 스타일의 좌석, 혹은 회의실과 같은 작은 장소라면 의자나 유인물, 종이 묶음, 펜 등을 방 한 쪽에 몰아 놓아라.

청중을 사로잡는 프레젠테이션 노하우

* 좌석이 3분의 2 이상 채워질 만한 장소를 선택하라.
* 주최자에게 미리 참가 예상 인원을 물어보고, 거의 가득 찰 수 있는 규모의 발표회장을 요청하라.
* 필요 이상의 좌석이 있는 강의실이나 회의실이라면 의자 혹은 비품들을 치워서 사람들이 한 곳에 모여 앉게 하라.

54 발표회장이 어두우면 사람들은 잠이 든다

점심시간이 끝난 직후에 프레젠테이션을 해야 한다고 치자. 창문에 블라인드가 내려져 있고, 프레젠테이션이 시작되자 누군가 불을 끈다. 당신은 그야말로 어둠 속에 서 있다. 당신은 어두운 데서 배도 부른 청중들이 잠들지 않게 하려면 평소보다 훨씬 뛰어난 프레젠테이션을 펼쳐야 한다.

10~20년 전에는 프로젝터가 그리 밝지 않아서 방의 조명을 아주 어둡게 해야 슬라이드를 볼 수 있었다. 요즘은 프로젝터가 훨씬 밝아지고 조명 시스템도 더욱 정교해졌다. 조명을 아주 어둡게 하지 않아도 된다.

조명이 낮으면 사람들이 보기 힘들다

청중석의 조명이 지나치게 어두우면 청중이 메모하는 데 어려움을 겪는다. 반면 발표자가 있는 곳의 조명이 어두우면 청중에게 발표자가 잘 안 보인다는 단점이 있다. 프레젠테이션은 공연이다. 청중은 공연자를 볼 수 있어야 한다.

가능하면, 일찌감치 발표회장에 도착해서 조명을 점검하라. 슬라이드에 지나치게 의존하지 않기를 바란다. 발표자와 발표자의 말이 슬라이드만큼, 아니 그보다 더 많이 중요하다.

청중을 사로잡는 프레젠테이션 노하우

* 슬라이드를 좀 더 잘 보이게 하려고 발표회장의 조명을 어둡게 하지 마라. 청중이 발표자를 볼 수 있는 것이 더욱 중요하다.
* 발표회장의 조명이 지나치게 어두우면 사람들이 자기 메모와 자료를 볼 수 없다.
* 발표회장에 일찌감치 도착해서 조명을 실험해 보라.

55 눈에서 안 보이면 마음에서도 멀어진다

프리젠터는 발표회장 앞쪽의 가구 배치만 생각한다. 노트북 컴퓨터를 놓을 자리가 있을까? 움직이는 데 장애가 될 것은 없을까? 하지만 청중석 쪽의 가구 배치가 갖는 효과도 잊지 마라.

발표회장이 좌석이 고정된 강당(그림 55.1)이라면 가구 배치를 바꿀 수 없을지 모른다. 하지만 발표회장의 가구를 옮길 수 있는 경우가 많다.

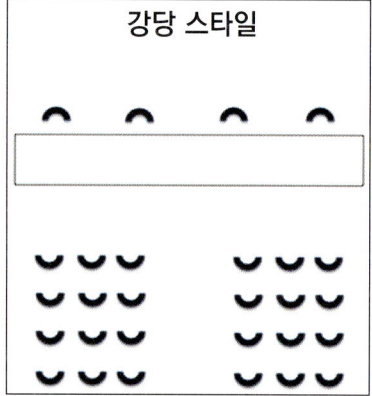

그림 55.1 강당 배치

시선을 확인하라

청중들 모두가 불편 없이 발표자를 볼 수 있게 하라. 발표자가 안 보인다면 가구 배치를 다시 하라.

몇 가지 표준 좌석 배치는 시선이 좋지 못한 좌석이 많다. 그림 55.2는 '연회용' 좌석 배치로, 색칠된 자리는 시선이 좋지 못한 곳이다.

그림 55.3은 '연회용 원탁' 좌석 배치로, 색칠된 자리는 시선이 좋지 못한 곳이다.

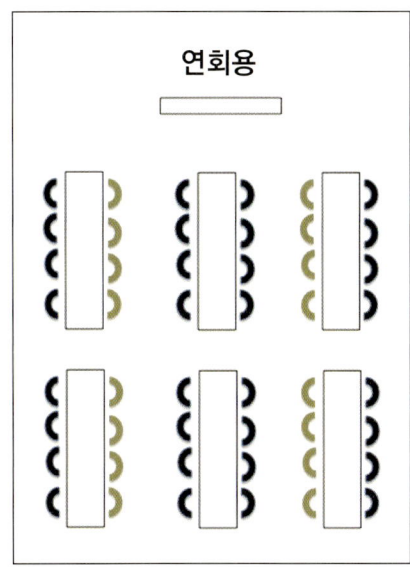

그림 55.2 연회용 배치

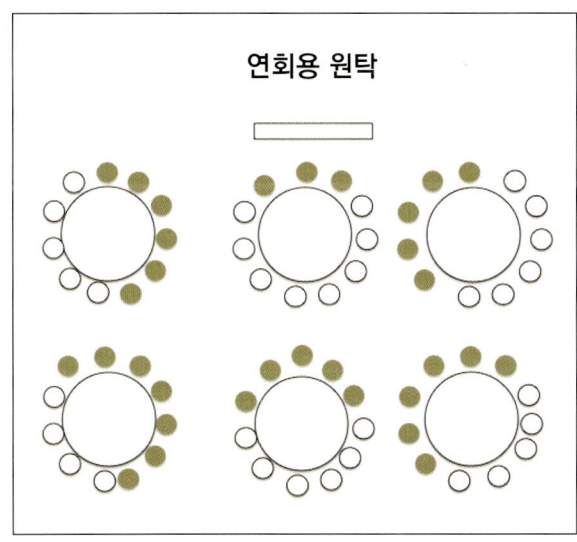

그림 55.3 연회용 원탁 배치

이 두 가지 좌석 배치는 모두 시선이 좋지 못한 좌석이 많다. 프레젠테이션이 짧다면 사람들은 기꺼이 의자를 돌려 앉아서 발표를 바라볼 것이다. 하지만 사람들이 의자를 움직이지 않아도 발표자를 볼 수 있게 하는 다른 좌석 배치를 고려하고 싶을 것이다.

'연회용 변형' 배치(그림 55.4)는 시선이 더 나아졌다.

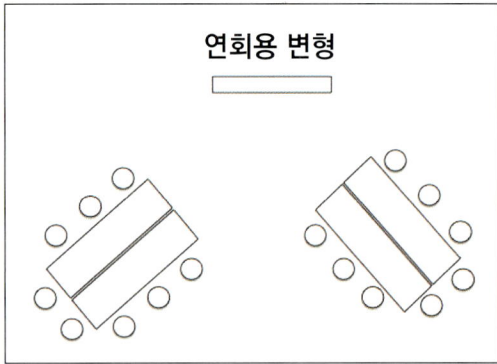

그림 55.4 연회용 변형 배치

당신이 선호하는 좌석 배치 그림을 미리 보낼 수도 있다. 하지만 그림을 너무 믿지 마라. 내가 미리 배치도를 보냈을 때도 반 이상이 실제 좌석 배치는 내가 보냈던 그림과 달랐다. 발표회장에 일찍 도착해서 청중들이 오기 전에 배치를 바꿀 것이 없는지 확인하라.

청중을 사로잡는 프레젠테이션 노하우

✳ 발표자가 청중에게 잘 보이게 하라.

✳ 주최자에게 발표회장 및 좌석 배치에 대해 물어보라.

✳ 당신이 선호하는 좌석 배치가 있다면 미리 그림을 보내라.

✳ 발표회장에 일찍 도착해서 배치를 고칠 것이 있으면 고쳐라.

사람들은 가구 배치에 영향을 받는다

가구 배치가 프리젠터를 잘 보이게 하기 위해서만 중요한 것은 아니다. 가구 배치는 청중들 사이의 상호작용뿐만 아니라 발표자와 청중 사이의 상호작용에 대한 무의식적인 기대에 영향을 미친다.

가구 배치가 협동을 유도할까?

어떤 가구 및 가구 배치는 상호작용과 활동을 하기 더 쉽게 만들어 준다. 참가자가 발표회장에 들어와서 테이블 하나에 의자가 5개 딸려 있는 좌석을 본다. 그리고 이런 테이블이 4개 더 있다. 이것은 이 세션이 대화형일 것 같다는 메시지를 보낸다. 사람들은 프레젠테이션이 시작하기 전에 주위 사람들과 이야기를 나누는 경향이 더 많다. 의자가 모두 앞쪽을 향하게 배치돼 있는 발표회장에 있을 때와는 다른 기대를 갖게 된다. 옆자리 사람보다는 마주보는 사람과 더 많은 얘기를 나눈다.

발표 중에 그룹 활동이 있다면 발표자가 그룹 활동이 잘 이뤄지는지, 질문은 없는지 보기 위해 발표회장을 이리저리 돌아다닐 수 있게 돼 있어야 한다. 그룹 활동 중에 여러 그룹에 다가갈 수 있도록 발표회장이 배치돼 있어야 한다.

청중을 사로잡는 프레젠테이션 노하우

* 그룹 활동을 계획 중이라면 발표회장의 가구 배치를 강의실 혹은 강당 스타일로 하지 말고 4~8명이 둘러앉을 수 있는 테이블 몇 개를 놓는 것이 좋다.
* 그룹 활동 중에 당신이 돌아다니면서 각 그룹을 살펴볼 수 있는 공간을 확보해 둬라.

57 온라인 프레젠테이션은 사람들이 흥미를 잃기 쉽다

프레젠테이션을 온라인으로 할 예정이라면 해결해야 할 어려운 점이 몇 가지 더 있다. '사람들은 프리젠터에게 어떻게 반응할까(157쪽)' 장에서는 사람들이 비언어적 커뮤니케이션에 어떻게 반응하는지를 다룬다. 하지만 요즘에는 많은 프레젠테이션이 온라인으로 이뤄지고 오디오만 있는 경우도 많다. 즉 참가자에게 아무런 시각적 자극이 없다는 의미다. 그런 환경에서 사람들은 자기 주변의 여러 가지(이메일, 옆 사람과 수다 등) 때문에 주의가 분산되기 쉽다.

온라인 프레젠테이션을 할 때 고려해야 할 사항은 다음과 같다.

★ 가능하면 동영상을 사용하라. 적어도 사람들이 당신의 표정을 볼 수 있을 것이다.

★ 동영상 없이 오디오만 있다면 비언어적 정보를 모두 목소리에만 의존해야 할 것이다.

★ 프레젠테이션 시간을 짧게 하라. 한 시간 반 정도가 최대다. 자료의 분량이 그 이상이라면 짧은 세션을 여러 회로 나눠서 해야 한다.

★ 주기적으로 멈추고 질문이 있거나 잘 이해하고 있는지 물어라. 청중을 볼 수 없기 때문에 진행하면서 피드백을 요청해야 한다.

★ 계획된 활동을 바꿔야 한다. 화상회의 및 원격 강의실 툴이 생겨 많은 제약이 풀렸지만 그래도 어려움이 있다. 어떤 실습과 활동이 온라인에서 통할지 신중하게 검토하라. 사람들이 혼자서 할 수 있는 짧은 활동을 하거나 오래 걸리는 활동은 세션과 세션 사이에 배치할 수 있다.

★ 주의를 끌고 흥미를 유지하기 위해 주제에 변화를 주고 여론 조사, 퀴즈, 혹은 (작은 그룹이라면) 토론 코너를 넣어라.

★ 사람들은 온라인 프레젠테이션에 흔히 지각한다(로그인하고 전화번호를 돌릴 시간을 충분히 생각하지 않는 경향이 있다). 사람들은 대부분 온라인 프레젠테이션이 시작된 지 10분 후에나 들어온다는 점을 유념하라. 처음 10분 안에 중요한 내용을 말했다면 이후에 슬쩍 다시 한 번 반복해서 얘기해야 한다.

청중을 사로잡는 프레젠테이션 노하우

✱ 온라인 프레젠테이션에서 청중의 주의가 분산되기 쉽다는 것을 고려하라.

✱ 여론 조사, 퀴즈, 토론을 넣고, 최소한 질문 혹은 할 말이 있는지를 자주 물어라.

✱ 온라인 프레젠테이션은 똑같은 프레젠테이션이라도 직접 대면해서 하는 것보다 짧아야 한다.

58 사람들은 피곤하고 배고파진다

사람들은 시간이 지나면 피곤하고 배고파진다. 프리젠터는 사람들 앞에 서서, 움직이고 얘기하며 프레젠테이션에 신이 나 있어서 청중들이 전혀 다른 경험을 하고 있다는 사실을 잊기 쉽다. 오래 앉아 있다 보면 지치기 십상이다. 시간이 꽤 많이 지났다면 청중이 출출해지기 시작했다는 것을 알아차려야 한다.

프레젠테이션 시간을 잘 정한다

프레젠테이션 시간을 선택할 수 없을지도 모른다. 하지만 가능하면 점심 혹은 저녁식사 직전은 피하라. 허기가 지는 시간이기 때문이다. 저녁 직전은 더 문제가 있다. 사람들은 저녁 직전에는 배도 고픈데다 피곤하다.

식사 직후에는 사람들이 피곤하고 졸리기 십상이라서 식사 직후 프레젠테이션은 피하는 것이 좋다는 말을 들었을 것이다. 사실 식사시간 직전도 직후도 아닌 딱 중간쯤이 좋다. 그래도 꼭 해야 한다면 식사 직전보다는 직후가 낫다. 초점이 있고 흥미로우며 생기 넘치는 프레젠테이션을 한다면 청중에게 에너지를 북돋워줄 수 있으므로 식후에 하는 것이 좋다.

식사시간이 가깝다면 음식 얘기는 하지 않는다

우리가 프레젠테이션에서 음식 얘기, 음식에 관한 비유, 음식 사진을 얼마나 많이 사용하는지 알면 깜짝 놀랄 것이다. 음식은 쉽게 주의를 끌 수 있으므로 프레젠테이션에서 음식 얘기나 음식 사진을 사용하는 것은 좋은 아이디어다. 단 식사시간 직전이라면 금물이다. 안 그래도 배고픈데 음식 얘기를 하면 사람들은 당신의 말에 집중하기가 더 힘들다. "점심식사 하러 가기 전에 한 가지만 더 얘기하고 싶습니다." 같은 말은 조심하라. 배고픈 사람들에게 음식 혹은 식사시간 얘기를 꺼내면 사람들은 더 이상 집중하지 않는다는 점을 명심하라.

청중을 사로잡는 프레젠테이션 노하우

✳ 사람들은 피곤하고 배고파진다. 둘 중 하나만으로도 프레젠테이션에 대한 집중력이 떨어질 것이다.

✳ 프레젠테이션 시간을 정할 수 있다면 식후 비교적 이른 시간을 골라라. 사람들이 배고픈 시간은 피하라.

✳ 식사 직전 시간에 프레젠테이션을 한다면 음식 이야기를 피하라.

✳ 오후 늦게 하게 되면 사람들이 피곤해한다는 것을 유념하라. 프레젠테이션을 짧고 재미있게 해야 한다.

# 사람들은 실내 온도에 영향받는다

프레젠테이션을 들을 때 발표회장이 지나치게 춥거나 더웠던 적이 있었는가? 아마도 프레젠테이션에 집중하고 주의를 기울이기 힘들었을 것이다.

발표회장 온도를 조절할 수 있다면 참석한 사람들에게 쾌적한 온도를 제공해야 한다.

실내 온도를 당신에게 맞추지 마라

당신은 프리젠터이기 때문에 돌아다닌다. 참석자들은 가만히 앉아서 거의 움직이지 않는다. 즉, 당신은 참석자들보다 덥다고 느낄 것이다.

또한 앞쪽 온도와 뒤쪽 온도가 다를 수도 있으니 당신이 느끼는 온도가 청중들이 느끼는 온도라고 생각해선 안 된다.

실내 온도를 맞추는 데 할 수 있는 노력을 다 하라

실내 온도를 당신이 직접 조절할 수 없을지도 모른다. 하지만 실내 온도를 너무 덥거나 너무 춥지 않게 유지하도록 노력하는 것은 프리젠터의 책임이다. 행사 주최 측이 온도 조절 방법을 아는지 확인해 보고, 그래도 안 되면 시설 담당자를 찾아야 한다.

참석자들에게 얇은 옷을 여러 겹 입도록 권장하라

발표회장이 지나치게 덥거나 추울 경우, 참석자들과 미리 연락이 된다면(이메일 등으로) 연락을 취해서 사람들에게 발표회장의 실내 온도 문제를 알려 준다(또는 상기시켜 준다). 참석자들에게 여벌의 얇은 옷을 겹쳐 입어서 더우면 벗고 추우면 입는 것이 좋겠다고 말해 둬라.

청중을 사로잡는 프레젠테이션 노하우

✳ 실내 온도가 지나치게 덥거나 추우면 사람들이 집중하기 어렵다.

✳ 프리젠터인 당신은 돌아다니기 때문에 청중들보다 덥다고 느끼기 쉽다.

✳ 앞쪽 무대의 온도와 뒤쪽 청중석의 온도가 다를 수도 있다.

✳ 참석자들에게 얇은 옷을 겹쳐 입고 와서 더우면 벗고 추우면 입게 하라.

✳ 실내 온도가 지나치게 덥거나 추우면 주최자 혹은 시설 담당자에게 시정을 요구하라.

 # 사람들은 불편하면 집중하지 못한다

가끔 우리는 자기 자신, 자기의 프레젠테이션, 자기 기분, 그리고 프레젠테이션 동안 서 있거나 앉아 있는 곳에 지나치게 신경 쓴 나머지 청중의 생각을 간과한다.

나는 언제나 프레젠테이션 장소와 발표회장에 대해 가능한 한 많은 것을 미리 알아본다. 청중들이 오래 앉아 있고, 의자가 불편하고, 나의 발표순서가 하루 중 맨 끝이라면 내 프레젠테이션이 아무리 뛰어나다 해도 청중의 이목을 끌기 어렵다.

청중의 입장이 되어 본다

가능하면 프레젠테이션 중에 발표회장과 좌석을 확인해 보라. 의자는 편한가? 좌석 사이의 거리는 여유가 있는가, 아니면 다닥다닥 붙어 있는가? 예상인원 수에 맞게 의자는 충분한가?

어느 한쪽에 찬바람 혹은 더운 바람이 불어오지는 않는가? 가능하면 나는 발표회장에 미리 들어가서 좌석 등 상황을 살펴보고, 좌석에 앉아 정면을 바라본다. 장소를 바꿀 수는 없더라도 최소한 청중들이 어떤 어려움을 맞닥뜨릴지는 알게 된다.

가능하면 바꾼다

몇 년 전, 어느 컨퍼런스에서 프레젠테이션을 할 때였다. 내 순서가 점심 직후여서 점심시간에 발표회장을 둘러보러 갔다. 100명 정도를 수용하는 방이었다. 프레젠테이션에 배석할 패널 중 몇 명은 아주 유명한 사람들이었다. 내 계산으로, 컨퍼런스 참석자 중 반 이상(약 250명)은 이 패널 세션에 들어오고 싶어 할 텐데 회의장에 마련된 좌석은 겨우 100석이었다. 즉 뒤쪽에 서는 사람들, 앞쪽 바닥에 앉는 사람들, 아예 못 들어오는 사람들이 있을 것이었다. 나는 컨퍼런스 관계자와 이 문제를 논의했다. 그들은 시작 직전에 더 많은 사람들을 수용할 수 있는 방으로 장소를 옮겼다. 프레젠테이션은 제시간에 시작됐고 회의장은 250명이 넘는 사람들로 꽉 찼다.

청중을 사로잡는 프레젠테이션 노하우

✱ 청중은 불편하면 집중에 어려움을 겪는다.

✱ 시설을 미리 확인해서 혹시 불편사항은 없는지 알아보라.

✱ 불편사항이 있다면 프레젠테이션을 시작하기 전에 해결하려고 노력하라.

61 사람들은 인터넷 접속이 가능할 거라고 기대한다

한번은 프레젠테이션 준비를 위해 약속된 장소에 일찌감치 도착했다. 그 세션의 예상 참석 인원은 25명이었다. 나는 인터넷 접속이 필요하지 않았지만 다른 25명의 전문가들은 온라인 접속이 될 거라고 기대하고 올 게 분명했다. 호텔의 인터넷 접속료는 1인당 25달러였다. 세션 주최자는 자기 몫의 접속료 25달러를 내고, 밖에 나가서 라우터를 사 와서 다른 참석자들은 25달러를 내지 않고도 인터넷에 접속할 수 있게 했다.

요즘 사람들은 컨퍼런스 혹은 프레젠테이션 장소에 있을 때 무선 인터넷 접속이 되기를 기대한다. 또한 컴퓨터나 휴대폰, 혹은 둘 다 전원을 연결할 수 있길 바란다. 프레젠테이션에 인터넷 접속이 필요하다면 가능 여부를 확실히 확인해 둬야 한다. 많은, 어쩌면 거의 대부분의 회의실에서 와이파이 기능을 제공하지만 안 되는 곳도 있고 요금이 부과되는 곳도 있다. 나중에 놀라지 말고 미리 확인해 둔다.

청중을 사로잡는 프레젠테이션 노하우

* 사람들은 무선 인터넷 접속이 가능하고 전원 콘센트가 넉넉하리라 기대한다.
* 인터넷 접속을 제공하는 것은 당신의 책임이 아니다. 하지만 사람들이 좌절하거나 인터넷 접속과 플러그 연결에 진땀을 뺀다면 프레젠테이션에 부정적인 영향을 준다.

"사람들은 당신이 말한 내용은 잊어버릴지 몰라도 어떤 기분이 들게 했는지는 절대 잊지 않는다."
- 칼 W. 부에크너(Carl W. Buechner)

사람들은 어떻게 감정적으로 반응하는가

사람들은 생각만 하는 것이 아니라 기분을 느낀다. 주고받는 정보가 주로 사실과 날짜, 숫자라 하더라도 사람들의 감정적인 반응을 무시할 수는 없다. 사람들은 감정적인 연관이 없으면 상대방의 말을 듣지 않는다. 이 장에서는 사람들이 당신 말을 귀 기울여 듣도록 사람들과 감정적인 연관을 맺는 방법을 얘기한다.

62 사람들은 데이터보다 일화에 더 크게 반응한다

《심리를 꿰뚫는 UX 디자인(Neuro Web Design: What Makes Them Click?)》에서 나는 대부분의 정신과정이 무의식적으로 일어난다고 설명한 바 있다. 사람들은 이 무의식적인 과정을 인식하지 못한 채, 의식적으로 인지하는 정보에 더 무게를 두기 쉽다. 정보가 많은 출처로부터 들어와서 처리되고 있으며, 사람들이 감정을 처리 중이라는 사실을 잊기 쉽다.

현직 백화점 수장들을 상대로 당신이 최근에 고객들과 나눈 대화에 대해 프레젠테이션 해야 한다고 해 보자. 당신은 고객 25명을 인터뷰했고, 그 외 100명에게 설문조사를 해서 중요한 정보를 공유할 것이 많이 있다. 데이터를 다음의 예와 같이, 숫자/통계/데이터 위주의 형태로 요약한 것을 발표할 생각인가?

★ 우리가 인터뷰한 고객들의 75퍼센트는 ....

★ 설문 응답 고객의 15퍼센트만이 ....

하지만 이런 데이터 중심의 접근은 일화보다 설득력이 떨어진다. 오히려 한두 가지 일화에 초점을 맞출 때 프레젠테이션의 효과가 더 강력해진다. 예를 들어, "샌프란시스코의 메리 M.이 우리 제품의 사용 방식에 대한 이야기를 보내왔습니다......" 라고 하면서 메리의 이야기를 들려주는 것이다.

> **청중을 사로잡는 프레젠테이션 노하우**
> ✱ 일화를 사용해서 프레젠테이션 곳곳에 짧은 이야기를 배치할 수 있다.
> ✱ 사실적 데이터에 일화를 추가하거나 혹은 데이터 대신에 일화를 사용하라.

63 이야기는 사람들을 감정적으로 연결시킨다

몇 년 전, 세미나를 진행하려고 보니 참석자들이 모두 억지로 온 사람들이었다. 그들은 사장님 지시로 온 사람들로, 세미나가 시간 낭비라고 생각했고, 그 때문에 내가 긴장한 것도 알고 있었다. 나는 용감하게 진행해 나가기로 했다. 틀림없이 나의 훌륭한 콘텐츠가 주의를 끌 거야, 그렇지? 나는 심호흡을 하고 미소를 띤 채 큰 목소리로 힘차게 "여러분 안녕하세요? 와 주셔서 정말 기쁩니다."라고 말하며 세미나를 시작했다. 참석자의 반 이상이 나를 쳐다보지도 않은 채 이메일을 읽거나 할 일 목록을 쓰고 있었다. 조간신문을 읽는 사람도 있었다. 1초가 한 시간 같은 순간이었다.

나는 어찌할 바를 몰라 '어떡하지?'라고 생각했다. 그때 번뜩 아이디어가 떠올랐다. "여러분께 이야기를 하나 해 줄게요."라고 하자 이야기라는 말에 모두들 고개를 들고 나를 쳐다봤다. 나는 이야기(참가자들과도 관계가 있고 세미나 주제와 관계있는)를 들려줬고 이후 세미나는 성공적이었다.

이야기를 들을 때면 이야기하는 사람에게 온 주의를 집중한다. 좋은 이야기는 정보를 빈틈없이 전달하고 정보를 기억하게 한다.

이야기란 무엇일까?

구글에서 '이야기의 정의'를 검색하면, 여러 사이트에서 다양한 정의를 제공한다. 위키피디아는 '내러티브 혹은 이야기란 적절한 형식(글, 말, 시, 산문, 이미지, 노래, 극, 춤)으로 창조된 구조물로서 허구 혹은 비허구적 사건들의 연속을 묘사하는 것'이라고 정의한다.

내러티브는 언제나 허구라고 정의하는 데도 있고, 내러티브는 이야기의 다른 말이라고 정의하는 데도 있다. 이 책에서는 내러티브와 이야기를 같은 의미로 사용한다. 내가 사용하는 이야기의 정의는 '한 명 혹은 여러 명의 등장인물과 어느 시간 동안(과거 혹은 미래) 그 등장인물에게 일어나는 사건을 묘사하는 것'이다. 등장인물은 당신 혹은 아는 사람, 아니면 허구의 인물이나 동물일 수도 있다. 자동차 혹은 컴퓨터일 수도 있다.

당신은 이미 스토리텔러다

스토리텔러라는 말을 들으면 과장해서 연극하듯 목소리를 바꿔가며 아이들에게 이야기를 늘려주는 사람이 생각날지 모른다. 하지만 모든 사람은 스토리텔러다. 어느 평범한 날에 다른 사람들과 커뮤니케이션하는 것을 생각해 보라. 아침에 일어나서 가족들에게 간밤의 꿈(이야기)을 이야기한다. 직장에서 동료에게 전날 있었던 신제품 설계 회의에서 있었던 일(이야기)을 이야기한다. 점심시간에 친구에게 다가올 가족 모임에 시간을 내서 갈 계획(이야기)을 이야기한다. 퇴근 후에 이웃과 저녁 산책에서 마주친 개(이야기)에 관해 이야기한다. 저녁식사 때는 가족들에게 퇴근길에 자동차에서 이상한 소리가 반복적으로 났다는 것(이야기)을 묘사한다.

일상생활에서 하는 대부분의 커뮤니케이션이 이야기의 형태다. 하지만 그것 때문에 멈춰서 이야기와 스토리텔링을 생각하는 경우는 드물다. 스토리텔링은 어디에나 있는 것이어서 하고 있는 줄도 모른다.

직장에서 누가 당신에게 직장 내 커뮤니케이션 방법에 대한 워크숍에 참석하라고 권유하면 흥미를 보일 것이다. 하지만 스토리텔링에 관한 워크숍을 추천하면 코웃음을 칠지도 모른다. 대부분의 사람은 커뮤니케이션의 주된 방법에 대해 아주 무지하고 그 진가를 모르고 있다.

 게르숀(Gershon)에 따르면

"이야기는 잘 전달되기만 하면 듣는 사람 혹은 보는 사람에게 쉽게 동화되어서 그리 많은 단어를 사용하지 않고도 대단한 양의 정보를 전달한다." - 나훔 게르숀(Nahum Gershon)

당신의 아픔을 느낀다

이야기를 통해 청중은 이야기 속 주인공의 감정을 느낄 수 있다. 이야기를 들을 때 그 사람의 뇌는 마치 자기가 이야기 속 사건을 경험하는 것처럼 반응한다.

 이야기는 뇌를 활성화시킨다

타냐 싱어는 공감에 관한 연구에서 고통에 반응하는 뇌의 부위를 연구했다(Tania Singer, 2004).

우선, 사람들이 고통을 경험할 때 뇌의 어느 영역이 활성화되는지 알아보기 위해 fMRI 촬영을 했다. 관찰 결과, 고통의 원인 및 고통의 정도를 처리하는 영역과 고통으로 불쾌하고 괴로워하는 감정을 처리하는 뇌의 영역은 서로 달랐다.

그런 다음 실험 참가자들에게 고통을 겪고 있는 사람들에 대한 이야기를 읽게 했다. 참가자들이 이야기를 읽을 때 고통의 원인 및 정도를 처리하는 뇌의 영역은 활성화되지 않았지만 고통으로 인한 불쾌함을 처리하는 영역은 활성화됐다.

요점이 있는 짧은 이야기를 사용하라

이쯤 되면 앞으로 이야기를 더 많이 이용해야겠다는 생각이 들 텐데, 반드시 좋은 이야기를 사용해야 한다. 좋은 이야기에는 다음과 같은 특징이 있다.

- ★ 짧다.
- ★ 요점이 있다.
- ★ 청중이 관심을 가질 주인공이 있다.
- ★ 프레젠테이션 주제와 관련이 있다.

> **청중을 사로잡는 프레젠테이션 노하우**
>
> ✱ 주의집중을 유지하고 감정적인 연결을 위해 프레젠테이션 중간 중간에 이야기를 사용하라.
>
> ✱ 일 또는 개인 생활 중에 재미있는 이야기를 적어놓거나 녹음해 둬라. 이런 이야기를 다양한 방식으로 사용할 방법을 알 수 있을 것이다.
>
> ✱ 이야기를 재활용해도 된다. 똑같은 이야기를 다른 프레젠테이션이나 다른 청중들에게 사용해도 된다. 이야기마다 끌어낼 수 있는 '교훈' 혹은 결론은 여러 가지다.
>
> ✱ 감정적 연관을 극대화하려면 이야기를 생생하고 현실감 있게 하라.
>
> ✱ 이야기는 연관성 있고 짧고 요점이 있어야 한다.

 사람들은 원래 의외의 놀람을 즐긴다

《심리를 꿰뚫는 UX 디자인(Neuro Web Design: What Makes Them Click?)》에서 나는 주위에 위험 요소가 없는지 살펴보는 '구뇌'의 역할을 얘기했다. 이것은 또한 구뇌가 뭐 새로운 것이 없는지를 찾는다는 의미다.

의외성 갈망하기

그레고리 베른즈의 연구는 인간의 두뇌가 의외성을 찾을뿐더러 의외성을 갈망한다는 것을 보여준다(Gregory Berns, 2001). 베른즈는 컴퓨터로 작동되는 장치를 사용해 사람들의 입속에 물 혹은 주스를 찍 뿜게 하고 뇌를 fMRI 촬영을 했다. 실험 참가자들은 찍 뿜기가 언제 나올지 예측할 수 있을 때도 있었지만 예측 불가능할 때도 있었다. 연구자들은 사람들이 자기가 좋아하는 것에 기초해서 활동을 보인다고 생각했다. 예를 들어, 주스를 좋아하는 참가자에게 주스를 뿜으면 유쾌한 일을 경험할 때 활성화되는 뇌의 부위인 축핵의 활동이 있으리라 생각했다.

하지만 예상과 달리 축핵은 언제 찍 뿜기가 나올지 예측할 수 없을 때 가장 활성화됐다. 축핵의 활동은 좋아하는 음료 때문이 아니라 의외의 놀람 때문이었다.

> ### 유쾌한 놀람 vs. 불쾌한 놀람
>
> 놀람이라고 다 똑같은 것은 아니다. 집에 와서 불을 켰을 때 당신의 깜짝 생일파티로 친구들이 "서프라이즈!"를 외칠 때와 집에서 강도를 발견할 때의 놀람은 전혀 다르다.
>
> 마리나 벨로바와 그녀의 연구팀은 뇌가 이런 두 가지 놀람을 서로 다른 영역에서 처리하는지를 연구했다(Marina Belova, 2007).
>
> 연구자들은 원숭이의 감정 처리를 담당하는 뇌의 편도체를 연구해서 편도체 뉴런의 전기적 활동을 기록했다. 그들은 물 한 모금(유쾌한 놀람) vs. 얼굴에 바람 훅 불기(원숭이가 싫어하는 것)를 자극으로 사용했다.
>
> 그 결과, 물에 반응하는 뉴런과 바람에 반응하는 뉴런이 따로 있었지만 양쪽에 동시에 반응하는 뉴런은 하나도 없음이 밝혀졌다.

작은 놀람을 넣어라

프레젠테이션을 듣는 청중의 흥미를 유지하기 위해 작은 놀람을 넣어라. 몇 가지 예를 들자면 다음과 같다.

- ★ (제품, 웹사이트, 혹은 지금 논의 중인 원칙들의) 시연

- ★ 새로운 미디어의 사용. 슬라이드를 사용 중이었다면, 슬라이드를 끄고 동영상을 보여주거나 사운드 자료를 들려준다. 아니면 그냥 청중에게 이야기한다.

- ★ 활동. 말하기를 멈추고 사람들이 실습하게 하라(개인별, 다함께 혹은 소그룹으로).

- ★ 개요에 모든 내용을 다 담지 마라. 청중들에게 언제 어떤 활동이 있을지 자세한 개요를 보여주지 말고, 프레젠테이션의 모든 부분을 드러내지 않는 높은 수준의 개요를 사용하라. 그러면 무슨 일이 언제 일어나는지에 깜짝 놀랄 수 있다.

청중을 사로잡는 프레젠테이션 노하우

✱ 새로운 것이 주의를 끈다.
✱ 의외의 것을 제공하면 주의를 끌 뿐만 아니라 즐겁다.
✱ 프레젠테이션 곳곳에 작은 놀람을 넣어라.

65 사람들은 상황이 예측 가능할 때 안전하다고 느낀다

앞에서 사람들이 놀람을 좋아한다고 했지만 놀람은 예측가능성과 균형을 이뤄야 한다. 상황이 예측 가능하면 사람들은 편안하고 안전하다고 느낀다. 프리젠터는 놀람과 예측가능성의 균형을 잃지 말아야 한다. 청중은 무엇을 기대해야 할지, 다음엔 무엇이 나올지를 알면 더 차분해지고 프리젠터에게 신뢰를 보낼 것이다. 만약 청중이 지금 무슨 일이 벌어지고 있고 다음에 무슨 일이 일어날지 모른다면 초조해지고 불편한 감정을 느낄 것이다.

자신감과 예측가능성

프리젠터가 높은 자신감을 보일수록 청중은 예측 불가능한 상황을 잘 참을 수 있다. 프레젠테이션 초보자이거나 처음 해 보는 내용의 프레젠테이션이라면 청중들에게 예측 가능한 힌트를 많이 주는 게 좋다. 프레젠테이션 숙련자이고 해당 주제를 다뤄본 경험이 많다면 그런 힌트를 줄여도 괜찮다. 예측 가능성 힌트에는 다음과 같은 것이 있다.

★ 프레젠테이션을 시작할 때 프레젠테이션의 내용과 순서를 알려주는 개요를 서면 혹은 구두로 제공하기

★ 사람들이 '현재 위치'를 파악할 수 있도록 발표 중에 이따금 개요 및 여러 논점으로 돌아와서 다시 짚어주기

★ 다음에 할 일 얘기해 주기("곧이어 XYZ에 대해 얘기한 다음, ABC에 대해 토론을 하고 나서 휴식시간을 가집시다.")

청중을 사로잡는 프레젠테이션 노하우

✳ 놀람과 예측가능성의 균형을 잃지 말아야 한다.
✳ 사람들은 무엇을 기대해야 할지 모르면 불안해진다.
✳ 프레젠테이션 초보자이거나 해당 주제가 처음이라면 예측 가능성 힌트를 많이 주어라.
✳ 자신감이 높을수록 더 많은 의외성을 넣을 수 있다.

66 사람들은 안전하다는 느낌이 들어야 참여한다

바비 맥퍼린(Bobby McFerrin)의 공연은 내가 본 것 중 최고였다. 그의 공연에는 청중과의 상호작용이 많았다. 위스콘신주 작은 도시에 있는 1,500석 규모의 극장을 가득 채운 청중들은 음악을 좋아했지만 내성적인 사람들이었다. 90분 공연이 끝날 때쯤, 모든 청중들은 열광의 도가니에 빠져 바비 맥퍼린이 하라고만 하면 무대 위에 올라가는 것까지 무슨 일이든 할 기세였다. 바비 맥퍼린은 능수능란한 공연자이고, 사람들의 참여를 이끌어내는 데 선수였다. 그는 아주 천천히, 그리고 집단을 이용해서 참여를 이끌어낸다. 당신은 많은 낯선 사람들이 객석에 앉아 있는데, 우습게 보이고 싶지 않다. 하지만 그는 당신에게 작은 소리 한번, 간단한 음을 한 번 내 보게 한다. 주위 사람들이 모두 하니까 당신도 한다. 그렇게 한 번의 참여를 이끌어 낸 다음 조금씩 더 요구해서 결국에는 모든 사람이 자유롭게 참여하게 한다.

> **청중 참여의 대가**
>
> 바비 맥퍼린이 청중의 참여를 이끌어내는 모습을 본 적이 없다면 다음 동영상을 볼 것.
> http://www.ted.com/talks/lang/en/bobby_mcferrin_hacks_your_brain_with_music.html

바비 맥퍼린의 훌륭한 점은 사람들에게 안전하다는 느낌이 들게 한다는 것이다. 그는 결코 아무도 조롱하거나 놀리지 않는다. 그의 보디랭귀지와 코멘트는 모든 사람들이 그가 원하는 대로 정확하게 아주 잘 하고 있다는 느낌이 들게 한다. 참여해도 안전하다는 느낌이 든다.

> **청중을 사로잡는 프레젠테이션 노하우**
>
> * 사람들에게 상호작용이나 실습 혹은 그룹 활동을 요청할 때는 천천히 시작하라. 사람들에게 작은 활동 하나부터 시작해서 차츰차츰 더 길고 복잡한 활동을 요구하라.
> * 사람들에게 안전한 느낌이 들게 하라. 불편한 일을 하라고 요구하지 마라.
> * 유머는 긴장을 풀어주는 데 좋지만 유머라는 형태로 사람들을 놀리거나 전체 청중들이 안전감을 위협받지 않게 하라.

67 사람들은 바쁠 때 더 행복하다

이런 시나리오를 생각해 보자. 당신이 막 공항에 내려서 가방을 찾으려고 수하물 찾는 곳까지 걸어가는 데 12분이 걸린다. 그곳에 도착하니 마침 당신의 짐이 컨베이어 벨트에서 나오고 있다. 얼마나 조바심이 날까?

이번에는 다른 시나리오와 비교해 보자. 공항에 막 내려서 수하물 컨베이어 벨트까지 걸어가는 데 2분 걸린다. 하지만 당신의 짐이 나올 때까지 10분 정도 서성거리며 기다린다. 얼마나 조바심이 날까?

두 경우 모두 짐을 찾는 데 걸린 시간은 12분이지만 십중팔구 당신은 서성거리며 기다려야 하는 두 번째 경우에 훨씬 더 조바심이 나고, 훨씬 불쾌할 것이다.

사람들은 개입하고 싶어 한다

크리스토퍼 시와 동료들의 연구에 따르면 사람들은 바쁠 때 더 행복하다. 아무 것도 안 할 때 초조하고 불쾌하다(Christopher Hsee, 2010).

시의 연구팀은 참가자들에게 설문지를 작성한 후 도보로 왕복 15분 거리의 지점에 가서 제출하기 혹은 바로 방문 밖에 제출하고 15분 기다리기 중에서 하나를 선택하게 했다. 일부 참가자는 어느 쪽 활동을 선택하든지 상관없이 같은 스낵바에 갈 수 있었고 다른 참가자는 선택한 활동에 따라 다른 스낵바에 갈 수 있었다. (시는 사전에 두 개의 스낵바가 모두 똑같이 가고 싶은 곳임을 확인해 뒀다.)

같은 스낵바에 갈 수 있게 된 경우 참가자 대부분(68퍼센트)이 설문지를 바로 방문 밖에 제출하는 쪽('게으른' 옵션)을 선택했다. 학생들의 첫 반응은 덜 움직이는 쪽을 택했지만 적당한 이유가 생기면 대부분이 바쁜 옵션을 택했다. 실험이 끝난 후, 걸어가는 쪽을 택했던 학생들이 게으른 학생들보다 훨씬 더 기분이 좋다고 얘기했다. 2차 연구에서, 학생들은 '바쁜' 옵션과 '게으른' 옵션을 스스로 선택하지 않고 할당받았다. 이번에도 바쁜 학생들이 행복 점수를 높게 매겼다.

다음 번 연구에서, 시는 학생들에게 팔찌를 살펴보라고 요구했다. 그런 다음 15분 동안 아무것도 안 하면서 기다리기(학생들은 다음 실험을 기다린다고 생각했다) 혹은 기다리는 동안 팔찌를 분해했다가 재조립하기의 두 가지 옵션 중 하나를 선택하게 했다. 일부는 팔찌를 원래 모습대로 재조립하게 했고, 일부는 다른 설계로 재조립하게 했다.

팔찌를 원래대로 재조립하기 옵션 참가자들은 그냥 앉아 있는 쪽을 선택한 사람이 더 많았다. 하지만 새로운 설계로 재조립하기 옵션 참가자들은 팔찌 작업을 선택한 사람이 더 많았다. 이전과 마찬가지로 그냥 앉아 있는 참가자들보다 15분 동안 팔찌를 재조립한 참가자들의 행복지수가 더 높은 것으로 나타났다.

혼자만 바쁘지 마라

프리젠터로 나서면 너무 바빠서 청중들이 경험하는 바는 나와 다르다는 것을 잊기 쉽다. 당신은 앞에 나와 돌아다니면서 주제에 관해 신나게 얘기하고 있지만 청중들은 조용히 앉아서 듣고 있다. 엄밀하게 말해서 아무것도 안 하는 것은 아니지만 위험스러울 만큼 그에 가깝다. 청중들이 그 주제를 좋아하고 당신이 괜찮은 프리젠터라고 여긴다 하더라도 지루함을 느낄 가능성이 높다. 청중들을 행복하고 바쁘게 하고 싶다면 상호작용을 통해 청중을 끌어들여야 한다. 다음의 몇 가지 아이디어는 거의 모든 프레젠테이션에 적용할 수 있다.

★ 청중에게 질문을 한다. 그저 답을 생각하고 손을 드는 게 전부라 하더라도 그냥 앉아서 듣기만 하는 것보다 낫다.

★ 소규모 팀으로 나눠서 함께 대답할 질문을 주거나 함께 논의할 주제를 부여하라. 답 혹은 토론 결과를 다른 팀 앞에서 발표하게 될 것임을 알려줘라. 그렇게 해야 토론이 목적이 있으며 토론 및 그들의 결론이 중요하다고 느낀다.

★ 팀으로 나눠서 팀 단위 활동을 시켜라(예: 문제 해결, 만들기, 상호 경쟁). 다른 팀과의 우호적인 경쟁은 언제나 활기를 불러일으킨다.

청중을 사로잡는 프레젠테이션 노하우

✳ 사람들은 게으른 것을 싫어한다.

✳ 사람들은 빈둥거리기보다 과제를 하는 것을 좋아하지만 과제가 가치 있어 보이는 것이어야 한다. 그것이 바쁘기만 하고 쓸모없는 일이라고 여기면 차라리 그냥 빈둥거리는 편을 좋아한다.

✳ 바쁜 사람들이 더 행복하다.

68 사람들은 아름다움에 반응한다

실제로 미(美)와 미학(美學)에 관한 연구가 있었다. 연구하기 어려운 주제처럼 보이지만 가능하다.

전원 풍경을 보면 기분이 좋아진다

어떤 호텔, 집, 사무실 건물, 박물관, 미술관 혹은 어떤 곳에 들어가더라도 벽에 그림이나 사진이 걸려 있을 것이다. 그리고 대개 그 그림은 그림 68.1과 비슷할 것이다.

그림 68.1 전원 풍경은 인간 진화의 일부다. (스타니슬라브 포비토브 작, 강가의 저녁)

《예술 본능: 아름다움, 기쁨, 그리고 인류의 진화(The Art Instinct: Beauty, Pleasure, and Human Evolution)》의 저자인 철학자 데니스 더튼(Denis Dutton)은 이것은 진화와 홍적세 시대(Pleistocene era. 약 1만 년 전 신생대 제 4기로, 화산 활동이 뚜렷하고 인류의 조상이 나타난 시대로 알려짐 - 옮긴이)의 진화 때문이라고 한다(더튼의 TED 강연을 보라. http://bit.ly/clj9uo). 더튼은 전형적인 풍경화에 언덕, 물, 나무(포식자가 오면 피하기에 좋은 곳), 새, 동물, 그리고 풍경을 관통하며 뻗어있는 길이 있음에 주목한다. 이것은 보호, 물과 음식이 있어서 인간에게 이상적인 풍경이다. 더튼의 미(美) 이론에 따르면 인간은 살아가면서 어떤 유형의 아름다움에 끌리도록 진화해 왔으며 그것이 우리 종이 살아남는 데 도움이 됐다. 그는 모든 문화가 이런 장면이 있는 미술 작품을 소중히 여기는데, 심지어 이런 풍경이 있는 지역에서 살아보지 않은 사람들까지도 그렇다는 사실에 주목한다.

전원 풍경은 '주의 회복'을 제공한다

마크 베르먼 연구팀은 실험 참가자들에게 개인의 주의집중 능력을 측정하는 숫자 거꾸로 따라 외우기 과제(backward digit-span task)를 수행하게 했다(Mark Berman, 2008). 곧이어, 참가자들에게 자발적 주의(voluntary attention)를 소진시키는 과제를 하게 했다. 그런 다음, 일부는 미시간 앤 아버(Ann Arbor) 도심을 산책했고, 일부는 앤 아버 수목원을 산책했다. 나무와 넓은 잔디밭이 펼쳐져 있는 수목원은 이른바 전원 환경이다. 산책 후에, 참가자들에게 숫자 거꾸로 따라 외우기 과제를 다시 시켰더니 수목원을 산책한 사람들의 점수가 더 높았다. 연구팀 일원인 스티븐 카플란(Stephen Kaplan)은 이것을 주의 회복 요법이라고 부른다.

로저 울리치는 창밖으로 자연 풍경이 보이는 병실의 환자들이 창밖에 벽돌 벽이 보이는 병실의 환자들보다 입원 기간이 더 짧았으며, 진통제 처방도 더 적다는 것을 발견했다(Roger Ulrich, 1984).

피터 칸과 그의 연구팀은 근무 환경에서 자연 풍경을 시험했다(Kahn, Severson and Ruckert, 2009). 한 그룹은 자연 풍경이 보이는 창가 근처 사무실에서 일했다. 두 번째 그룹은 비슷한 장면을 보되, 유리창을 통해서가 아니라 비디오를 통해 봤다. 세 번째 그룹은 창문 없는 벽 근처에 앉았다. 연구자들은 참가자들의 스트레스 레벨을 모니터하기 위해 심장 박동 수를 측정했다.

비디오 풍경을 본 사람들은 기분이 좋아졌다고 말은 했지만 심장 박동 수는 벽 옆에 앉은 사람들과 별 차이가 없었다. 창가에 앉은 사람들은 더 건강한 심장 박동 수를 보였고 스트레스를 더 잘 회복했다.

사람들은 슬라이드의 미학에 반응한다

미(美)의 개념은 스크린과 슬라이드에도 적용된다. 라비와 트랙틴스는 사람들에게 미학적인 즐거움을 주는 요소를 연구했다(Lavie and Tractins, 2004). 웹사이트에 관한 연구이긴 하지만 모든 스크린에 적용할 수 있는 부분이 많다. 사람들이 스크린에서 미학적인 즐거움을 느끼는 요소 두 가지는 질서 및 명료성, 그리고 독창성이라는 것을 발견했다.

미학적인 즐거움을 주는 슬라이드 설계에 대하여

미학적 설계에 대해 더 알고 싶은 사람에게 두 권의 훌륭한 책을 추천한다. 바로 가르 레이놀즈(Garr Reynolds)의 《프레젠테이션 젠(Presentation Zen)》(New Riders, 2008)과 제이슨 베어드(Jason Beaird)의 《아름다운 웹 설계의 원칙(The Principles of Beautiful Web Design)》(SitePoint, 2007)이다. 이 책은 제목에 웹 설계라고 돼 있지만 슬라이드 설계에 적용할 수 있는 단일 화면의 레이아웃에 관한 얘기가 많다.

청중을 사로잡는 프레젠테이션 노하우

✱ 사람들은 스크린 혹은 슬라이드의 아름다움에 반응을 보인다.

✱ 슬라이드에 전원 풍경 그림을 사용하면 사람들의 기분이 좋아진다.

✱ 슬라이드를 사용할 때는 질서 있고 일관성 있는 레이아웃을 사용하라.

✱ 슬라이드를 사용할 때는 질서 있는 레이아웃 내에서 색상과 독창적인 설계를 과감하게 사용하라.

69 음악을 들으면 뇌에서 도파민이 나온다

음악을 듣다가 오싹할 정도로 강렬한 기쁨을 느껴본 경험이 있는가? 발로리 살림푸어와 그녀의 연구팀은 연구를 통해 음악을 듣는 것, 심지어 음악을 기대하는 것도 신경전달물질인 도파민을 생성할 수 있다는 것을 밝혀냈다(Valorie Salimpoor, 2011).

연구자들은 PET(positron emission tomography. 양전자 방출 단층 촬영), fMRI, 그리고 심장 박동 수와 같은 정신생리학적 측정법을 사용해서 사람들이 음악을 들을 때 보이는 반응을 측정했다. 실험 참가자들은 자신에게 오싹할 정도의 기쁨을 주는 음악이 무엇인지 말했는데, 그 중에는 고전음악, 포크, 재즈, 전자음악, 록, 팝, 탱고 그 외에도 여러 가지가 있었다.

즐거움 vs. 예기된 즐거움

살림푸어 팀은 사람들이 음악을 들을 때 보여주는 뇌와 신체 활동의 패턴이 사람들이 보상을 받을 때 느끼는 희열 및 갈망과 같다는 사실을 확인했다. 즐거움을 경험하면 뇌의 한 부분(선조 도파민계)에서 도파민이 분비된다. 사람들이 음악의 즐거운 부분을 예측할 때는 뇌의 다른 부분(축핵)에서 도파민이 분비된다.

청중을 사로잡는 프레젠테이션 노하우

✱ 음악은 극도의 즐거움을 줄 수 있다.

✱ 청중의 기분을 좋게 하기 위해 프레젠테이션이 시작하기 전과 휴식시간에 음악을 사용하는 것을 고려해 보라.

70 사람들은 슬프거나 무서울 때 친숙한 것을 원한다

금요일 오후에 사장이 전화를 해서 당신의 최근 프로젝트 보고서가 맘에 안 든다고 말한다. 당신은 사장에게 프로젝트에 어려움이 많으니 직원을 더 붙여달라고 몇 번이나 얘기했었는데, 당신의 말은 모두 무시 당했다는 느낌이 든다. 사장은 이 일로 당신에게 나쁜 고과가 매겨질 것이며, 심지어 실직할 수도 있다고 얘기한다. 퇴근길에 당신은 식료품점에 들른다. 슬프고 무섭다. 늘 사던 시리얼을 살까, 아니면 새로운 것을 살까?

친숙함을 소망하는 것은 상실의 두려움과 관련이 있다

네덜란드 네이메헨 소재 라드바우드 대학(Radboud University Nijmegen)의 마리에크 드 브리의 연구(Marieke de Vries, 2010)에 따르면 이 경우 당신은 친숙한 브랜드를 산다. 연구에서는 사람들은 슬프거나 무서울 때 친숙한 것을 원한다는 것을 보여준다. 사람들은 기분 좋을 때 그리고 친숙한 것에 그리 민감하지 않을 때 새롭고 다른 것을 시도한다.

친숙함에 대한 갈망과 친숙한 브랜드 선호는 아마도 기본적인 상실의 두려움과 관련 있을 것이다. 나의 책 《심리를 꿰뚫는 UX 디자인(Neuro Web Design: What Makes Them Click)》에는 상실의 두려움에 대한 부분이 있다. 사람들은 슬프거나 무서울 때, 구뇌와 중뇌(감정 관할)가 깨어서 자신을 보호하려 한다. 안전해지는 빠른 길은 잘 아는 것과 함께 가는 것이다. 강한 브랜드와 강한 로고는 친숙하다. 그래서 사람들은 슬프거나 무서울 때 자기가 알고 있는 브랜드와 로고를 찾는다.

청중을 사로잡는 프레젠테이션 노하우

* 당신의 프레젠테이션이 사람들을 무섭게 하거나 슬프게 할 변화와 관련이 있다면 먼저 친숙한 것을 가능한 한 많이 강화하라. 예를 들어, 사람들이 익숙한 발표회장 혹은 시설에서 하고, (슬라이드가 있다면) 친숙한 슬라이드 형식을 사용하라.

* 당신의 프레젠테이션이 사람들을 무섭게 하거나 슬프게 하는 것과 관련이 없다면 새로운 주제와 아이디어를 사용하라. 프레젠테이션 장소를 새로운 곳에서 하거나 새로운 슬라이드 템플릿을 사용하라. 아니면 둘 다 새롭게 하라.

 71 희소성이 높을수록 더 소중하게 여긴다

아이폰이 처음 나왔을 때를 기억하는가? 처음 나왔을 때는 아이폰을 사려고 긴 줄을 섰다. 두 번째 모델도 그랬다. 긴 줄, 오랜 기다림 끝에 주문을 해도 언제 받을지 알 수 없었다. 애플은 공급 물량이 충분하지 않다고 암시했다.

희소성이 있으면 사람들은 그것을 더 소중하고 더 좋은 것으로 여기고 더 갖고 싶어 한다.

희소성은 제품에만 그런 게 아니고 정보에도 그렇다. 프레젠테이션에서 제공되는 정보가 다른 데서 얻기 힘든 거라는 생각이 들면 사람들은 그것을 훨씬 더 소중하게 여길 것이다.

어느 쿠키가 더 맛있을까?

워첼, 리, 에이드월은 사람들에게 초콜릿 칩 쿠키에 점수를 매겨 달라고 했다(Worchell, Lee and Adewole, 1975). 한쪽 단지에는 쿠키 10개를 넣고, 다른 단지에 똑같은 쿠키를 2개 넣었다. 양쪽 다 똑같은 쿠키였지만 단 2개만 들어 있는 단지의 쿠키가 더 높은 점수를 받았다. 희소성이 있어서 더 소중한 것으로 여겨진 것이었다. 그뿐만 아니라, 다른 사람들이 이 단지의 쿠키를 더 좋아해서 조금 남았다는 가정도 가능하다. 이것은 사회적 타당화(social validation)라는 다른 이론으로, 다른 사람들이 나에게 무엇을 하라고 얘기해 주기를 기대한다는 것이다. 희소성과 사회적 타당화가 결합되면 둘 중 어느 하나만 있을 때보다 더욱 강력한 영향력을 발휘한다.

값이 비싸면 좋은 것이다

희소성과 비슷한 개념이 값이 비쌀수록(그래서 얻기 힘들수록) 품질이 좋다고 생각하는 것이다. 사람들은 무의식적으로 비싼='더 좋은'으로 생각한다.

미안, 당신은 가질 수 없어요

희소성과 관련된 마지막 전술은 어떤 것을 모두 금지시키는 것이다. 완전히 접근할 수 없는 어떤 것이 있다면 그것은 정말 희소성이 있다. 금지된 것을 사람들은 정말로 갖고 싶어 한다.

청중을 사로잡는 프레젠테이션 노하우

✳ 희소성이 있거나 얻기 힘든 것은 더 좋고 더 가치 있는 것으로 보인다.

✳ 할 수 있다면 다른 곳에서는 찾기 힘든 정보나 아이디어가 당신의 프레젠테이션 어디에 있는지를 콕 집어줘라.

✳ 프레젠테이션을 유료로 할까 말까 고민 중이라면 유료로 해도 좋다. 사람들은 유료로 얻은 정보를 더 소중하게 여긴다.

"위대한 연설가들도 처음에는 모두 서툴렀다."
- 랄프 왈도 에머슨(Ralph Waldo Emerson)

사람들은 프리젠터에게 어떻게 반응할까

누군가 말하려고 일어서면 첫 마디를 시작하기도 전에 사람들이 "저 사람은 지루할 거야.", 혹은 "저 여자는 전문가네." 아니면 "저 사람은 진실을 말하지 않을걸."이라고 하며 이미 결정해버린 경험을 누구나 갖고 있다. 메시지와 메시지 전달자를 분리해서 생각할 수 없다. 그건 한 묶음이다. 당신의 메시지가 영향력 있기를 바란다면 사람들의 메시지에 대한 반응뿐 아니라 메시지 전달자인 당신에게 어떻게 반응할지를 생각해 봐야 한다.

이 장에서는 사람들이 프리젠터에게 어떻게 반응하고 당신의 영향력과 전달력을 향상시킬 방법을 알게 될 것이다.

 사람들은 권위자에게 복종한다

1960년대 초반, 스탠리 밀그램은 복종의 심리학에 대한 실험을 했다(Stanley Milgram, 1963). 실험 참가자들에게는 학습과 처벌에 관한 실험에 참가하는 것으로 알려 주었다. 그들에게 다른 방에 있는 사람이 질문에 틀린 답을 말하면 전기충격을 가하라고 했다. 사실, 다른 방에 있는 사람은 실험의 일부로 실제로 전기충격을 받지 않았다.

'학습자'가 틀리게 대답할 때마다 참가자에게 전압을 높이게 했다. 참가자는 학습자를 볼 수 없었지만 전기충격을 받을 때마다 내는 소리를 들을 수 있었다. 전압이 높아질수록 학습자는 더 큰 소리를 냈고, 나중에는 "그만! 제발 멈춰요!"라고 비명을 질렀다. 결국 최고 전압에 이르자, 학습자는 마치 기절한 것처럼 아무 소리를 내지 않았다. 그림 72.1은 밀그램 연구에서 사용된 전기충격 기계다.

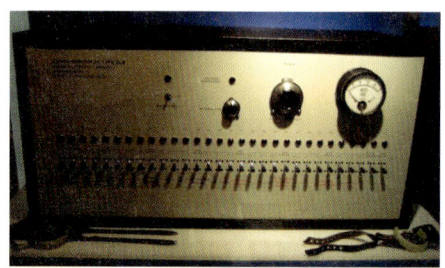

그림 72.1   밀그램 실험에 사용된 전기충격 기계

밀그램은 권위자가 시키면 사람들이 자기의 도덕률에 반해서 타인에게 어느 정도까지 고통을 가하는지를 알고자 했다.

실험을 시작하기 전에 밀그램은 동료 연구자들, 대학원생, 예일대(연구가 실행된 곳) 심리학과 학생들에게 권위자가 시키면 최고 전압(처음보다 30단계 높다)까지 올리는 사람이 몇 명이나 될지 예상해 보라고 했다. 예상치는 1~2퍼센트 정도였다. 하지만 실험에서는 참가자의 3분의 2가 최고 전압까지 올렸다. 다른 방에 있는 사람이 "제발 그만해요!"라고 외치는데도 말이다.

심리학 실험의 윤리

밀그램의 실험은 참가자를 동반한 연구 윤리에 대한 논란을 크게 일으켰다. 몇 년이 지난 후, 밀그램 연구에 참가자 중 일부가 장기간에 걸친 심리적 손상을 호소했다(남에게 전기충격을 가하다니 어떤 사람일까?).

그 이후, 대부분의 국가에서 심리학 실험은 참가자에게 피해가 가지 않게 하는 가이드라인을 준수해야 했다.

 밀그램 연구에 대하여

더 자세한 정보를 알고 싶거나 밀그램 연구의 실제 동영상을 보고 싶다면 http://www.mediasales.psu.edu/을 참조하라.

밀그램 연구는 몇 번 되풀이되었다. BBC가 녹화한 최근 연구의 영상을 유튜브의 http://youtu.be/BcvSNg0HZwk에서 볼 수 있다.

프리젠터는 자동적으로 권위자가 된다

본인은 못 느끼더라도 프리젠터가 되면 자동적으로 권위가 생긴다. 리더에 대한 사람들의 사회적 반응은 학습될 뿐 아니라 타고나는 것이기 때문에 초기에는 권위자에게 자동적으로 복종하는 반응을 보인다. 당신이 발표회장에 들어가면 그것이 작은 회의실이든 큰 강당이든 간에 암묵적으로 당신이 리더이고 책임자가 된다. 그 권위는 당신이 어떻게 하느냐에 따라 금세 줄어들거나 없어지기도 하지만 맨 처음의 권위는 당신 것이다. 이제부터 당신이 무의식적으로 하는 어떤 행동이 권위를 떨어뜨리는지, 또한 권위를 유지하고 높이기 위해 할 수 있는 일들은 무엇인지 알아보자.

청중을 사로잡는 프레젠테이션 노하우

* 프리젠터로서 자동적으로 얻게 된 권위를 유지하기 위해 할 수 있는 모든 일을 하라. 프레젠테이션을 하는 동안 주도적인 역할을 내내 유지한다면 청중들은 당신의 말에 더 많이 주의를 집중하고 더 많이 설득될 것이다.
* 이 장에서 소개할, 프레젠테이션에서 권위를 얻고 유지하기 위해 할 일들의 목록을 작성하라.

73 사람들은 즉각적이고 무의식적으로 다른 사람을 '읽는다'

지난 15년에 걸친 심리학 연구를 통해 사람들은 무의식적으로 정보를 처리하고, 사람에 대해 아주 빨리(1초 이하) 무의식적인 판단을 내린다는 것이 밝혀졌다. 당신이 프레젠테이션을 시작할 때 어쩌면 첫 마디를 꺼내기도 전에 청중들은 벌써 당신을 평가하고 당신에 대한 생각을 결정해 버릴지도 모른다. 처음 몇 초 이후 당신이 어떻게 하는지에 따라 청중들의 마음이 바뀔 수도 있지만 이 첫인상이 프레젠테이션 끝날 때까지 지속되는 경향이 있다. 이처럼 사람들이 빠른 판단을 내리기 때문에 프레젠테이션의 맨 처음을 주의 깊게 계획하고 조정할 필요가 있다.

당신을 '소개하는 사람'이 중요하다.

프레젠테이션 시작 전에 누군가 당신을 소개하기로 돼 있다면 그 소개 멘트에 어느 정도 관여해야 한다. 대부분의 전문 프리젠터들은 주최 측에 소개 문구를 미리 보낸다. 소개를 맡은 사람이 그것을 그대로 쓸 수도 있고 수정할 수도 있다. 연사 소개를 맡은 사람들은 대부분 미리 원고를 받으면 아주 좋아한다. 연사 소개는 사실상 발표의 맨 처음이니, 이 기회를 놓치지 마라. 나에 대한 근사한 얘기를 남의 입으로 시킬 수 있는 것은 멋진 기회다. 어떤 인상을 주고 싶은가에 따라 소개말에 들어갈 내용을 써 보라. 경험과 신뢰성을 내세우되, 사람들에게 친근감을 주기 위해 개인적인 이야기도 짧게 넣는 것도 좋다. 소개말은 짧고, 읽고 말하기가 쉬워야 한다.

당신의 첫 보디랭귀지가 중요하다

최근에 나는 프리젠터가 어깨를 구부린 채 시선은 바닥을 보면서 발표회장 앞으로 나오는 모습을 보았다. 그녀는 강연대에 서자, 청중을 힐끗 올려다보더니 자기 앞에 놓인 노트북 컴퓨터를 보면서 팔짱을 낀 채 프레젠테이션을 시작했다. 그녀는 "나는 여기 있는 게 지루해요." 아니면 "나는 무척 초조합니다."라는 메시지를 주었다. 이렇게 하면 청중들에게 흥미와 신뢰를 주지 못한다.

사람들은 당신이 말을 시작하기 전에 보디랭귀지에 반응한다. 걸음걸이, 선 자세, 표정, 시선 마주치기(혹은 시선 피하기)가 당신이 초조한지, 자신 있는지, 신이 났는지 여부와 그 이상을 전달한다. 어떤 인상을 주고 싶은지를 정하고, 그런 다음 어떻게 보디랭귀지로 전달할 것인지를 생각해 보라. 다음 몇 가지를 명심하라.

발표회장 앞으로 걸어 나갈 때는 자신감을 보여줘야 한다. 허리를 쭉 펴고 바른 자세로 걷되, 천천히 서두르지 말고 걸어가면서 꼼지락거리지 마라. 걸을 때 발에 힘을 꽉 줘라. 프리젠터는 리더다. 청중은 강한 리더를 원한다. 자신감 있게 걸으면 청중은 '당신을 따라' 프레젠테이션에 빠져든다.

말을 시작하기 전에, 자세를 '잡아라.' 멈춰서 청중을 바라보고 양쪽 발에 체중을 고르게 실은 뒤 딱 버티고 서라. 청중을 바라보고 약간 미소를 짓고 심호흡을 한 다음 시작해라. 말없이 보내는 시간이 너무 긴 것 같겠지만, 청중에겐 그렇게 보이지 않는다.

 무의식적, 혹은 즉각적인 판단에 대하여

사람들의 무의식적, 혹은 즉각적인 판단에 대해 더 알고 싶으면, 말콤 글래드웰(Malcolm Gladwell)의 《블링크(Blink)》(2007) 혹은 티모시 윌슨(Timothy Wilson)의 《나는 내가 낯설다(Strangers to Ourselves: The Adaptive Unconscious)》(2004)를 읽어볼 것.

청중을 사로잡는 프레젠테이션 노하우

* 사람들은 당신을 즉각적으로 판단한다. 처음부터 강한 리더라는 인상을 주어야 한다.
* 말을 시작하기 전에 여유를 가져라. 허리를 쭉 펴고 똑바로 서라. 덜 격식을 차린 세션이라 자리에 앉아서 한다면 허리를 펴고 의자에 똑바로 앉아라. 시작하기 전에 청중들과 시선을 맞춰라.
* 동영상으로 녹화해서 프레젠테이션 처음에 청중들에게 비치는 당신의 모습을 보라.

74 정직하고 진실하라

앞에서 나는 첫인상의 중요성을 강조했다. 하지만 혹시라도 망쳐 버리면 어떻게 할까? 앞으로 걸어 나가다가 줄에 걸려 넘어지기라도 하면 어떻게 할까? 컴퓨터 전원을 연결했는데 프로젝터에 이미지가 안 나오면 어떻게 할까?

이런 일은 물론, 이보다 더 심한 일도 누구에게나 일어날 수 있다. 나 역시 프리젠터이자 연설자로 이런 일을 겪었다.

★ 프레젠테이션 전체가 슬라이드로 구성돼 있는데, 아무도 프로젝터를 안 가져옴.

★ 프린터로 인쇄해 놓은 유인물을 가져오겠다고 한 사람이 안 가져옴.

★ 프레젠테이션을 시작하자마자 건물의 전기가 나감.

★ 문득 발을 내려다보니 완전히 다른 구두를 짝짝이로 신고 있었음(얘기가 길다).

★ 비행기에서 짐이 아직 안 와서, 아주 캐주얼한 의상을 입고 감.

★ 비행기가 지연되어 모두가 기다리는데 한 시간 늦게 도착함. 마이크 테스트 할 시간도 없고, 발표회장을 내가 원하는 대로 조절할 수 없고 등등.

★ 화장지가 신발 바닥에 붙었는지 모른 채 무대 앞으로 걸어 올라감.

이런 일로 유능한 리더 이미지가 훼손됐을 때 몇 가지 선택이 있다.

1. 무시하고 다른 사람이 아무도 그것을 보거나 알아차리지 않기를 바란다.
2. 일어난 일을 인정하고 이해를 구한다.
3. 일어난 일을 인정하고 농담 아니면 겸손한 멘트, 혹은 둘 다를 한다.

청중을 사로잡는 프레젠테이션 노하우

✳ 일이 잘못될 수 있는 상황을 예측해서 문제를 최소화할 계획을 세우고 대비하라.

✳ 문제는 언제나 생기기 마련이고, 뭔가가 잘못되기 쉽다. 그것을 어떻게 처리하느냐가 진정한 리더십에 대한 시험이다.

✳ 이전에 신뢰를 구축해 뒀다면 사람들은 당신 편이 되어 실수를 눈감아 줄 것이다.

✳ 유머를 사용하고, 진실하고 정직하라. 권위가 손상될 상황에서 빠져나올 방법으로 완곡한 자기비하 멘트도 고려해 보라.

 사람들은 몸의 위치와 움직임에도 의미를 부여한다

앞에서 논의한 첫인상 외에도 사람들은 프레젠테이션 내내 당신 몸의 위치를 무의식적으로 해석하고 반응한다. 당신이 자신감, 리더십, 권위, 열정, 개방성을 전하고 싶다면 취해야 할 자세가 있고 피해야 할 자세가 있다.

방위와 방향

권위와 자신감을 전하려면 사람들을 정면으로 마주 보라(그림 75.1). 옆으로 비스듬히 서는 것(그림 75.2)은 당신과 청중들이 협력하고 있다는 의미다.

그림 75.1 정면으로 마주보기는 권위와 자신감을 전달한다.

그림 75.2 45도 각도로 비스듬히 서는 것은 협력하고 있다는 의미다.

장애물을 제거한다

당신과 청중들 사이에 장애물을 두지 마라. 강연대를 사용하지 말고 가능하면 탁자도 치운다. 사람들이 당신을 믿으려면 당신의 몸을 봐야 한다(그림 75.3과 그림 75.4).

그림 75.3 당신의 몸이 보이지 않으면 자신감 있게 보이지 않아서 사람들의 신뢰를 얻지 못할 수도 있다.

그림 75.4 당신의 몸이 보이면 신뢰, 자신감과 권위를 전달할 수 있다.

고개를 똑바로 든다

일대일로 얘기할 때 고개를 약간 기울이면 상대방 혹은 상대방의 얘기에 관심이 있다는 표시이지만 동시에 복종을 나타낼 수도 있다. 프레젠테이션을 할 때 권위와 자신감을 전달하려면 고개를 기울이지 마라(그림 75.5와 그림 75.6).

그림 75.5 발표할 때 고개를 기울이는 것은 복종을 표현한다.

그림 75.6 자신감과 권위를 전달하려면 고개를 똑바로 들어라.

양쪽 다리에 체중을 고르게 싣고 선다

양쪽 다리에 체중을 고르게 싣고 딱 버티고 서서 고개를 똑바로 드는 것은 당신이 확신이 있고 자신감이 있음을 나타낸다. 한쪽 발에만 체중을 싣고 탁자나 의자, 강연대 등에 기대어 서는 것은 자신감과 권위를 떨어뜨린다(그림 75.7과 75.8).

그림 75.7 무엇에 기대어 서면 자신감과 권위가 떨어진다.

그림 75.8 양쪽에 체중을 고르게 싣고 서면 자신감과 권위가 전달된다.

꼼지락거리지 마라

얼마 전에 나는 훌륭한 프리젠터 여러 명과 함께 하는 컨퍼런스에서 연설할 기회가 있었다. 내가 전부터 연설을 듣고 싶었던 사람이 일어나서 연설했다. 그는 그 분야에서 유명한 사람이었는데, 그의 연설을 본 건 그때가 처음이었다. 그의 연설은 아주 좋았지만 연설 내내 계속해서 조금씩 움직이는 바람에 나는 집중할 수가 없었다. 그는 한발 앞으로 갔다가 다음엔 다른 발을 뒤로 빼곤 했다. 마치 춤을 추듯 계속 반복했다. 이것은 꼼지락거리기로, 아주 주의를 산만하게 하는 행동이다.

  꼼지락거리기는 다양한 형태로 나타나서, 주머니 속에서 열쇠를 짤랑거리는 사람도 있고 발이나 손가락을 톡톡 두들기는 사람도 있다. 꼼지락거리기는 초조함, 지루함, 참을성 없음을 전달한다.

초조함을 잘 다룬다

통념이나 속설과는 달리, 사람들이 연설을 죽음보다 더 두려워하지는 않는다. 하지만 프레젠테이션은 모든 사람이 떨린다. 마크 트웨인(Mark Twain)은 "연설자는 두 부류가 있는데, 떨리는 사람과 거짓말하는 사람"이라고 말한 바 있다.

약간 떨리는 것은 사람을 긴장시키고 신이 나게 하므로 좋다. 하지만 너무 떨리는 것은 나쁘다. 떨림은 전염성이 있어서 발표자가 떨리면 청중도 떨린다.

> **근육과 감정은 양방향 피드백 고리를 형성한다**
>
> 사람이 어떤 감정을 느끼면 몸은 신호를 보여준다. 예를 들어, 슬플 때는 어깨가 축 처지고 똑바로 서지 않고 입 주변 근육이 아래로 처진다. 하지만 그 반대도 그렇다는 사실을 아는가? 똑바로 몸을 쭉 펴고 서서 미소를 지으면 기분도 나아진다. 파블로 브리뇰은 사람이 자신감 있는 자세를 취하면 실제로 더 자신감을 느낀다는 것을 밝혀냈다(Pablo Brinol, 2009).

프레젠테이션을 시작하기 전에 근처 방으로 가서(혹은 복도나 무대 뒤쪽으로 나가서) 몸의 위치를 잡아 보라. 심호흡을 하고 똑바로 서고 고개를 똑바로 든다. 이렇게 자신감 있는 신체 자세를 취하면 더 많은 자신감을 느낄 것이다.

목적을 갖고 움직인다

꼼지락거리는 움직임은 안 좋지만 목적 있는 움직임은 좋다. 중요한 포인트를 말하기 전에 청중들에게 다가가라. 하지만 중요한 포인트를 말하는 순간에는 움직이지 말아야 한다.

먼 쪽으로 움직여 가는 것은 휴식시간 혹은 화제를 바꾼다는 의미다.

> **청중을 사로잡는 프레젠테이션 노하우**
> * 프레젠테이션을 시작하기 선에 잠깐 혼자 있는 시간을 갖고 심호흡을 하고 자신감 있게 서 본다.
> * 실제 프레젠테이션 혹은 연습하는 모습을 비디오로 녹화해서 당신의 자세가 어떤지, 그리고 꼼지락거리지는 않는지 확인해 보라.
> * 연습을 많이 하라. 그러면 자신감이 높아지고 불안한 꼼지락거림이 줄어들 것이다.

76 손동작에도 의미가 있다

모든 사람들은 어느 정도 손으로 '말한다.' 손으로 말하기 혹은 손동작을 전하려는 메시지와 잘 맞게 사용하는 사람이 있는 반면, 지나치게 큰 동작으로 주의를 분산시키는 사람도 있다. 또 손을 그리 많이 쓰지 않는 사람도 있다. 당신이 어느 그룹에 속하든 간에 손동작에 주의를 기울이고 익숙하지 않은 새로운 손동작은 연습해 둬야 한다.

보편적인 손동작

어떤 손동작은 모든 언어, 지역, 문화에 보편적으로 통한다.

손동작을 전혀 쓰지 않으면 관심이 부족하다는 느낌을 주며, 청중이 당신의 손동작을 전혀 볼 수 없다면 청중은 당신을 잘 믿지 않는다.

손을 펴서 손바닥을 위로 하는 동작은 청중들에게 무엇을 요구한다는 의미를 전달한다(그림 76.1).

그림 76.1 손을 펴서 손바닥을 위로 하는 것은 청중들에게 무엇을 요구한다는 의미다.

손을 펴서 손바닥을 45도 각도로 기울이는 것은 정직하고 솔직하다는 의미다(그림 76.2).

손을 펴서 손바닥을 아래로 향하고 있다면 자기가 하는 말을 확신한다는 의미다(그림 76.3).

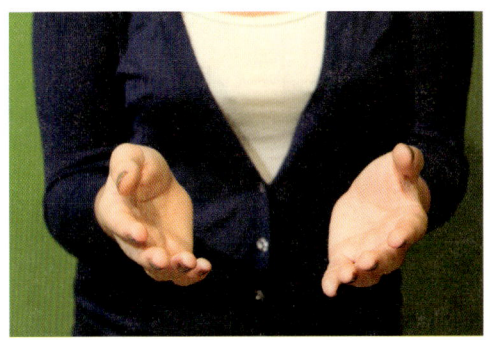

그림 76.2 손을 펴서 손바닥을 45도 각도로 기울이는 것은 당신이 정직하고 솔직하다는 의미다. (사진: 구스리 웨인쉔크).

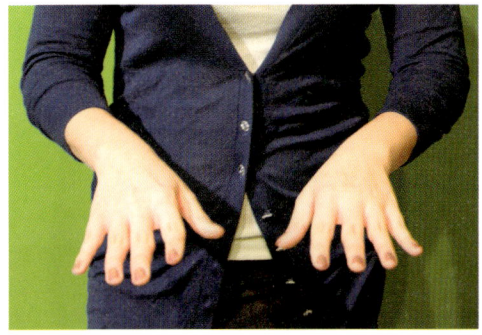

그림 76.3 손을 펴서 손바닥을 아래로 향하고 있다면 자기가 하는 말을 확신한다는 의미다(사진: 구스리 웨인쉔크).

손가락을 모은 채 손을 90도 각도로 세우는 것은 자기가 하는 말에 확신과 전문지식이 있다는 의미다(그림 76.4).

양손을 앞쪽에서 잡는 것은 불안하거나 망설인다는 의미로, 얼굴이나 머리카락, 목에 손을 대는 것도 마찬가지다(그림 76.5와 그림 76.6).

서서 손을 허리춤에 올리는 것은 공격성을 전달한다. 이것이 필요한 때(예: 협상 중일 때)가 있겠지만 프레젠테이션에서 사용하는 것은 잘 생각해 보라(그림 76.7).

그림 76.4 손가락을 모은 채 손을 90도 각도로 세우는 것은 자기가 하는 말에 확신과 전문지식이 있다는 의미다(사진: 구스리 웨인쉔크).

그림 76.5 얼굴이나 머리카락, 목에 손을 대면 불안하거나 망설이는 것으로 보인다.

그림 76.6 양손을 앞쪽에서 잡는 것은 불안하거나 망설인다는 의미다.

그리 76.7 양손을 허리춤에 올린 자세는 프레젠테이션에서 쓰기에는 지나치게 공격적인 자세다.

자기 신체 윤곽보다 더 큰 손동작은 큰 아이디어나 개념을 전달한다. 하지만 모든 손동작을 크게 하지는 마라. 자칫하면 혼란에 빠져서 통제 불능의 상태라는 의미가 된다(그림 76.8).

그림 76.8 자기 몸보다 큰 손동작은 아이디어가 크다는 것을 나타낸다. 모든 손동작이 이렇게 크면 통제 불능 상태인 것처럼 보일 것이다.

보디랭귀지에 관해 추천할 책

보디랭귀지에 관해 내가 가장 좋아하는 책은 캐럴 킨지 고맨(Carol Kinsey Goman)의 《리더의 소리 없는 언어: 보디랭귀지가 어떻게 리더십을 돕거나 해치는가(The Silent Languages of Leaders: How Body Language Can Help-or Hurt - How You Lead)》 (Jossey Bass, 2011)다.

손동작은 문화에 따라 다른 의미를 나타낼 수 있다

몇 년 전, 포르투갈 리스본에서 열린 컨퍼런스에 연사로 참석하게 되어 처음으로 포르투갈에 머물렀다. 나는 리스본과 포르투갈의 특산품인 특별한 커스터드 패스트리에 금세 매혹되었다. 어느 날 아침 제과점에서 패스트리 2개를 주문하면서 손가락 2개를 들어 올렸다. 미국에서는 '승리', 혹은 '평화'를 나타내는 손동작과 비슷한 동작이었는데, 어쩐 일인지 점원은 패스트리 3개를 상자에 담아 주었다. 나는 나중에서야 2를 나타내려면 엄지와 검지를 들어 올려야 한다는 것을 알았다. 내 엄지손가락이 안 보이는데도, 점원은 3을 의미하는 것으로 생각한 것이었다.

다행히 패스트리를 하나 더 샀다고 큰 곤란을 겪지는 않았다. 많은 손동작이 세계 공통으로 같은 의미를 나타내지는 않는다. 잘 모르는 나라 혹은 문화를 상대로 발표를 할 때는 사전에 프레젠테이션에서 사용할 손동작이 오해의 소지가 있는지, 전혀 이해가 안 되는 건 아닌지, 혹은 공격적일 수 있는지 조사해 둔다.

> **청중을 사로잡는 프레젠테이션 노하우**
> * 실제 프레젠테이션 혹은 연습하는 모습을 비디오 촬영해서 당신이 어떤 손동작을 쓰는지 봐라.
> * 다른 문화권에서 발표할 때 손동작의 의미가 같은지 확인해 둬라.
> * 의도적으로 한 가지 손동작을 해 보아라.

77 어조에도 의미가 있다

다른 언어를 쓰는 나라에서 사람들의 대화를 옆에서 듣고, 단어 자체의 의미는 전혀 모르는데도 대화의 분위기를 따라가 파악할 수 있는 것에 놀란 적이 있을 것이다.

이것은 준언어학(paralinguistics)이라고 하는 것으로, 하나의 온전한 연구 분야다. 단어의 언어적 내용과는 분리된 음성적 의사소통을 가리킨다.

"물론, 내가 너랑 함께 가게에 갈게."라는 말을 할 때 여러 가지 어조로 할 수 있다. 열정적으로, 비꼬듯이, 또는 지루하게 말할 수 있다. 문장을 말하는 방식은 그 단어 자체만큼 혹은 더 많은 의미를 전달한다.

훌륭한 프리젠터는 목소리를 조절한다

훌륭한 연사는 프레젠테이션에서 목소리를 조절한다. 목소리의 높낮이, 음량을 의미에 따라 다르게 한다. 프레젠테이션 내내 같은 높낮이, 같은 음량으로 말한다면 지루하고 열정이 부족해 보일 것이다. 메시지에 맞게 준언어적 요소를 활용하라. 어떤 아이디어에 신이 나고 열정을 느낀다면 준언어적 요소를 통해 그런 감정을 전달하라.

훌륭한 프리젠터는 목소리가 들린다

충분히 큰 소리로 말해야 한다. 목소리가 너무 작으면 소심하고 불안한 느낌을 준다.

훌륭한 프리젠터는 또박또박 말한다

단어를 모두 또렷하게 발음하라. 단어의 끝, 문장 끝을 잘라먹지 않도록 특히 조심하라. 또박또박 발음하면 자신감과 권위가 전달된다.

훌륭한 프리젠터는 일시 정지한다

그저 그런 프리젠터와 훌륭한 프리젠터를 가르는 중요한 차이가 일시정지다. 사람은 초조하면, 말이 빨라지면서 거의 멈추지 않고 말한다. 노련한 프리젠터는 프레젠테이션 중에 일시정지를 많이 한다. 중요한 말을 하기 전후에, 그리고 다른 주제로 넘어갈 때도 일시 정지한다. 침묵은 말만큼 중요하다.

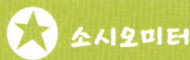 **소시오미터**

MIT의 알렉스 펜틀랜드(Alex Pentland)는 몸에 착용한 채 말의 비언어적 요소를 측정하는 기계장치인 소시오미터(sociometer)를 고안했다. 소시오미터는 한 사람의 의사소통의 효과성을 기록하고 예측한다. 연구는 그의 저서 《정직한 신호(Honest Signals)》(The MIT Press, 2010)에 요약돼 있다.

청중을 사로잡는 프레젠테이션 노하우

* 실제 프레젠테이션, 혹은 연습하는 것을 오디오로 녹음해서 준언어적 요소에 주의해서 들어보고, 고칠 점은 무엇인지 살펴보라.

* 준언어적 요소를 고치려면 많은 노력이 필요하다. 고치고 싶은 한 가지를 골라서 자동으로 될 때까지 연습하고 또 연습하라.

* 당신의 준언어적 습관을 평가하고 향상시키기 위해 보이스 코치와 함께 하는 것을 고려해 보라. 프레젠테이션의 준언어적 요소를 지도하는 전문가가 필요하다.

78 얼굴 표정과 눈의 움직임에도 의미가 있다

'사람들은 어떻게 듣고 어떻게 보는가(93쪽)' 장에 방추상 얼굴 영역(FFA: fusiform face area)에 관한 부위가 있다. FFA는 뇌에서 얼굴에 주의를 기울이는 특별 영역인데, FFA 덕분에 청중들은 무의식적으로 당신의 얼굴을 쳐다보고 주의를 기울이게 된다. 대규모 강당에서 발표한다면 사람들은 당신의 얼굴이나 눈이 잘 안 보일 것이다. 하지만 더 작은 그룹에서 사람들이 당신의 얼굴을 보고 '읽을' 수 있는 데서는 사람들이 보는 당신의 표정과 눈의 움직임이 전달하려는 메시지에 영향을 줄 수 있다.

무의식적인 얼굴 표정

TV 뉴스 진행자를 자세히 본 적 있는가? 그들은 심지어 나쁘거나 슬픈 뉴스를 전할 때도 언제나 엷은 미소를 띠고 있다. 이것은 저절로 되는 게 아니라 거의 자동으로 될 때까지 연습에 연습을 거듭해야 한다.

이런 연습을 하라.

1. 당신의 프레젠테이션에서 몇 개의 문장을 뽑는다.
2. 그 문장을 보지 않고 말할 수 있도록 외운다.
3. 거울 앞에서 실제 발표하는 것처럼 말한다.

우스운 이야기를 하는 것이 아니라면 아마도 거울에 비친 표정은 꽤 침울할 것이다.

얼굴 표정은 하도 여러 가지라서 미처 의식하지 못하는 경우가 많다. 프레젠테이션 중에는 생각할 게 많아서 인상 쓰는 경우도 있고, 긴장해서 다음 할 말을 잊는 바람에 어쩔 줄 모르는 표정이 되기도 한다. 청중들은 이런 당신의 얼굴 표정에 반응한다.

많은 얼굴 표정은 세계 공통이다

폴 에크먼(Paul Ekman)은 여러 해 동안 서로 다른 지역과 문화에서 감정을 연구해 왔다. 그는 기쁨, 슬픔, 분노, 경멸, 놀람, 혐오, 두려움의 7가지 감정이 세계 공통이라고 정의했다. 이런 감정은 감추기 어려워서 청중들도 당신의 감정을 알아차릴 것이다. 청중이 문화적으로 비슷한 그룹이라면 이 7가지 감정보다 훨씬 더 많은 감정을 소통하고 이해할 것이다.

주의해야 할 표정과 눈의 움직임은 다음과 같다.

★ **잦은 눈 깜박임.** 눈을 많이 깜박이는 것은 불안함의 표시여서 당신이 불편하다는 느낌을 전달한다. 또 누군가에게 매력을 느낀다는 의미로 해석되기도 한다.

★ **똑바로 쳐다보기.** 대화를 하면서 상대를 똑바로 쳐다보는 것은 그 사람에게 관심이 있고 주의를 기울이고 있다는 의미이다. 그래서 청중을 쳐다보는 것이 그토록 중요한 것이다. 하지만 한 사람을 너무 오래 빤히 쳐다보면 위협을 느낀다.

★ **시선을 자주 옮기기.** 계속해서 시선을 옮기면 초조하거나 거짓말하고 있다는 느낌을 준다.

★ **아래 입술 깨물기 혹은 입술 물기.** 걱정, 불안, 두려움을 나타낸다.

청중을 사로잡는 프레젠테이션 노하우

✻ 얼굴에는 항상 어떤 표정이 있다. 거울을 보고 연습하면서 당신이 어떤 표정을 짓고 있는지 잘 봐라.

✻ 청중을 똑바로 쳐다봐라. 한 사람을 2~3초 정도 본 다음 또 다른 사람에게 시선을 옮겨라. 계속 이렇게 하면 상대가 위협을 느끼지 않게 하면서 관심을 표명할 수 있다. 또 시선을 좌우로 많이 움직이지 않도록 주의한다(시선을 좌우로 많이 움직이면 초조하거나 거짓말하는 것처럼 보인다).

 사람들은 당신의 감정을 흉내 내고 당신의 기분을 느낀다

영화나 TV를 보고 있는 사람을 관찰해 본 적 있는가? 누가 친구에게 이야기하는 것을 잘 들어본 적은? 그렇다면 말하는 사람의 표정은 물론, 보디랭귀지까지 그대로 따라하는 모습을 보았을 것이다.

사람들은 자기가 보는 것을 따라한다. 당신이 미소를 지으면, 그들도 미소를 짓는다. 당신이 정력적이면서도 여유 있는 모습이면 청중들도 그런다. 즉, 당신이 피로하지 않고 준비돼 있고 여유 있고 주제에 성열적이어야 한다는 의미다. 그런 기분이 당신의 말, 어조, 보디랭귀지를 통해 전달되고 청중들도 같은 기분을 느낀다.

거울신경세포가 빛을 낸다

뇌의 앞부분에 운동의 모터 역할을 하는 전운동피질(premotor cortex)이라는 부분이 있다. 실제로 운동하라는 신호를 보내는 것은 여기가 아니라 운동피질(motor cortex)이다. 전운동피질은 운동을 계획한다.

아이스크림콘을 들고 있다고 해 보자. 아이스크림이 녹아 흘러내리고 있다는 것을 알아차리고 셔츠에 떨어지기 전에 얼른 핥아야겠다고 생각한다. fMRI 촬영을 해 보면 제일 먼저 아이스크림콘을 핥아야겠다고 생각할 때 전운동피질이 빛을 내고, 그다음 팔을 움직일 때 일차 운동피질(primary motor cortex)이 빛을 낸다. 이제부터가 흥미로운 부분이다. 아이스크림콘을 들고 있는 것은 당신이 아니라 친구다. 당신은 친구의 아이스크림이 흘러내리기 시작하는 것을 본다. 친구가 팔을 올려 아이스크림을 핥는 모습을 볼 때 당신의 전운동피질에서 똑같은 뉴런들이 빛난다. 다른 사람이 어떤 행동을 하는 것을 보기만 해도 그 행동을 직접 할 때와 똑같은 뉴런이 빛을 내는 것이다. 이런 뉴런들의 하위집합을 거울신경세포(mirror neuron)라고 한다.

 거울신경세포가 공감의 출발점이다

거울신경세포가 남과 공감하는 방식이라는 것이 최근의 이론이다. 사람은 거울신경세포를 통해 남이 경험하는 것을 말 그대로 경험하고, 다른 사람의 감정을 깊이 이해할 수 있다.

거울신경세포 연구의 권위자인 라마찬드란(V.S. Ramachandran)의 연구 내용을 담은 TED 영상(http://bit.ly/aaiXba)을 볼 것을 추천한다.

상대방의 보디랭귀지를 따라하면 그가 당신을 더 좋아한다

두 사람이 얘기하는 모습을 지켜보라. 자세히 보면 시간이 지나면서 두 사람이 상대방의 보디랭귀지를 따라하는 모습이 보일 것이다. 한 사람이 몸을 기울이면 다른 사람도 기울이고, 한 사람이 얼굴을 만지면 다른 사람도 그런다.

타냐 차트랜드와 존 바그는 실험 참가자들에게 어떤 사람(실험의 일부인 '공모자'지만 참가자들은 이 사실을 모른다)과 앉아서 얘기하게 했다(Tanya Chartrand and John Bargh, 1999). 공모자는 사전에 계획된 대로 다양한 몸짓과 움직임을 사용했다. 어떤 공모자는 많이 미소 지었고 어떤 공모자는 얼굴을 만지고 어떤 공모자는 다리를 흔들었다. 실험 참가자들은 (무의식적으로) 공모자를 따라 하기 시작했다. 어떤 행동은 다른 행동에 비해 더 많이 증가한 것도 있었다. 얼굴 만지기는 20퍼센트 늘었지만 다리 흔들기는 50퍼센트 늘었다.

다른 실험에서 차트랜드와 바그는 그룹을 둘로 나눴다. 한 그룹에서는 공모자가 실험참가자의 행동을 따라 했고, 다른 그룹에서는 따라 하지 않았다. 대화를 마친 후, 참가자들에게 공모자에 대한 호감과 상호작용 정도를 물어봤다. 행동을 따라한 그룹은 그렇지 않은 그룹보다 상호작용에 더 높은 점수를 매겼다.

사람들은 열정에 반응한다

나는 일을 하면서 "주제에 대해 정말 열정이 넘치시네요!"라는 말을 가장 많이 들었다. 청중들에게 전달해야 할 가장 중요한 감정은 열정이다. 사람들은 어떤 주제에 대해 활기 넘치고 신이 나서 하는 얘기를 듣기 좋아한다. 어떤 주제에 흥분되는 기분을 감추지 말고 그대로 보여줘라. 그 기분은 전염된다. 얘기할 주제에 흥분을 못 느낀다면 주제 혹은 접근법을 다시 생각해 봐라. 머지않아 당신을 흥분시킬 관점을 찾아야 한다.

청중을 사로잡는 프레젠테이션 노하우

* 기분과 감정은 전염된다. 당신이 느끼는 기분은 모두 청중에게 전달된다.
* 프레젠테이션을 시작하기 전에 시간을 내서 자신에게 집중하고 스스로의 에너지를 북돋우고 마음을 편안하게 하는 등 기분이 좋아지고 준비되기 위해 필요한 무슨 일이든 하라.
* 당신의 주제와 메시지에 흥분하고 열정을 가져라.

80 옷이 날개다

'옷이 날개다', '성공을 부르는 옷차림'이라는 말을 들어본 적이 있을 것이다. 이 말을 뒷받침하는 연구가 있다.

레프코비츠(Lefkowitz), 블레이크(Blake), 무턴(Mouton)은 도시에서 신호를 어기고 무단횡단하기 실험을 했다. 정장 차림일 때 그를 따라서 함께 길을 건넌 사람이 작업복 셔츠와 바지 차림일 때보다 3.5배 많았다. 신사복은 권위 있는 옷차림이다.

빅맨은 길에서 지나가는 사람을 가로막고 1.5미터 떨어져 있는 공모자를 가리키면서 "주차미터기 옆에 있는 저 사람 보이시죠? 주차 시간이 지났는데 잔돈이 없대요. 저 사람한테 10센트만 주세요!"라고 말하는 실험을 했다(Bickman, 1974). 실험자는 그러고 나서 가 버린다. '저 사람'은 실험의 일부다. 실험자가 유니폼(예: 경비원 유니폼)을 입고 있을 때 대부분의 사람이 지시에 따라 10센트를 주었다. 보통의 평상복 차림일 때 지시에 따르는 사람은 50퍼센트 미만이었다.

비슷하게 보일 것인가, 권위를 세울 것인가?

권위 면에서 옷은 중요하다. 사람들은 자동적이고 무의식적으로 상대방의 옷차림에 반응한다.

★ 청중들과 비슷하게 보일 목적이라면 청중들과 비슷한 옷차림을 하라. 하지만 권위를 세우고 싶으면 청중들보다 한 단계 높은 수준의 옷을 입어라. 청중에 비해서 지나치게 격식을 갖춘 옷차림을 하면 고리타분하고 '우리와 다른 사람'으로 보인다.

★ 캐주얼 모드로 갈 때는 잘 생각하라. 최근에 다른 프리젠터들과 함께 한 트레이닝 세션에서 복장이 화제가 되었다. 한 사람이 청중들과 더 비슷해 보이려고 일부러 청바지를 입는다고 하자, 다른 사람이 "오늘 입은 것 같은 청바지 말입니까?"라고 물었다.

"예, 맞아요."

"하지만 당신의 청중은 유명 브랜드 청바지를 입는 젊고 부유한 전문가들입니다. 당신의 청바지는 보통의 이름 없는 브랜드군요. 청바지를 아는 사람들은 당신이 같은 옷을 입었다고 생각하지 않아요."

청중을 사로잡는 프레젠테이션 노하우

✳ 청중들과 비슷하게 보이고 싶으면 청중과 비슷한 옷차림을 하라. 단, 잘 알아보고 하라.

✳ 권위를 세우고 싶으면 청중보다 한 단계 높은 수준의 옷을 입어라.

✳ 직업상 유니폼을 입는 사람이라면(예: 의사, 군인) 유니폼을 입는 게 권위를 높인다.

81 사람들은 자기와 비슷하거나 매력적인 사람의 말에 귀 기울이고 설득당한다

사람들은 말하는 사람이 매력적이라고 여기거나 자기들과 비슷하다고 느낄 때, 아니면 둘 다일 때 그의 말을 귀 기울여 듣고 잘 설득당한다(어떤 사람은 그렇지만 나는 아니라고 생각하는가? 모든 사람이 매력과 유사성 요소에 영향을 받는다).

당신은 1개가 아니라 3개의 뇌를 갖고 있다

《심리를 꿰뚫는 UX 디자인(Neuro Web Design: What Makes Them Click)》에서는 무의식적인 정신과정과 신뇌(new brain), 중뇌/감정뇌(mid/emotional brain), 구뇌에 대한 얘기를 했다.

청중들의 구뇌는 당신이 매력적인지 여부를 평가할 것이다. 매력적이라고 판단되면, 일단 당신은 청중의 주의를 끌 수 있고 (당신이 진짜 매력적이라면) 주의집중을 유지할 수 있다. 매력적인가의 판단은 얼굴의 이목구비와 그 균형, 옷차림, 그리고 매력의 의미와 관련해서 학습된 요소 및 '계획된' 요소에 근거해서 이뤄진다.

기억해 둬야 할 것은 청중들이 당신에게 반응할 때 3개의 뇌를 사용한다는 점이다. 무의식적으로, 중뇌는 당신이 믿을 만하고 친구가 될 수 있을지를(자기와 비슷한지를 무의식적으로 평가하면서) 결정하고, 구뇌는 당신이 섹스파트너가 될 가능성이 있는지, 같은 방에 있어도 될 만큼 안전한 환경인지를 판단한다.

비슷할수록 좋다

유사성은 관계를 만든다. 사람들은 자기와 비슷하다고 느껴지는 사람을 더 좋아하고 신뢰하는 경향이 있다. 사람들은 자기와 비슷한 사람 혹은 같은 배경과 가치관을 가진 사람들을 좋아한다. 핵심은 복장으로 귀결될 수도 있다. 사람들은 자기와 비슷한 옷차림의 사람을 좋아한다.

가장 매력적인 사람에게 한 표?

에프란과 패터슨은 캐나다 선거를 분석한 결과, 73퍼센트의 투표자가 매력이 투표에 영향을 주지 않는다고 말했지만 매력적인 후보자가 2.5배 더 많이 득표했다는 사실을 발견했다(Efran and

Patterson, 1974). 로버트 치알디니는 매력적인 외모를 가진 사람이 더 스마트하고 유능하며 더 지적으로 인식된다는 것을 보여주는 대규모 연구결과를 보고했다(Robert Cialdini, 2007).

매력에 대한 수학 공식

하티즈 귀네슈(Hatice Gunes)와 마시모 피카르디(Massimo Piccardi)는 사람의 얼굴을 눈과 턱까지의 거리, 눈과 콧구멍까지의 거리 등 여러 가지로 측정했다. 이 수치를 사람들의 얼굴 평가 점수와 비교했더니, 매력적인 얼굴에 대한 대부분의 사람이 의견이 일치했고 매력적인 얼굴은 얼굴 구조에 일정한 비율이 있음을 발견했다. 매력은 문화적인 기준과 옷차림, 헤어와 같은 겉모습에 영향을 받기는 하지만 매력적인 사람을 판정하는 기준에는 수학적 기준이 있는 것으로 보이며, 그것은 문화를 넘어 통용된다.

물론 청중들이 발표자의 얼굴에 자를 들이대며 매력적인지를 판정하지는 않는다. 눈을 깜박이며 무의식적으로 이런 수학적 비율을 재고, 그 정보를 뇌의 다른 부분에 보내어 이 사람은 매력적이니까 이 사람 말을 귀 기울여 듣기로 결정할 수도 있다.

청중을 사로잡는 프레젠테이션 노하우

✱ 청중에 대해 가능한 한 많이 알아 두라. 그들이 당신을 어느 면에서 비슷하다는 생각이 들 수 있게 할 방법이 무엇인지 알아보라. 말하는 내용, 말하는 방식, 옷 입는 방식을 통해 그렇게 할 수 있다.

✱ 당신이 '수학적으로 매력적인' 사람일 수도, 그렇지 않을 수도 있지만, 어느 쪽이든 옷차림, 자세, 표정을 통해 더 매력적으로 보일 수 있다.

 커뮤니케이션 하는 동안 말하는 사람의 두뇌와 듣는 사람의 두뇌가 연동된다

누가 말하는 것을 들을 때, 우리의 뇌는 말하는 사람의 뇌와 연동되기 시작한다. 그레그 스티븐스는 실험 참가자들에게 사람들의 말을 녹음한 것을 들려주면서 fMRI 촬영을 했다(Greg Stephens, 2010). 이때, 말하는 사람과 듣는 사람의 뇌 패턴이 똑같아지는 것을 발견했다. 커뮤니케이션이 이뤄지기까지 걸리는 시간에 따라 약간의 지연이 있고, 몇몇 다른 부분이 연동되었다. 같은 실험을 서로 이해하지 못하는 언어로 말하는 것을 들려줬을 때, 뇌의 연동 현상은 나타나지 않았다.

연동+기대=이해

스티븐스의 연구에서 뇌의 연동되는 부분이 많을수록 듣는 사람은 말하는 사람의 의견과 메시지를 더 많이 이해했다. 뇌의 어느 부분이 빛을 내는지를 관찰함으로써, 스티븐스는 예측과 기대와 관련된 뇌의 부분이 활성화되는 것을 알 수 있었다. 이 부분이 많이 활성화될수록 커뮤니케이션은 더욱 성공적이었다.

뇌의 사회적 부분도 활성화된다

스티븐스는 뇌에서 사회적 상호작용과 관련 있는 부분도 함께 연동되는 것에 주목했다. 여기에는 타인의 믿음, 바람, 목적을 분별하는 능력과 같은 성공적인 커뮤니케이션에 꼭 필요한 사회적 정보 처리에 연관되는 부분도 포함된다.

> **청중을 사로잡는 프레젠테이션 노하우**
> * 남이 말하는 것을 들을 때 특별한 두뇌 연동이 일어나는데, 이것은 말을 이해하는 데 도움이 된다.
> * 이런 두뇌 연동 때문에 청중들은 단지 슬라이드나 보고서를 읽는 것보다 발표자의 말을 직접 들을 때 더 큰 영향을 받는다.

83 두뇌는 개인적으로 아는 사람에게 특유의 반응을 보인다

삼촌이 자기 집에서 월드컵 경기를 함께 보자며 친구를 몇 명 데려오라고 한다. 삼촌 집에 가니, 아는 사람(친척들과 친척의 친구들)도 몇 명 있고, 모르는 사람도 있다. 모임은 활기에 넘치고 TV로 축구 경기를 보면서 음식을 먹고 축구, 정치 등 여러 화제의 이야기가 오고 간다. 나와 의견이 일치하는 사람들도 있고, 그렇지 않은 사람도 있다. 축구와 정치에 관해서는 보통 친한 사람보다 낯선 사람과 의견이 일치하는 경우가 많다. 한 방에 있는 사람들이라면, 그림 83.1에서와 같이 4가지 가능한 경우의 수가 있다.

	친구/친척	낯선 사람
비슷함	나와 공통점이 많은 친구와 친척	나와 공통점이 많은 낯선 사람
다름	나와 공통점이 별로 없는 친구와 친척	나와 공통점이 별로 없는 낯선 사람

그림 83.1   월드컵 파티에 모인 사람들과 가능한 4가지 관계

펜나 크리넨 연구(Fenna Krienen, 2010)의 질문은 다음과 같다. 두뇌가 이 4가지 조합에 다르게 반응할까? 자기와 얼마나 비슷한가를 기준으로 남을 판단할까? 아니면 자기와 더 가까운 관계(친구 혹은 친척)인지가 더 중요할까? 그리고 만약 차이가 있다면 그것이 fMRI 촬영으로 나타날까? 모르는 사람이지만 나와 비슷하다고 느끼는 사람을 생각할 때 친척 혹은 친구를 생각할 때와 똑같은 뇌 부분이 빛을 낼까?

크리넨과 그녀의 연구팀은 이 이론들을 시험했다. 그 결과, 사람들은 친구에 대한 질문을 받을 때 그 친구와 비슷하다고 느끼는 여부와 상관없이 내측전전두엽피질(MPFC: medial prefrontal cortex)이 활성화되는 것을 발견했다. MPFC는 가치를 인식하고 사회적 행동을 규제하는 뇌의 영역이다. 공통점이 많은 낯선 사람들을 생각할 때는 MPFC가 활성화되지 않았다.

청중들과 친분을 쌓아라

크리넨의 연구를 통해 친구에게 하는 프레젠테이션이 낯선 사람에게 하는 것보다 훨씬 영향력 있으며 잘 받아들여진다는 것을 알 수 있다. 프레젠테이션 전에 청중들과 사소한 것이라도 친분을 쌓기 위해 노력하는 것이 좋다. 소그룹이라면 미리 만나거나 전화 통화를 할 수도 있다. 대그룹이라면 발표회장 입구에서 인사를 하거나 일찍 온 사람들에게 직접 다가가 인사를 나눌 기회가 있는지 확인해 보라.

 페이스북 vs. 트위터와 MPFC

조나 레흐러는 페이스북과 트위터 사이의 차이점을 기술했다(Jonah Lehrer, 2010). 페이스북은 비록 공통점이 많지는 않아도 잘 알고 있는 친구와 친척들에 관한 것이다. 페이스북은 MPFC를 활성화한다. 트위터는 모르는 사람들과의 관계 형성에 더 많은 도움이 된다.

청중을 사로잡는 프레젠테이션 노하우

* 사람들은 친구와 친척에게 특별한 관심을 기울이도록 '프로그램되어' 있다.
* 프레젠테이션의 청중들이 당신을 개인적으로 알고 있다면 그렇지 않은 사람들과는 다르게 반응할 것이다.
* 할 수 있다면, 프레젠테이션 전에 시간을 내서 **청중들과 친분을 쌓아라**. 그런다고 **친한 친구**가 되지는 않겠지만 사람들이 당신을 많이 알수록 당신의 프레젠테이션은 효과가 커질 것이다.

84 사람들은 프리젠터가 발표회장을 통제하기를 바란다

한때 나는 10명의 강사 팀을 운영한 적이 있었다. 그들은 모두 각자의 개성이 있고, 모두 훌륭한 강사였다. 하지만 두 명의 강사가 계속해서 극찬을 받고 다른 강사들보다 더 좋은 평을 받았다. 나는 그 이유가 궁금해졌다. 강사들을 모두 관찰해 보니, 금세 답을 알 수 있었다. 이 두 명의 훌륭하고 인기 있는 강사들은 발표회장을 가장 잘 통제하는 사람들이었다. 그들은 권위와 자신감을 보여주었고, 통제력을 구축하고 유지하기 위해 의도된 행동을 취했다. 그들은 여러 날에 걸쳐 연속 강의를 했고, 강의실 통제는 연속 강의의 성공에 절대적으로 필요했다. 대부분 디자이너와 프로그래머로 구성된 학생들은 강사의 통제력에 긍정적인 반응을 보였다.

여러 날의 강의가 아니라 20분짜리 프레젠테이션을 한다고 하더라도 발표회장을 통제하는 것은 절대 중요하다. 청중들은 프레젠테이션을 주도하는 사람이 아무도 없다고 생각되면 불안해한다. 청중들은 발표자가 발표회장을 통제하기 바라며 기꺼이 발표자를 지지한다.

통제 vs. 협동

통제 개념에 반감을 느낄지 모르겠다. 하지만 지금 내가 얘기하는 것은 회의 운영이 아니라 프레젠테이션 혹은 연설이다. 상호작용은 어떨까? 협동은 어떨까? 그래도 누군가 주도하는 사람이 있어야 한다. 프레젠테이션이 잘 되려면 발표자가 통제해야 한다. 상호작용과 협동이 많아도 좋지만 그 시기와 방식은 발표자의 판단에 따라야 한다.

통제력 획득과 유지

무엇 하나로 프레젠테이션 통제력을 얻고 유지할 수 있는 것은 없다. 발표자가 무의식적으로, 또 의식적으로 자기가 책임자임을 전달하는 작은 행동을 계속해서 하는 것이다. 예를 들면,

- ★ 이 장에서 다룬 몸짓, 목소리 신호, 자세를 사용하라. 당신이 강하고 자신 있는 모습을 보이면 사람들은 당신이 책임자라고 믿는다.
- ★ 세션의 시작 시간, 끝나는 시간을 지켜라.

★ 허둥지둥 서둘러서 끝내는 듯한 인상을 주지 않도록 자기 페이스를 지켜라.

★ 방해하는 사람들을 공손하게 통제하라. 질문을 많이 하거나, 그런 사람들이 질문할 때 장황하게 얘기하라.

★ 미리 정해진 시간에 휴식시간을 가져라(장시간의 프레젠테이션을 할 때).

★ 휴식시간 이후 정시에 프레젠테이션을 재개하라.

청중을 사로잡는 프레젠테이션 노하우

✱ 사람들은 누군가 책임자가 있기를 바라며, 그것이 발표자이기를 바란다.

✱ 발표회장에 (온라인 프레젠테이션이라면, 화상회의에) 일찌감치 도착해서 미리 준비하고 있어라. 청중들이 도착할 때 당신은 이미 준비가 돼 있어야 한다.

✱ 문제나 방해를 처리하는 데 강하게 나가라.

✱ 연습하고, 연습하고, 연습하라. 자기 프레젠테이션을 잘 알고 있어야 자신이 있고, 그러면 당신이 통제하고 있음이 전달된다.

✱ 가능하면 언제나 서서 하라. 회의실에서 소수를 대상으로 하는 경우라 해도 프레젠테이션을 하는 동안에는 서서 하라. 서 있는 것은 "내가 발언권이 있습니다. 내가 여기 책임자예요."라는 의미다.

"비즈니스에서 가장 훌륭한 능력은 남과 어울리고 남의 행동에 영향을 주는 것이다."

- 존 핸콕(John Hancock)

사람들은 어떻게 행동하기로 결정할까

연설 혹은 프레젠테이션을 할 때 그것이 청중들의 행동, 즉 변화나 새로운 시도, 혹은 결단과 실천으로 이어지기를 희망하거나 계획하는 경우가 많다.

프레젠테이션을 통해 생각이나 주장의 좋은 점을 잘 전달하면 청중들이 빛을 보고 행동에 옮길 거라고 생각하기 쉽다.

하지만 사람들이 행동하기로 결정하는 방식은 생각보다 간단하지 않다. 최근의 연구는 사람들이 대개 무의식적으로 결정을 내린다는 것을 보여준다. 사람들이 행동하도록 영감을 주고 싶다면 사람들이 실제로 어떻게 결정하는지 이해해야 한다.

85 사람들은 대부분의 결정을 무의식적으로 한다

당신은 직장 내 부서에서 사용할 소프트웨어의 구입을 고려하고 있다. 인터넷 조사를 하고, 몇 군데의 판매자로부터 프레젠테이션도 받고, 업계 사람들은 무엇을 사용하는지 물어본다. 의사결정 과정에 가장 많은 영향력을 발휘하는 것은 어떤 요소일까?

《심리를 꿰뚫는 UX 디자인(Neuro Web Design: What Makes Them Click)》에서는 사람들이 결정을 내리기 전에 모든 요소들을 주의 깊게 논리적으로 고려했다고 생각하기를 좋아한다고 설명한다. 소프트웨어를 구매하는 경우 당신은 소프트웨어의 특징과 기능, 판매자의 신뢰성, 그리고 가격 비교를 고려했다. 모든 요소를 의식적으로 고려했다. 하지만 의사결정에 관한 연구에 따르면 실제 결정은 주로 무의식적으로 이뤄진다고 한다.

무의식적인 의사결정은 다음과 같은 요소를 포함한다.

★ 다른 사람들이 가장 많이 쓰는 것: "X 제품을 쓰는 사람들이 가장 많은 것 같아."

★ 자기 성향과 일치하는 것(관여): "나는 최신제품을 써 보는 사람이야."

★ 이번 구매로 의무 혹은 사회적 채무를 갚을 수 있는지(호혜): "저 판매자가 60일 무료 체험판과 무료 교육 및 지원을 해 줬어."

★ 상실의 두려움: "이 제품은 할인판매 중이야. 지금 사지 않으면 가격이 오를지 몰라."

★ 자신만의 특별한 충동, 동기, 두려움.

무의식적이 비이성적이거나 나쁜 것은 아니다

대부분의 정신과정과 의사결정은 무의식적이지만 그렇다고 그것이 흠이 있거나 비이성적이거나 나쁘다는 의미는 아니다. 사람들은 어마어마한 양의 데이터(1초에 수십억 개의 데이터가 뇌에 들어온다!)에 직면하므로 의식은 이 모든 것을 처리할 수 없다. 무의식은 그동안 자기에게 가장 이로웠던 경험 법칙에 따라 대부분의 데이터를 처리하고 결정을 내리도록 발달해 왔다. 그래서 '자기 직관을 믿으라'고 하는 것이며 대개 효과가 있다.

청중 조사는 필수적이다

프레젠테이션이 청중의 실천으로 이어지게 하려면 청중에 대해 가능한 한 많이 알아 둬야 하는데, 이 때 청중을 행동하게 할 무의식적 이유도 알아 둬야 한다.

논리적 이유에 얽매여서 실제로 대부분의 사람이 무의식적, 감정적 이유에 근거해서 결정을 내린다는 사실을 잊기 쉽다.

 청중 이해의 위력

의뢰인에게 소프트웨어 설계를 바꿔야 하는 이유에 대해 프레젠테이션 할 때의 일이다. 나는 소프트웨어를 바꿈으로써 고객 교육비용을 절감하고 고객지원센터의 문의 전화를 줄일 수 있으며, 소비자가 원하는 제품을 생산했다는 만족감을 가질 수 있을 것이라고 믿었다. 하지만 동시에 문제점을 바로잡기 위해 제품 개발을 중단하는 것이 프로덕트 매니저에게는 어려운 결정인 것도 잘 알고 있었다. 프레젠테이션을 할 때 의뢰인에게 나의 권고사항을 어떻게 제시하는 게 가장 좋을지 결정해야 했다. 그것이 프로젝트 마감시한에 영향을 준다 하더라도 그들이 기꺼이 그 문제를 고치게 하려면 고객 교육비용 절감을 얘기해야 할까? 고객지원센터의 문의 전화? 시장에서 그 회사의 명성?

프레젠테이션을 구성하기 전에 나는 그 회사의 해당 업무 관련자들과 다른 두 사람(내 과제의 담당자와 사장)을 인터뷰했다. 인터뷰에서 나는 사장이 자기를 독불장군으로 여기고 있으며, 기꺼이 위험을 무릅쓰고 시류를 거스를 수 있는 사람이라는 것을 알게 됐다.

프레젠테이션을 구성할 때 나는 이 시점에 제품 개발을 중단하는 것이 어떻게 대담한 조치가 될지에 초점을 맞췄다. 보통 사람들은 약간의 문제가 있는 '그럭저럭 괜찮은' 제품을 그냥 시장에 출시하겠지만 기꺼이 위험을 무릅쓰는 독불장군이라면 무언가 용감한 일, 즉 개발을 중단하고 문제를 수정할 것이라는 메시지였다. 물론 그렇게 하는 것이 좋은 논리적인 이유도 모두 함께 제시했다.

성공이었다. 프레젠테이션에서 '독불장군'을 향한 메시지가 통했다. 사장은 제품 생산을 중단하고 문제를 수정하도록 지시했다. 내가 시간을 내어 어떻게 해야 청중의 마음을 움직이고 행동을 취하게 할 수 있을지 이해했기 때문에 행동을 끌어내는 프레젠테이션을 할 수 있었다. '프레젠테이션 작성 방법(227쪽)' 장에서 청중 조사를 시행할 방법을 배우게 될 것이다. 사람들이 행동하게 하려면 청중을 잘 알아야 한다.

그리고 논리적 이유를 앞에 내세워라

행동하는 실제 이유가 무의식적 요소에 기반을 두고 있긴 하지만 사람들이 일단 행동하기로 하고 나면 자기 행동을 자기와 남들에게 설명할 수 있는 논리적이고 사실에 근거한 이유가 필요하다. 그러므로 왜 그들이 그렇게 행동하기로 결정해야 하는지에 대한 논리적이고 데이터에 근거한 이유를 제공해야 한다. 하지만 그것이 결정의 유일한 이유는 아니며 진짜 이유가 아닐 수도 있음을 알아야 한다.

청중을 사로잡는 프레젠테이션 노하우

✱ 사람들이 행동하도록 영향을 주려면 사람들의 무의식적 동기를 이해해야 한다. 청중들에 대해 많이 알수록 의사결정을 촉진하는 방식으로 의사소통을 더 잘 할 수 있다.

✱ 사람들이 어떤 행동을 결정하게 된 이유를 얘기할 때는 의심해 봐야 한다. 의사결정은 무의식적이므로 사람들은 결정의 진짜 이유를 알지 못할 수도 있다.

✱ 사람들이 무의식적 요소에 근거해서 결정을 내리지만 그 결정에 대한 이성적이고 논리적인 이유를 원한다. 그러므로 그것이 행동 결정의 실제 이유는 아니더라도 이성적, 논리적인 이유를 제공해야 한다.

86 상실의 두려움이 획득의 기대보다 크다

당신은 소속팀을 대상으로 다음 프로젝트 때 사용할 방법을 바꿀 것을 제안하는 프레젠테이션을 준비 중이다. 프레젠테이션은 새로운 방법으로 얻게 될 모든 이점(획득의 기대)을 근거로 해야 할까, 아니면 새 방법으로 바꾸지 않으면 잘못될 수 있는 가능한 문제점(상실의 두려움)에 초점을 맞춰야 할까?

무의식적 정신과정에 관한 연구 중 가장 맘에 드는 것은 안토이네 베차라와 그의 팀의 연구(Antoine Bechara, 1997)다. 실험 참가자들은 카드 더미를 가지고 도박 게임을 했다. 사람들은 각자 2천 달러의 가짜 돈을 받았다. 그들에게 2천 달러에서 가능한 한 적게 잃고 가능한 한 많이 따는 것이 목표라고 얘기해 주었다. 탁자에는 4개의 카드 더미가 있었다. 참가자는 각자 4개의 카드 더미 중에서 1장의 카드를 뒤집었다. 한 번에 한 장씩 자기가 고른 더미에서 뒤집는데 실험자가 그만하라고 할 때까지 게임은 계속됐다. 실험 참가자는 게임이 언제 끝날지 몰랐다. 그들은 카드를 뒤집을 때마다 돈을 딸 거라고 들었다. 또한 때로는 카드를 뒤집으면 돈을 따지만 동시에 그것을 실험자에게 줘야 해서 돈을 잃기도 한다는 얘기를 들었다. 참가자들은 도박 게임의 규칙을 전혀 몰랐다. 실제 규칙은 이랬다.

★ A 더미 혹은 B 더미에서 카드를 뒤집으면 100달러를 받았다. C 혹은 D 더미에서 뒤집으면 50달러를 받았다.

★ A와 B 더미에 있는 어떤 카드는 참가자가 실험자에게 많은 돈을, 때로는 1,250달러까지 내야 했다. C와 D 더미의 어떤 카드는 참가자가 실험자에게 돈을 내야 했지만, 액수는 평균 100달러밖에 안 됐다.

★ 게임이 계속되면 A와 B 더미는 참가자가 계속 사용하면 순 손실을 내고, C와 D 더미는 순 이익을 얻는다.

규칙은 절대 바뀌지 않았다. 참가자는 이것을 몰랐지만, 게임은 100장의 카드를 뒤집은 후에 끝났다.

무의식의 마음은 가장 먼저 위험을 고른다

대부분의 참가자들은 처음에 4개의 카드 더미를 모두 시도해 보았다. 처음에는 100달러를 주는 A와 B 더미 쪽으로 기울었다. 하지만 30장쯤 뒤집은 후에는 C와 D 더미로 바꿔서 게임이 끝날 때까지 C와 D의 카드를 뒤집었다. 실험자는 중간에 여러 번 게임을 멈추고 참가자들에게 카드 더미에 대해 물었다. 참가자들은 피부 전도 반응(SCR: skin conductance response)을 측정하기 위해 피부 전도 센서를 부착하고 있었다. 참가자들의 SCR은 A와 B 더미('위험한' 더미)가 위험하다는 것을 의식적으로 깨닫기 훨씬 전에도 A와 B 더미에서 카드를 뒤집을 때 상승했다. A와 B더미를 사용할 때 손도 대기 전에 심지어 생각만 해도 SCR이 상승했다. 그들의 무의식은 A와 B더미가 '위험'하다는 것을 알았고 결과적으로 손실을 입었다. SCR의 급등이 증거다. 하지만 그것은 모두 무의식이었다. 의식적 마음은 뭐가 잘못됐는지 아직 몰랐다.

결국 참가자들은 C와 D 더미가 낫다는 감이 생겼다고 말했다. 하지만 SCR은 신뇌가 이것을 깨닫기 훨씬 전에 구뇌가 알아냈다는 것을 보여준다. 게임이 끝날 때 쯤, 대부분의 참가자들은 직감 이상의 것이 생겨서 두 가지 더미 사이의 차이점을 말할 수 있었다. 하지만 참가자의 30퍼센터는 왜 자기가 C와 D 더미를 더 좋아하는지 설명하지 못했다. 그들은 그냥 그 더미가 더 낫다고 생각한다고 말했다.

이미 가진 것을 잃을까봐 두려워함

사람들은 자기가 이미 가진 것 혹은 거의 가진 것을 잃는 것을 가장 두려워한다.

배리 슈와르츠는 사람들의 자동차 구매를 연구했다(Barry Schwartz, 2004). 참가자들은 모든 옵션이 장착된 차를 시험 운전했다.

- ★ 하나의 조건에서 사람들에게 모든 옵션이 장착된 자동차 가격을 보여줬다. 너무 비싸다고 하자 가격을 낮추려면 옵션을 빼라고 했다.

- ★ 다른 조건에서 옵션 없이 자동차의 기본 가격을 보여주고 각 옵션의 설명과 가격을 함께 보여줬다. 어떤 옵션을 넣을지 선택하면 그에 따라 가격이 올라간다고 했다.

슈와르츠는 첫 번째 조건에서 사람들이 더 많은 돈을 쓴다는 것을 발견했다. 여기서 전체를 갖춘 자동차를 경험한 사람들은 어떤 의미에서 자기가 이미 가졌다고 생각하는 것을 잃기 싫어한다는 이론을 도출했다.

획득보다는 상실의 관점에서 메시지 만들기

사람들이 행동하게 하려면 당신의 프레젠테이션을 얻을 것에 대한 기대보다는 잃을 것에 대한 두려움 위주로 짜야 한다. 사람들이 왜 어떤 결정을 내려야 하는지에 대해 긍정적인 측면을 이야기할 수도 있지만, 결국 행동을 요구하는 표현은 상실에 대한 두려움을 근거로 하는 것이 더 많은 행동을 이끌어낼 수 있다.

예를 들어, 회사의 광고 캠페인을 새로운 대행사로 옮겨야 하는 이유에 대한 프레젠테이션을 준비한다고 해 보자. 새 광고 대행사가 얼마나 좋은지, 그들이 얼마나 일을 잘 하는지, 그들과 함께 일하면 어떤 이익이 있을지에 초점을 맞출 수도 있다. 하지만 새 대행사로 바꾸지 않으면 잃게 될 것(대형 광고회사가 가진 경험, 기회 등등)으로 시작하는 것이 더욱 효과적이다. 본질적으로 같거나 거의 비슷한 얘기를 하더라도 프레젠테이션에는 청중들이 얻을 것보다 잃을 것에 관련된 문구를 사용해야 한다.

청중을 사로잡는 프레젠테이션 노하우

* 사람들은 무의식적인 위험 신호에 반응하고 대처한다.
* 무의식이 의식보다 더 빨리 행동한다. 그래서 사람들의 행동 혹은 무엇에 대한 선호도에 대해서 그 이유를 설명할 수 없다.
* 어떤 행동을 취할 때, 혹은 하지 않을 때의 위험을 지적하면 효과적이다.
* 지금 행동하지 않으면 이미 가진 것을 잃게 될지 모른다는 점을 지적하면 효과적이다.
* 사람들이 행동할 준비가 됐다면 행동을 촉구해야 한다.

87 사람들은 자기가 실제 처리할 수 있는 것보다 더 많은 선택권과 정보를 원한다

전 세계 대부분의 지역에서 소매점에 가면 너무나 많은 선택권의 홍수에 빠진다. 사탕, 시리얼, TV, 청바지를 살 때도 어마어마하게 많은 품목 중에서 고르게 된다. 사람들에게 결정할 품목이 무엇이든 간에 2~3가지 중에서 고르는 것과 많은 종류를 놓고 고르는 것 중 어느 것이 좋으냐고 물어보면 대부분 선택 가짓수가 많은 쪽을 원한다고 대답할 것이다.

너무 많은 선택권은 사고과정을 마비시킨다

쉬나 아이엔가(Sheena Iyengar)의 책 《쉬나의 선택 실험실(The Art of Choosing)》은 선택에 관해 그녀가 직접 수행한 연구 및 다른 사람의 연구를 상세히 기술하고 있다. 아이엔가는 대학원 시절, 지금은 '잼' 연구로 유명한 연구를 수행했다. 아이엔가와 마크 레퍼는 선택 가능성이 너무 많으면 아무것도 고르지 못한다는 이론을 시험해 보기로 했다(Sheena Iyengar and Mark Lepper, 2000). 그들은 붐비는 고급 식료품점에 부스를 설치하고 점원 차림으로 시식대 위에 여러 종류의 잼을 늘어놓았다. 실험 시간의 절반 동안은 6가지 잼을 시식하게 했고, 나머지 절반의 시간에는 24가지 잼을 놓았다.

어느 테이블에 방문자가 더 많았을까?

24가지 잼이 있을 때는 60퍼센트가 들러서 시식했다. 6가지 잼이 있을 때는 40퍼센트만이 멈춰서 시식했다. 그러면 선택권이 더 많을수록 좋은 것일까? 꼭 그렇지는 않다.

어느 테이블에서 시식을 더 많이 했을까?

24가지 잼이 있을 때 사람들이 더 많은 잼을 시식했으리라 생각하겠지만 그렇지 않다. 사람들은 시식대에 멈춰 섰지만 시식할 종류가 6가지가 있든 24가지가 있든 겨우 2~3가지만 맛봤다. 사람들은 한 번에 겨우 3~4가지만 기억할 수 있다('사람들은 어떤 방식으로 생각하고 학습할까(1쪽)' 장을 보라). 그리고 한번에 3~4가지 중에서 하나를 고를 수 있다.

어느 테이블에서 더 많이 판매됐을까?

아이엔가의 연구에서 가장 흥미로운 부분은 6가지 잼이 있는 테이블에 들렀던 사람들 중 31퍼센트가 실제로 잼을 구매했다는 사실이다. 하지만 24가지 잼이 있는 테이블에 들렀던 사람들 중 실제로 구매한 사람은 겨우 3퍼센트에 불과했다. 즉 더 많은 사람이 들르긴 했지만 더 적은 사람이 구매했다. 숫자로 얘기해서 100명이 왔다고 치면(실제 연구에서 방문자 수는 더 많았지만 100이 계산하기 쉽다), 그들 중 60명이 24가지 잼 시식대에 들러서 맛을 봤지만 겨우 2명만 실제로 구매했다. 6가지 잼 시식대에서는 40명이 시식을 했고 그들 중 12명이 실제로 구매했다.

왜 사람들은 멈출 수 없는가?

그러면 '적을수록 많은데,' 왜 사람들은 늘 더 많은 선택을 원할까? 그것은 도파민 효과의 일부다. 정보는 중독성이 있다. 사람들은 자기 결정에 자신 있을 때만 정보 추구를 멈춘다.

행동을 촉구할 때는 선택권을 제한하라

프레젠테이션이 끝난 후 사람들이 행동에 옮길 가능성을 극대화하기 위해 사람들에게 요구하는 선택 경우의 수를 제한하라. 요구하는 행동의 선택 가짓수를 최대 3~4가지로 제한하라.

청중을 사로잡는 프레젠테이션 노하우

✶ 사람들에게 선택권을 몇 가지 원하느냐고 물어보면 언제나 '많이' 혹은 '모든 선택권'을 달라고 대답한다. 그러니 사람들에게 원하는 것을 물을 때는 그들의 쏟아지는 요구에서 빠져나올 대비를 해야 한다.

✶ 청중들에게 행동 선택권을 많이 주고 싶은 충동을 억제하라. 다음에 어떤 행동을 해야 하는지 2~3가지 중에서 선택할 수 있게 하라.

# 사람들은 선택권이 통제력이라고 생각한다

프레젠테이션할 때 사람들에게 선택 가짓수를 제한하는 것이 좋긴 하지만 그래도 몇 가지 선택권을 제공해야 한다. 왜냐하면 사람들은 선택권을 통제력과 동일시하고, 자기가 통제하는 느낌을 필요로 하기 때문이다.

《쉬나의 선택 실험실(The Art of Choosing)》에서 쉬나 아이엔가는 쥐 실험을 소개한다. 쥐는 먹이를 향해 곧장 가는 길과 여러 갈래로 길이 갈라져 있어 선택을 여러 번 해야 하는 길을 선택할 수 있다. 양쪽 길 끝에는 똑같은 먹이가 똑같은 양으로 마련돼 있다. 쥐가 원하는 게 먹이가 전부라면 짧고 곧장 가는 길을 택했을 것이다. 하지만 쥐들은 계속해서 갈라진 길을 선호했다.

원숭이와 비둘기를 대상으로 한 실험에서 동물들은 버튼을 누르면 먹이를 받게 돼 있다. 하나의 버튼과 여러 개의 버튼 중 원숭이와 비둘기 모두 여러 개의 버튼을 더 좋아했다.

사람을 대상으로 한 비슷한 실험에서 사람들은 카지노에서 사용하는 칩을 받았다. 그들은 룰렛 휠이 하나 있는 테이블과 두 개 있는 테이블 중에서 선택할 수 있었다. 사람들은 모두 똑같은 룰렛인데도 두 개의 룰렛이 있는 테이블을 선호했다.

선택권이 많을수록 반드시 더 많은 통제력을 갖는 것은 아니지만, 사람들은 그렇다고 느낀다. 사람들은 자기가 통제하고 있다고 생각하면 자기의 행동이 영향력 있고 선택권이 있다는 느낌이 들 것이다. 때로는 선택권이 많아서 자기가 원하는 것을 얻기가 더 힘들 때도 있지만 그래도 자기가 결정권을 갖고 있다는 느낌을 위해 선택권을 원한다.

사람들은 자기 환경을 통제하려는 욕구가 있다. 주변 환경을 통제하면 생존 가능성이 높아지니 당연한 일이다.

프레젠테이션에서 사람들이 자기가 통제한다고 느끼게 할 수 있는 몇 가지 방법을 소개한다.

★ 사람들이 해 보는 활동이 있다면 직접 선택하게 하라. 예를 들어, 나는 사람들에게 내가 논의했던 설계 주제에 근거해서 평가할 웹사이트를 고르게 한다. 평가할 웹사이트를 정해주는 대신 직접 고르게 하는 것이다.

★ 짝을 이루거나 팀을 이뤄서 하는 활동이 있다면 팀을 정해주지 말고 함께 할 사람을 고르게 하라.

★ 프레젠테이션 끝에 행동을 촉구하는 내용이 나온다면 사람들에게 할 일을 하나만 제시하지 마라. 할 수 있는 행동을 3~4가지 중에서 고를 수 있게 하라. 나는 더 많은 정보를 얻을 수 있는 곳에 대해 얘기할 때 여러 가지 선택권을 준다.

나의 책 한 권 이상 읽기

내가 추천한 책 몇 권 읽기

나의 강좌 중 하나에 등록하기

통제의 필요성은 어릴 때 시작된다

아이엔가는 4개월 된 아기의 손에 연구자들이 끈을 부착해 놓는 실험을 설명한다. 유아들이 손을 움직여서 끈을 당기면 음악이 나오게 해 놓았다. 다음에는 연구자들이 끈을 음악 통제에서 떼어 놓았다. 똑같은 간격으로 음악을 틀어줬지만 유아는 음악이 언제 나올지 통제할 수 없었다. 아기들은 똑같은 간격으로 음악이 흘러나오는데도 슬퍼하고 화를 냈다. 그들은 음악을 언제 틀지 통제하고 싶어 했다.

청중을 사로잡는 프레젠테이션 노하우

* 사람들은 자기가 통제하고 선택권이 있다는 느낌이 필요하다.
* 사람들이 언제나 어떤 일을 하는 데 가장 빠른 방법을 선택하지는 않는다. 대안이 덜 효율적이라 해도 사람들은 한 가지 이상의 방법 중에서 선택하는 것을 좋아한다.
* 사람들에게 선택권을 줬다가 다시 빼앗으면 불쾌할 것이다.
* 프레젠테이션 말미에 행동 촉구를 한 가지만 하지 말고 몇 개(최대 4개) 중에서 선택하게 하라.
* 프레젠테이션 중에 활동이 있으면 사람들이 어떤 활동을 누구와 할지 선택할 수 있게 하라.

 사람들은 돈보다 시간을 더 많이 걱정한다

일요일에 좋아하는 코스로 자전거를 타러 나갔는데, 아이들이 레모네이드를 팔고 있다고 해 보자. 멈춰서 레모네이드를 살까? 그 레모네이드가 맘에 들까? 당신이 레모네이드 구입 여부 혹은 레모네이드가 맘에 드는지 여부는 레모네이드 판매대 옆에 쓰여 있는 문구에 따라 달라질까? 실제로 그런 것 같다.

스탠포드 경영 전문대학원(GSB)의 캐시 모길너와 제니퍼 아커 교수는 시간 언급 혹은 돈에 대한 언급이 사람들의 구매 여부, 구매 금액, 구입한 제품에 대한 만족도에 영향을 주는지를 알아보기 위한 5가지 실험을 했다(Cassie Mogilner and Jennifer Aaker, 2009).

시간 소비 vs. 돈 소비

첫 번째 연구가 앞에서 얘기한 레모네이드 실험이었다. 얼마간은 "잠깐 시간을 내서 C&D의 레모네이드를 즐기세요."라는 표지가 있었다. 이건은 '시간' 조건이었다. 얼마간은 표지에 "약간의 돈으로 C&D의 레모네이드를 즐기세요."(돈 조건)라고 써 놓았다.

391명이 걸어서 혹은 자전거를 타고 지나갔는데, 멈춰서 레모네이드를 구매한 사람은 14~50세의 다양한 직업의 남녀였다. 구매자는 레모네이드 한 잔에 1~3달러 사이에서 내고 싶은 만큼 자기가 정해서 냈다. 높은 가격을 낸 사람은 좋은 품질의 플라스틱 컵을 갖고 갈 수 있다고 했다. 구매자는 레모네이드를 마신 후 설문을 작성했다.

시간을 언급했을 때 더 많은 사람들이 멈춰서 레모네이드를 샀다(14퍼센트). 사실, 시간을 언급했을 때 멈춘 사람들은 돈을 언급했을 때 멈춘 사람들(7퍼센트)의 2배다. 또한, 시간 조건의 구매자가 레모네이드에 평균 2.50달러, 돈 조건의 구매자는 평균 1.38달러를 지불한 것으로 나타났다. 흥미롭게도 아무 조건도 언급하지 않았을 때는 구매자 수와 가격 모두 양쪽 구매자들의 중간으로 나타났다. 즉, 시간을 언급했을 때 가장 많은 사람들이 가장 많은 돈을 내고 구매했고, 돈을 언급했을 때 가장 적은 사람들이 가장 적은 액수의 돈을 냈으며, 아무것도 언급하지 않았을 때는 그 중간이었다. 사람들의 만족도 설문 조사에서도 똑같은 결과가 나왔다.

연구자들은 메시지에서 돈을 언급할 때보다 시간을 언급했을 때 더욱 많은 개인적 연결을 형성한다는 가설을 세웠다. 이 개념을 시험하기 위해 실험실에서 4번의 실험을 더 해서 시간 vs. 돈 메시지가 아이팟, 노트북 컴퓨터, 청바지, 자동차를 구매할 때 사람들의 생각에 어떻게 영향을 주는지 살펴봤다.

사람들은 연결되고 싶어 한다

실험이 끝나고, 연구자들은 개인적 연결이 있을 때 사람들의 구매율이 높아지고 구매금액이 올라가며 구매 만족도가 더 높다고 결론지었다. 대부분의 경우에서, 그런 개인적 연결은 돈이 아닌 시간을 언급할 때 생겼다. 시간을 언급하는 것은 제품과의 경험을 강조하고 이런 경험에 대한 생각이 개인적 연결을 만든다는 개념이다.

하지만 어떤 제품(유명 브랜드 청바지나 고급 승용차) 혹은 어떤 소비자(경험보다 소유를 더 중시하는 사람들)에게 개인적 연결은 시간 언급보다 돈을 언급할 때 더 강조된다. 이런 사람들이 소수이긴 하지만 엄연히 존재한다.

청중을 평가하라

청중을 아는 것이 중요하다. 위신과 소유에 영향을 받는 사람들이라면 돈을 언급하라. 그렇지 않다면 시간 절약을 얘기하는 게 더욱 영향력 있다.

청중을 사로잡는 프레젠테이션 노하우

✴ 대부분의 사람은 대부분 돈이나 소유보다는 개인적 연결을 형성하는 시간과 경험에 더 많은 영향을 받는다.

✴ 어떤 행동을 하라는 주장을 할 때 돈을 아낄 수 있다는 얘기를 해도 되지만 시간을 아낄 수 있음을 더 많이 강조하는 것이 좋다.

✴ 사람들은 언제나 연결되기를 원한다는 것을 기억하라. 프레젠테이션 중에 사람들이 서로 친해지고 연결될 방법을 모색하라. 예를 들어, 사람들에게 어떤 활동을 시킨다면 결과를 옆 사람과 함께 나눌 수 있는 시간을 충분히 주어라.

90 기분은 설계 형성 과정에 영향을 준다

당신이 새로운 일자리를 제안받았다고 해 보자. 일은 흥미롭고 보수도 더 많지만 출장을 더 많이 다녀야 하고 근무시간이 길어지는 등 안 좋은 점도 있다. 새 일자리를 잡아야 할까, 현재에 머무르야 할까? 직감은 새 일자리를 잡으라고 하지만 차분히 앉아서 장단점 목록을 써보면 나쁜 점이 좋은 점보다 더 많고, 논리적인 방식으로는 현 상태에 머무르라는 판단이 선다. 어느 쪽을 따를 것인가? 직감 아니면 논리?

마리에크 드 브리스와 그녀의 팀은 이것을 밝히는 연구를 했다(Marieke de Vries, 2008). 그들은 기분과 의사결정 전략의 교차 지점에 관심이 있었다.

실험 참가자들은 머핏 영화(Muppet movie)(행복한 기분) 혹은 《쉰들러의 리스트(Schindler's List)》(슬픈 기분)를 보았다. 다음에 써모스(Thermos) 보온병 제품을 보여주었다. 어떤 참가자들에게 자기의 첫 느낌(직관 조건)에 따라 복권 경품으로 받고 싶은 제품을 고르라고 했다. 다른 참가자들은 여러 제품의 특징과 성질의 장단점을 평가하라고 했다(심사숙고 조건).

참가자들이 각자 선호하는 써모스 제품을 고른 후 자기가 고른 제품의 가격을 매겼다. 그런 다음 그들의 현재 기분을 측정하는 설문지에 응답했고, 이후에 마지막으로 자기의 의사결정 스타일이 직관형인지 심사숙고형인지 평가하는 설문지에 응답했다.

결과를 요약하면 다음과 같다.

★ 영화는 사람들이 행복한 기분 혹은 슬픈 기분에 빠져들게 하는 효과가 있었다.

★ 평소에 직관적으로 결정을 내리는 참가자들은 직관적인 지시를 받을 때 써모스의 가치를 더 높게 평가했다.

★ 평소에 숙고해서 결정을 내리는 참가자들은 의도적인 지시를 받을 때 써모스의 가치를 더 높게 평가했다.

★ 행복한 기분의 참가자들은 평소의 의사결정 스타일과 상관없이 직관적인 결정을 할 때 써모스의 가치를 더 높게 평가했다.

- ★ 슬픈 기분의 참가자들은 평소의 의사결정 스타일과 상관없이 숙고해서 결정할 때 써모스의 가치를 더 높게 평가했다.
- ★ 남녀 성별의 차이는 없었다.

당신이 기분에 어떻게 영향을 주는지를 평가하라

당신 앞 순서의 프리젠터, 발표회장, 조직 내의 전반적인 문화 등 청중의 기분에 영향을 주는 요소를 통제할 수 없을 수도 있다. 하지만 가능하면 프레젠테이션 동안 기분에 영향을 줄 수 있는 것, 즉 동영상, 음악, 그리고 당신의 표정과 기분 등을 고려해 보라('사람들은 프리젠터에게 어떻게 반응할까(157쪽)' 장을 참고한다).

청중을 사로잡는 프레젠테이션 노하우

- ✱ 어떤 사람들은 의사결정을 직관적으로 하고, 다른 사람들은 심사숙고해서 한다.
- ✱ 사람들은 자신의 '자연스러운' 스타일로 의사결정할 수 있을 때 제품의 가치를 더 높게 평가한다.
- ✱ 누군가의 스타일을 파악할 수 있다면 그들에게 의사결정 방법을 제안할 수 있다. 그리고 그렇게 하면 제품의 가치를 더 높게 평가하는 결과가 나올 것이다.
- ✱ 어떤 사람의 기분에 쉽게 영향을 줄 수 있는 방법이 있다(예: 짧은 동영상).
- ✱ 기분이 좋은 사람들은 첫 느낌으로 빨리 결정을 내리라고 할 때 제품의 가치를 더 높게 매긴다.
- ✱ 기분이 슬픈 사람들은 심사숙고하는 방식으로 결정하라고 할 때 제품의 가치를 더 높게 매긴다.
- ✱ 당신이 사람들의 기분에 영향을 줄 수 있다면 그들의 의사결정을 위해 생각하는 방법을 제안할 수 있다. 이렇게 하면 제품 혹은 서비스의 가치에 대해 더 높은 평가를 받을 수 있다.

 # 집단 의사결정은 결함이 있을 수 있다

세계 어느 곳에서나 사무실 건물에 들어가면 회의실에 모여 회의하며 의사결정을 내리는 사람들을 찾을 수 있다. 매일, 기업 및 조직에서 수천 건의 결정이 크고 작은 집단 단위로 내려진다. 안타깝게도 연구에 따르면 집단 의사결정은 몇 가지 심각한 결점이 있다.

집단 사고의 위험

안드레아스 모지치와 스테판 슐츠-하트는 사람들에게 유망한 구직자에 대한 정보를 제공했다(Andreas Mojzisch and Stefan Schulz-Hardt, 2010). 모든 사람들은 각자의 그룹에서 각자 정보를 받고 평가했다. 참가자의 한 그룹은 그룹 내 다른 사람들의 선호도 정보를 받고 나서 자료 평가를 시작했고, 다른 그룹은 다른 사람들의 의견을 받지 않고 평가를 시작했다. 그런 다음 모든 사람들은 후보자에 대한 똑같은 정보를 받았다. 최선의 판단을 하기 위해 참가자는 자기가 받은 모든 정보를 모두 살펴봐야 했다.

사전에 그룹의 선호도 정보를 받은 사람들은 후보자 정보를 면밀하게 살펴보지 않았고, 따라서 최선의 결정을 내리지 않았다. 기억력 테스트에서 그들은 대부분의 관련 정보를 기억하지 못했다. 연구자들은 그룹이 초기 선호도를 공유하고 나서 토론을 시작하면 그룹의 선호도 외에 다른 유용한 정보에 시간과 주의를 더 적게 들인다고 결론지었다. 그러므로 최적보다 못한 결정을 내리고 만다.

모지치와 슐츠-하트는 그룹에서 함께 대면하는 상황으로 바꿔서 추적 연구를 했다. 이 연구에서 각 그룹 구성원은 구직 후보자의 가능성에 대해 다른 정보를 갖고 있었다. 그들은 모든 구성원들이 각자 가진 서로 다른 정보를 공유해야만 최선의 결정에 도달할 수 있었다. 다시, 그들의 초기 선호에 대해 함께 이야기를 나누면 토론 중에 나오는 관련 정보에 주의를 덜 기울이게 되고 틀린 판단을 했다.

 집단토의의 90퍼센트는 출발점부터 잘못됐다

집단 토의의 90퍼센트는 집단 구성원들이 자기가 받은 첫인상을 이야기하는 것으로 시작한다. 이 연구를 통해 이것이 좋지 못하다는 것을 보여준다.

하지만 한 사람보다는 두 사람이 낫다

미식축구에서 와이드 리시버가 엔드존 바로 모퉁이에서 볼을 잡았다. 이것은 터치다운일까, 아닐까? 두 명의 심판이 두 개의 서로 다른 각도에서 플레이를 보았다. 그들이 함께 이야기할 때 옳은 결정을 내릴 확률이 높을까, 각자 판정할 때 옳은 판결을 내릴 확률이 높을까? 바하도르 바라미(Bahador Bahrami)의 연구는 그들이 함께 얘기하거나 그들의 지식과 기술면에서 둘 다 유능할 때는 '두 명이 한 사람보다 낫다'는 것을 보여준다.

바라미는 두 사람이 자기들이 본 것뿐만 아니라 자기가 본 것에 대해 얼마나 자신 있으며 의견의 불일치에 대해 자유롭게 의견을 나눌 수 있다면 각자 의사결정하는 것보다 둘이 낫다고 한다. 자유롭게 토론하지 못한 채 자기 결정을 얘기하기만 한다면 두 사람이 한사람보다 나을 것이 없다.

프레젠테이션 때 좋은 의사결정을 하게 하는 방법

집단 의사결정이 문제가 있는 만큼, 당신의 프레젠테이션에 사람들이 의사결정하는 부분이 있다면 다음과 같은 점을 고려하라.

★ 청중들이 자세히 살펴볼 시간을 가질 수 있게 프레젠테이션 전에 청중들에게 미리 정보를 제공하는 것을 고려하라. 관련 요점과 배경을 모두 요약해서 미리 이메일로 보내라. 받는 사람이 어떻게 하기를 원하는지 써 보내야 한다. 예를 들면, "첨부된 자료를 읽어보세요. XYZ 프레젠테이션에서 논의할 내용인데, 회의 전에 당신이 자료를 읽어보고 생각해 보아야 합니다."

★ 프레젠테이션 진행 중에 청중들에게 결정을 내리도록 요청할 거라면 미리 알려줘야 한다. 예를 들어, 사전에 자료를 보낼 때 "이 문제에 관해 회의 중에 당신의 결정을 요청할 예정입니다."

★ 프레젠테이션 내에 사람들이 자기 결정에 대한 확신과 함께 자기 결정을 말할 수 있는 공간을 만들어 둬라. 그냥 손을 들어 의사를 표시하게 하지 말고, 간단한 서식을 나눠주어서 자기의 결정을 간단히 적고 자기 결정에 대한 확신 정도를 선택해서 체크하게 해라.

★ 의사결정이 프레젠테이션의 일부라면 사람들이 논의하고 결정할 충분한 시간을 줘야 한다. 최소한 전체 프레젠테이션 시간의 3분의 1을 토론과 의사결정에 배정해야 한다.

청중을 사로잡는 프레젠테이션 노하우

✱ 프레젠테이션에 의사결정이 들어 있다면 논의할 관련 정보를 정리해서 미리 배부하라.

✱ 사람들이 자기 결정을 남에게 보여주기 전에 그 결정에 대해 얼마나 자신 있는지 점수를 매겨보라고 하라. 이것을 프레젠테이션 중의 활동에 포함시켜라.

✱ 일단 의견을 공유하기 시작하면 사람들이 이견을 놓고 충분히 토의할 시간을 줘야 한다. 전체 프레젠테이션 시간의 3분의 1을 토론과 의사결정 시간으로 남겨 두어라.

92 사람들은 우세한 사람에 흔들린다

그룹의 의사결정에 참여해 본 사람이라면 그룹 내의 지배적인 멤버가 대화를 독점하고 자기 의견대로 결정을 내리는 것을 본 경험이 있을 것이다. 그룹 단위로 결정을 내린다는 것이 진짜로 전체 그룹이 결정을 한다는 의미는 아니다. 많은 사람들이 한 명 혹은 그 이상의 지배적인 그룹 구성원의 존재에 포기하고 아무 말도 하지 않는다.

리더는 왜 리더가 될까?

카메론 앤더슨과 개빈 킬더프는 집단 의사결정을 연구했다(Cameron Anderson and Gavin Kilduff, 2009). 그들은 각각 4명의 학생으로 구성된 그룹을 만들어 GMAT(경영학 대학원 입학을 위한 표준화된 시험)의 수학 문제를 풀게 했다. 표준화된 시험을 사용함으로써 그룹이 주어진 문제를 얼마나 잘 푸는지 평가할 수 있었고, 각 학생들이 대학 입학 때 치렀던 SAT 점수와 비교해 봄으로써 각 학생들의 실력을 비교할 수 있었다.

문제 풀이 시간 동안 연구자들은 그룹의 대화를 녹화해 나중에 살펴보면서 각 그룹의 리더가 누구인지 판정했다. 그 비디오를 여러 명의 관찰자가 다중으로 검토해서 리더가 누구인지에 대해 의견이 일치하는지를 살폈다. 또한 그룹 내 사람들에게 누가 그룹의 리더인지 물어봤다. 모든 사람이 각 그룹의 리더가 누구인가에 대해 의견이 일치했다.

앤더슨과 킬더프는 리더가 왜 리더가 되는지에 관심 있었다. 그룹을 짓기 전에, 모든 사람들은 자신의 지배력을 측정하는 설문지를 작성했다. 상상하는 대로 리더는 모두 지배력 척도에서 높은 점수를 기록했다. 하지만 그것으로는 그들이 어떻게 리더가 되었는지 알 수 없다. 그들의 SAT 점수가 가장 좋았을까?(아니다) 자기를 리더로 시켜달라고 다른 사람들을 괴롭혔을까? (아니다)

연구자들은 그 대답에 깜짝 놀랐다. 리더는 맨 처음으로 말한 사람들이었다. 문제의 94퍼센트가 그룹의 최종 대답은 처음 제시된 대답과 똑같았다. 그리고 지배적 성격을 가진 사람들은 언제나 맨 처음으로 말했다.

발표자가 지배적 인물이 아니라면 어떻게 할까?

나는 발표장 내에 발표자보다 더 지배적인 사람이 있으면 어떤 일이 일어나는지에 대해 값비싼 교훈을 얻은 바 있다.

나는 소규모 컨설턴트 팀을 상대로 2시간짜리 프레젠테이션을 하기로 돼 있었다. 준비를 다 해서 일찍 도착했다. 우선 참석자들 각자가 최근에 완수한 프로젝트에 관해 함께 이야기 나누는 시간을 마련할 계획이었다. 참석자들에게 짧은 프레젠테이션을 준비해 오라고 했었다.

나의 왼쪽에 앉아 있던 회사의 실력자인 부사장에게 먼저 하시겠냐고 물었다. 그는 프로젝터 코드를 연결하고는 방 안에 있는 다른 사람들 2~3명의 사진을 웹에서 뽑은 것에다 바보 같은 자막이 들어간 것을 보여줬다. 그러고 나서는 지기기 했던 일에 대해 1시간 동안 발표하는 바람에 다른 참석자들이 발표할 시간도 별로 남지 않고, 내가 계획한 프레젠테이션을 할 시간은 더더욱 남지 않았다.

프레젠테이션에서 지배적 위치를 유지하기란 언제나 쉽지 않다. 이 경험을 통해 내가 배운 것 몇 가지가 있는데, 당신에게도 도움될 것이다.

★ 프레젠테이션의 통제권을 다시 돌려받을 생각이라면 절대 남에게 넘기지 마라. 통제권을 넘겨주기 전에 반드시 당신의 발표를 끝내고 나서, 다른 사람에게 발표 기회를 주어라.

★ 다른 사람들이 발표하기로 돼 있다면, 미리 슬라이드나 코멘트, 혹은 개요를 보내 달라고 하라. 그들에게 발표 시간을 얼마나 할당했는지 상의하고, 그 정도 시간이면 되겠다는 동의를 받아라.

★ 참석자들에 대해 미리 알고 있다면 가장 지배력 있는 사람부터 시작하지 마라. 가장 먼저 말하는 사람이 많은 파워를 갖는다는 것을 기억하라.

★ 조직 내 지위가 높은 사람일수록 주의집중 시간은 짧다. 고위급 인사가 청중으로 참석할 예정이라면 세션을 짧게 하라.

★ 당신이 자연스럽게 지배적 인물이 되는지, 혹은 방 안에 더 지배적인 인물이 있는지 여부는 중요하지 않다. 당신이 프리젠터라면 리더 자리를 차지할 수 있도록 첫 순서로 발언해야 한다.

청중을 사로잡는 프레젠테이션 노하우

✳ 당신이 프리젠터라면 자동적으로 리더십을 갖게 된다. 단, 가장 먼저 발언하라.

✳ 여러 패널이 있거나 혹은 다른 연사들이 있다면 당신이 첫 번째 순서로 발표하게 해 달라고 요청하라.

✳ 다른 사람들의 참여를 요청할 때는 그들에게서 기대하는 것을 구체적으로 얘기하고, 그들의 슬라이드나 유인물, 혹은 개요를 미리 받아 둬라.

✳ 다른 지배적 인물이 함께 있다면 회의의 통제권을 곧바로 넘겨주지 마라.

✳ 지배력 있는 고위급 인사가 청중으로 조용히 앉아 있을 수 있는 시간은 기껏해야 5~10분이다.

# 93 사람들은 확신이 없을 때, 다른 사람들이 대신 결정해주기를 바란다

이런 경험이 있는가? 당신의 프레젠테이션 말미에 청중들이 행동 계획을 결정하는 순서를 넣었다. 참석자들과 미리 한 명씩 얘기를 나누고, 그 자리에서 실천사항을 결정하기를 원한다는 데 합의를 이룬다. 막상 당신이 프레젠테이션을 하고 나서 결정하기 위한 토론 시간을 갖는다. 놀랍게도 그룹은 결국 이번에는 결정이나 행동을 하지 않기로 결정하고 만다. 무슨 일이 일어난 것일까?

불확실성이 상황을 바꾼다

《심리를 꿰뚫는 UX 디자인(Neuro Web Design: What Makes Them Click)》에서는 남들이 대신 결정해 주기를 바라는 경향에 대해 다룬다. 이른바 '사회적 타당화(social validation)'라고 하는 것이다.

비브 라탄과 존 달리는 애매모호한 상황에서 주위 사람들이 하는 행동 혹은 하지 않는 행동에 사람들이 영향을 받는지를 알아보는 연구를 진행했다(Bibb Latane and John Darley, 1970). 실험 참가자들은 방에 들어가서 창의력에 관한 설문지에 응답했다. 방 안에는 참가자를 가장한 실험자가 있었는데, 때로는 한 명 있을 때도 있고 더 많이 있을 때도 있었다. 설문지를 작성하는데 환풍구에서 연기가 나오기 시작한다. 참가자는 방에서 나갈까? 가서 누구에게 연기가 난다고 말할까? 그냥 무시할까?

사람들은 남들이 행동할 때만 행동한다

참가자는 방 안에 있는 다른 사람들의 행동에 따라 행동했다. 또 방 안에 몇 명 있는지에 따라 달랐다. 사람 수가 많을수록, 그리고 연기를 무시하는 사람 수가 많을수록 참가자는 아무것도 하지 않는 경향이 높았다. 참가자가 혼자 있다면, 방을 나가서 누군가에게 알린다. 하지만 방 안에 다른 사람들이 있는데 반응하지 않는다면 참가자는 아무것도 하지 않는다.

문구 선정

사람은 남들이 하는 대로 하는 경향이 있기 때문에 결정할 내용을 어떻게 말하느냐에 따라 큰 차이가 난다. 금연해야 하는 이유에 대한 프레젠테이션을 한다고 해 보자.

"2009년에 미국의 18세 이상 성인 중 20.8퍼센트가 흡연을 했습니다."

라고 말할 수도 있고, 또

"2009년에 미국의 18세 이상 성인 중 79.4퍼센트가 흡연을 하지 않았습니다."

라고 말할 수도 있다.

두 번째가 사람들을 금연 혹은 아예 흡연을 시작하지 않게 하는 데 더 큰 영향력을 발휘한다. 대부분의 사람이 흡연하지 않는다는 의미를 전하기 때문이다.

청중을 사로잡는 프레젠테이션 노하우

* 사람들은 남들의 의견과 행동에 아주 많은 영향을 받는데, 특히 자기가 자신이 없을 때는 더 그렇다.
* 프레젠테이션에서 어떤 단어를 쓰느냐가 중요하다. "70퍼센트의 사람들이 쓰레기를 버리지 않습니다."라는 말과 "30퍼센트의 사람들이 쓰레기를 버립니다."라는 말은 엄연히 다르다. 무엇이 됐든 남들이 많이 한다는 말이 기억에 남고 영향력이 크다.

94 사람들은 남들이 자기보다 더 많이 영향받는다고 생각한다

사람들에게 사회적 타당화에 대한 연구 얘기를 하면(#93 참조), 모두들 고개를 끄덕거리며 다른 사람들이 남의 행동에 많은 영향을 받는다는 말이 정말 맞는다고 얘기한다. 하지만 대부분의 사람은 정작 자기는 별로 영향을 받지 않는다고 생각한다. 우리가 사진과 그림, 말에 많은 영향을 받는데 영향받고 있음을 미처 느끼지 못한다는 얘기를 하면 사람들의 반응은 비슷하다. "맞아요, 다른 사람들은 이런 것에 영향을 받아요. 하지만 나는 안 그래요."

제3자 효과

사실, '남들은 영향을 받지만 나는 안 그렇다'는 믿음은 이른바 '제3자 효과'라는 이름이 있을 정도로 보편적인 현상이고, 여러 연구가 이뤄진 바 있다. 연구는 대부분의 사람이 남들은 설득적 메시지에 영향을 받고 자기는 예외라고 생각하고 있지만, 이 생각은 틀렸다는 것을 입증한다. 제3자 효과는 자기가 그 주제에 관심 없다고 생각할 때 더욱 잘 들어맞는다. 예를 들어, 지금 TV를 살 생각이 없는 사람이라면 새로운 TV 광고에 영향 받지 않을 것이라 생각한다. 하지만 연구 결과는 영향을 받는다고 보여준다.

왜 사람들은 이런 식으로 자기 자신을 속일까?

왜 자기를 기만하는 것일까? 그 이유 중 하나는 이 모든 영향력이 무의식적으로 발생하기 때문이다. 사람들은 자기가 영향을 받고 있음을 말 그대로 의식하지 못한다. 또 다른 이유는 자기 자신을 쉽게 흔들리거나 잘 속는 사람으로 생각하고 싶어 하지 않는 사람들의 심리 때문이다. 속기 쉽다는 것은 통제하지 못한다는 의미인데, 생존에 관련된 부분인 구뇌는 언제나 통제 상태에 있기를 원한다.

설득 계획을 포기하지 마라

프레젠테이션 전에 어떤 사람이 찾아와서 "당신의 발표 주제를 낯설어하는 사람들이 몇 명 있지만 저랑 비슷한 사람도 많아요. 우리는 그 자료를 잘 알아요."라거나 "우리는 이미 결정을 내렸습니다."라고 말하는 것을 경험한 적 있는가? 물론 이 말이 맞을 수도 있지만 그 사람 혹은 그룹은 그들의 말과 달리 해당 주제를 잘 모르거나 영향을 잘 받는 사람일 확률이 높다. 청중들에 대해 당신이 '해 줘야 할 일을 다 해 줬다면' 누가 그들이 남의 영향을 그리 잘 받는 사람이 아니라고 말한다고 해서 설득 계획이나 프레젠테이션을 포기하지 마라. 그들은 자기가 생각하는 것보다 훨씬 더 영향을 잘 받는 사람들일지도 모른다.

청중을 사로잡는 프레젠테이션 노하우

✱ 사람은 누구나 무의식적 과정에 의해 영향을 받는다.

✱ 청중이 자기는 무의식적 요인에 의해 영향을 잘 안 받는 사람이며, 논리와 분석에 의해서만 결정하는 사람이라고 말하더라도 그 말을 믿지 마라.

✱ 이런 사람들에게 영향을 줄 수 있는 무의식적 요소에 호소하는 프레젠테이션을 계획하라.

✱ 사람들이 자기가 얼마만큼 남의 영향을 받을지에 관해 얘기하는 것을 액면 그대로 믿지 마라.

 # 사람들은 제품이 자기 눈앞에 있을 때 더 높게 평가한다

어떤 작가가 자기 책에 대한 프레젠테이션을 한다. 효과가 좋아서 사람들은 그의 책을 구매하는 데 관심을 가진다. 그 자리에 책이 있어야 사람들이 구매율이 높을까? 책의 사진만으로도 충분할까? 책을 파는 경우와 다른 제품을 파는 경우가 다를까? 물건의 진열 방식에 따라 사람들이 매기는 가격이 다를까? 벤 부숑과 연구팀이 이를 시험해 보기로 했다(Ben Bushong, 2010).

첫 번째 실험에서 연구자들은 간식(감자칩, 막대사탕 등)을 사용했다. 참가자들은 쓸 돈을 받았다. 선택할 종류가 많았고, 참가자들은 자기가 사고 싶은 것을 마음대로 고를 수 있었다(다이어트 중인 사람과 식이 장애가 있는 사람들은 배제했다). 참가자들은 경매하듯 '값을 불러서' 각 제품에 돈을 얼마 낼 것인지를 밝혔다.

어떤 참가자들은 제품의 이름과 간단한 설명(예: '레이의 감자칩 42그램') 글씨만 읽었고 어떤 사람들은 제품의 그림을 봤고, 또 다른 사람들은 자기 앞에 실제 제품이 있었다. 그림 95.1이 그 결과를 보여준다.

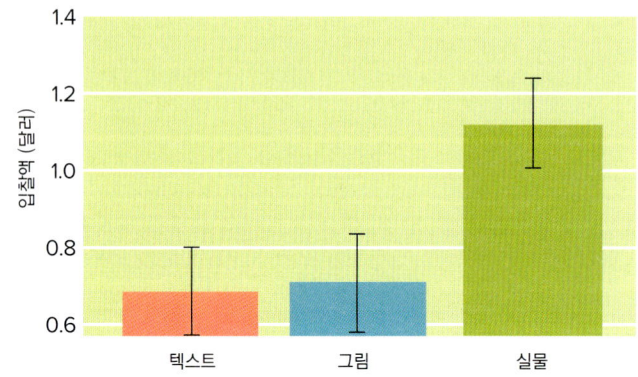

그림 95.1 사람들은 음식 실물이 있을 때 더 높은 금액을 매겼다.

실물이 중요하다

그림을 본다고 사람들이 부르는 경매액수가 올라가진 않았지만 실제 제품이 있을 때는 최고 60퍼센트까지 올라갔다. 흥미로운 것은 프레젠테이션 형식은 사람들의 제품 선호도와 경매액수에 변화를 주지 못했다는 점이다. 실제로 어떤 제품은 예전에 좋아하지 않았다고 말해 놓고도 실물이 자기 눈앞에 있으면 더 높은 금액을 불렀다.

장난감, 값싼 장신구, 그리고 투명 유리

다음에 연구자들은 음식 대신에 장난감과 값싼 장신구로 실험했다. 그림 95.2는 장난감과 장신구 실험 결과다. 그래프 모양이 간식 실험 때와 똑같다.

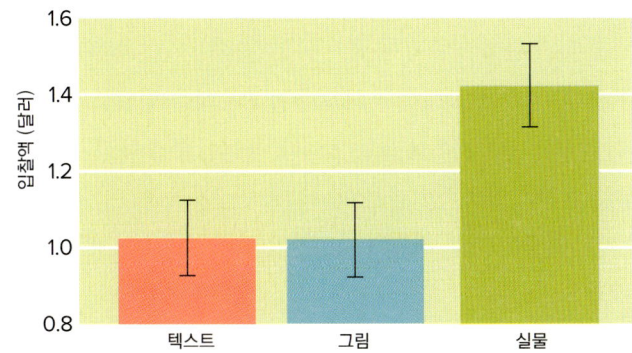

그림 95.2 사람들은 장난감과 장신구 실물이 자기 앞에 있을 때 더 높은 금액을 매겼다.

견본은 어떨까?

한 가지 더 실험해보기로 하고, 연구자들은 다시 음식으로 돌아갔는데, 이번에는 사람들에게 견본을 보여주고 시식하게 했다. 실제 제품은 없었지만 견본이 있었다. 당연히 연구자들은 견본이 제품 실물이 있는 것과 효과가 똑같을 거라 생각했다. 이번에도 틀렸다! 그림 95.3은 견본은 실제 완제품만큼 효과가 없다는 것을 보여준다.

연구자들은 이번 시식 상황에서 실험 참가자들이 종이컵 안에 담긴 견본을 쳐다보지도 않았다는 사실에 주목했다. 왜냐하면 견본은 완제품과 똑같을 거라고 생각했기 때문이다.

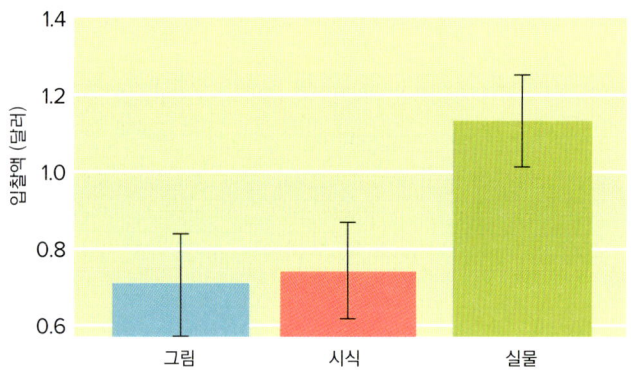

그림 95.3 견본은 제품 실물보다 효과가 적다.

후각이 문제일까?

연구자들은 음식이 무의식적인 후각(냄새) 자극을 생성해서 뇌를 활동하게 하는지 알고 싶어서 또 다른 실험을 했다. 음식을 보이게는 하되 투명유리 뒤쪽에 놓는 것이다. 음식이 투명 유리 뒤쪽에 있을 때는 약간 금액이 올라가지만 손닿는 범위에 있을 때만큼은 아니었다. 연구자들은 "아! 후각 자극이 있구나!"라고 생각했지만 음식이 아닌 제품일 때는 결과의 차이가 없었으니 냄새가 계기는 아니다. 그림 95.4는 투명유리 실험의 결과를 보여준다.

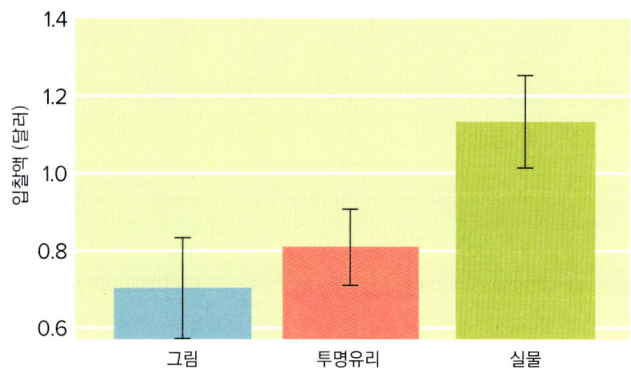

그림 95.4 투명유리 뒤에 있을 때 가격이 올라가긴 했지만 실물이 손닿는 범위에 있을 때만큼은 아니었다.

조건반응일까?

부송과 그의 연구팀은 조건반응(Pavlovian response)이 일어난다는 가설을 세웠다. 제품이 실제로 사용 가능하다면, 그것이 조건자극 역할을 해서 반응을 이끌어낸다. 이미지와 텍스트도 조건자극이 되어 같은 반응을 만들어낼 수도 있지만 이들은 뇌에서 실물과 같은 반응을 일으키지 못한다.

청중을 사로잡는 프레젠테이션 노하우

✳ 제품과 관련 있는 프레젠테이션을 한다면 실물을 가져가서 프레젠테이션 중에 보여주어라.

✳ 가능하면 사람들이 제품을 만져볼 수 있게 하라.

96 사람들은 변하지 않는 페르소나를 유지하고 싶어 한다

누군가 현관문을 두드려서 나가 보니, 이웃에 사는 꼬마아이다. 아이는 학교 동아리 기금 모금을 위해 팝콘을 팔고 있다. 아이의 동아리는 주 당 대회(state convention)에 가려고 한다. 당신은 어떻게 반응할까? 이것은 당신이 학교, 모금활동, 이웃과의 관계 등의 주제에 어떤 이야기, 혹은 어떤 페르소나(persona: 심리학에서 타인에게 비치는 외적 성격- 역주)를 갖고 있느냐에 달려 있다. 다음 세 가지 중 어느 이야기가 당신과 관련 있을까?

(A) "나는 아주 바쁜 사람이야. 집에 있을 때는 쉬고 싶지, 방문 판매사원들의 폭격을 받고 싶진 않아. 모금 같은 것으로 집에서 나를 성가시게 하는 건 딱 질색이야. 우리에게 이런 값비싼 팝콘을 사라고 할 게 아니라 학교가 여행 경비를 대야지. 가난한 아이들을 탓하는 건 아니지만 팝콘은 안 살 거야. 팝콘을 사 주면 이런 행동을 계속 할 테니까. 이럴 때는 누군가 옳은 행동을 해야만 해. 나는 원칙에 따라 옳은 일을 행동하는 사람이야. 나는 친절하지만 단호하게 안 산다고 얘기할 거야."

(B) "와, 어린애들이 주 당 대회에 가려 한다니 대단한걸. 나도 고등학교 때 비슷한 여행을 했던 기억이 나는군. 정말 재미있었지. 꼭 뭘 배우는 건 아니었지만 정말 재미는 있었어! 나는 학생들이 넓은 세상에서 많은 경험 쌓는 것을 장려하는 사람이야. 학교를 지원하는 사람이기도 하지. 나는 팝콘을 사서 이 아이를 도와 줄 거야."

(C) "애들이 늘 뭘 팔고 다니는 것은 좀 성가신 일이야. 하지만 이것은 좋은 이웃 노릇을 하는 거지. 나는 공동체의 일원이고, 우리 마을의 선량한 시민이야. 선량한 공동체 구성원으로서 해야 할 일이니까 팝콘을 살 거야."

사람들에게는 저마다 각자의 페르소나가 있다

사람들은 자기가 누구이고 자기에게 중요한 게 무엇인가에 대한 생각이 있다. 본질적으로 사람들은 늘 자기에 대해 작동하는 '이야기'가 있다. 이런 자기 이야기(self-story), 혹은 페르소나는 결정과 행동에 막강한 영향력을 행사하는 요소다.

사람들은 실제로 하나 이상의 페르소나를 가진다. 타인과의 관계에서 인생의 다양한 면에는 다양한 페르소나가 있다. 예를 들어, 남편 혹은 아내로서 갖는 페르소나가 있고, 부모로서, 직장에서 페르소나가 다르며, 이웃과의 관계에서 나타나는 페르소나가 따로 있다. 사람들은 자기 페르소나에 맞는 것을 근거로 결정을 내린다. 페르소나에 근거한 이런 의사결정은 대부분 무의식적으로 일어난다. 페르소나의 어떤 측면은 의식적이거나 심지어 의식으로 끌어들여질 수도 있다. 하지만 페르소나는 거의 언제나 표면 아래에 있다.

사람들은 일관성 있는 페르소나를 원한다

이런 페르소나는 의사결정에서 중요한데, 사람들은 의사결정에서 기를 쓰고 일관성을 유지하려고 하기 때문이다. 페르소나를 '고정'시키려는 욕구가 있다. 사람들은 자기 페르소나의 일관성을 유지하기 위해 결정할 것이다. 즉, 페르소나가 '활성화'되면 어떤 사람이 특정한 행동을 취할 가능성이 높아진다는 것이다.

일단 페르소나 중 하나에 부합하는 하나의 결정을 내리고 나면 그 페르소나와 일관성을 유지하려고 애쓰며, 그 이야기 혹은 페르소나와 부합하는 결정과 행동을 하게 된다.

페르소나 이야기를 하라

페르소나를 활성화하고 페르소나를 특정한 행동에 연결시킬 수 있다. 그렇게 하면 사람을 행동하게 하는 데 영향력을 가질 것이다. 예를 들어, 당신이 운영하는 자선단체에 관한 프레젠테이션을 하는데, 프레젠테이션에서 촉구하는 행동이 기부라면 "사람들에게 자선단체에 돈을 기부해 주세요."라고 말하지 마라. 어떤 한 사람의 이야기를 들려주고, 그 사람의 가치관이 어떻게 그/그녀가 기부를 하게 이끌었는지 보여줘라.

구체적으로 얘기하라

페르소나를 활성화하고 싶다면 구체적으로 짚어야 한다. 사람들이 해야 할 일이 무엇인지 힌트를 주지 말고, 그런 유형의 사람이 할 일을 정확하게 얘기하라. 예를 들어, 프레젠테이션 끝에서 사람들의 행동을 촉구하려면 "우리 자선단체에 기부할 것을 고려해 주세요."라고 얘기하지 말고 "빌(좀 전에 했던 이야기의 주인공) 같은 사람은 50달러를 XYZ 자선단체에 기부함으로써 사람을 돌보는 모습을 보여줍니다."라고 얘기하라.

> ### 청중을 사로잡는 프레젠테이션 노하우
>
> ✱ 사람들은 페르소나를 갖고 있고, 이 행동에 부합하는 행동을 하고 싶어 한다.
>
> ✱ 사람들이 행동하게 하고 싶다면 먼저 페르소나를 활성화시켜라.
>
> ✱ 프레젠테이션에 이야기를 사용하면 페르소나를 활성화시키고 페르소나가 어떻게 행동하는지를 사람들에게 보여줄 수 있다.
>
> ✱ 특별한 유형의 페르소나를 얘기한 다음 그 페르소나가 취하는 행동이 무엇인지 구체적으로 말하라.

97 작은 걸음이 페르소나를 바꿀 수 있다

사람들이 과연 기존의 페르소나 혹은 자기 이야기에 맞지 않는 결정을 내리거나 행동을 취하는 일이 있을까? 그 행동이 작은 것이라면(기존 페르소나와 약간 다른 것이라면) 사람들이 기존의 강한 페르소나와 일치하지 않는 행동을 하는 것이 가능하다. 일단 '그' 행동을 하고 나면 자기 페르소나를 새로운 행동에 맞게 조정한다. 즉, 다음번에는 새로운 페르소나에 맞는 행동을 하게 되고, 이후에 이 새롭게 수정된 페르소나에 일치하는 행동을 계속 하기가 더 쉬워진다.

작은 약속이 더 많은 행동으로 이어진다

어떤 사람이 행동을 취하기를 원한다면 우선 페르소나를 활성화시킬 작은 것에 대한 약속을 받은 다음, 이후 좀 더 큰 약속을 요청해야 한다. 그 약속을 많은 사람들 앞에 공개적으로 한다면 페르소나의 변화는 더욱 강하게 일어날 것이다. 자기 혼자 조용히 약속하는 것보다 다른 사람 앞에서 말로 약속하는 것이 더 강하다. 작은 것이라도 행동을 하면 페르소나에 변화를 일으키고 이후에 더 큰 행동으로 이어진다.

공식적인 행동 요청을 하기 전에 약속을 받는다

프레젠테이션의 목적 중 하나가 사람들이 행동하게 하는 것이라면 공식적인 행동 요청을 하기 전에 전 단계로 작은 약속과 작은 페르소나 변화를 갖는 순서를 넣어라. 그리고 나서 이후에 실제 행동 요청을 하면 사람들이 행동하는 모습을 더 많이 보게 될 것이다.

예를 들어, 나는 소프트웨어 혹은 웹사이트의 편리함을 향상시키는 방법에 대한 프레젠테이션을 자주 한다. 공식적인 행동 요청은 더 자세히 알기 위해 책을 읽거나 강좌를 들으라는 것이다. 하지만 세션 참석자들 중에는 편리성 향상이 그렇게 중요한지 확신하지 못하는 사람들이 종종 있다. 그래서 프레젠테이션 초반에(때로는 맨 처음에) 참가자들을 소그룹 단위로 짧은 실습을 하게 한다. 그들에게 지난 12달 동안 사용해 본 웹사이트, 소프트웨어, 모바일 앱 중에서 배우기 힘들고 사용하기 힘들었던 것을 하나 생각해 보라고 한다. 그 제품의 어떤 점이 배우기 힘들고 사용하기 힘들었는지 목록을 작성하고, 문제를 수정하지 않으면 어떤 결과가 나올지 목록을 작성하게 한다.

이 실습을 통해 내가 얻고 싶은 것은 사람들이 그 주제를 개인화하는 것이다. "누군가 제품이 사용하기 쉽다고 생각하는지 여부가 중요한 것 같아요."라고 얘기하는 게 아니라 "나는 사용하기 어려우면 아주 애를 먹어요. 이 제품이 사용하기 쉬우면 좋을 텐데. 이 제품을 사용하기 쉬우면 내가 그렇게 좌절하지 않을 겁니다. 이 제품을 설계한 사람은 좀 더 주의를 기울였어야 했어요."가 되는 것이다. 이제 프레젠테이션 참가자들의 페르소나가 약간 달라진다. 그들은 스스로에게, 그리고 그룹 내 사람들에게 "나는 제품의 사용 편리성에 주의를 기울이는 게 가치 있고 중요한 일이라고 생각하는 사람입니다."라고 말한다. 그들은 나의 남은 프레젠테이션을 듣는 태도가 달라질 것이다. 그러면 끝에 가서 내가 공식적인 행동 요청을 하면 실제로 행동을 취할 확률이 훨씬 더 높아진다.

> ### 청중을 사로잡는 프레젠테이션 노하우
>
> ✱ 사람들의 기존 페르소나와 정확하게 일치하지 않는 행동을 하도록 요청할 때는 우선 작은 것을 요청하라.
>
> ✱ 지금 얘기하는 주제가 자기에게 중요하다는 걸 깨닫게 하라. 개인적이고 구체적인 단어를 써서 말하라. "이 소프트웨어는 왜 사용하기 힘들까요?"라고 묻지 말고, "최근에 사용법이 어려워서 쓰기 힘들었던 소프트웨어는 무엇입니까?"라고 물어라. 구체적으로 얘기해야 그 주제가 자기와 상관있는 것으로 인식한다.
>
> ✱ 새롭게 수정된 페르소나에 조금 더 가까워진 작은 행동을 취한 후에 더 큰 약속(예: 프레젠테이션 끝부분의 행동 촉구)을 요구하라.

98 손으로 쓰면 헌신이 증가한다

사람들은 무엇을 글로 쓰면, 헌신이 증가한다.

도이치와 제라드는 타인이 의사결정에 미치는 영향을 살펴봤다(Deutsch and Gerard, 1955). 사람들에게 몇 개의 선의 길이를 추정해 보게 하고, 사전에 약속된 다른 사람들에게 선의 길이를 틀리게 말하게 했다. 피실험자는 자기가 들은 틀린 수치를 따라갈까, 아니면 자기가 맞다고 생각하는 답을 고수(헌신)할까? #93의 사회적 타당화에 대한 글을 읽었다면, 피실험자들의 대답이 다른 사람들로부터 들은 길이에 영향을 받는 것으로 나타난 것에 놀라지 않을 것이다.

하지만 도이치와 제라드는 또한 어떤 경우에 그 상황에서 결정에 대한 '헌신(commitment)'이 강해지는지 살펴봤다.

★ 그룹 1은 다른 사람들이 선의 길이에 대해 말하는 것을 듣기 전에 자신이 추정하는 수치를 종이에 썼다. 종이에 이름을 쓰지 말라고 했고 종이를 제출하는 것은 아니었다.

★ 그룹 2는 자신이 추정하는 수치를 '매직 패드'에 쓴 다음 종이를 들면 다른 사람이 보기 전에 숫자가 지워졌다.

★ 그룹 3은 종이에 숫자를 쓰고, 이름을 쓰게 했다. 실험이 끝나면 종이를 취합할 것이라고 얘기했다.

각 그룹은 자기가 생각한 선 길이를 고수하는 정도가 차이가 날까?

그룹 2가 자기 결정을 바꾸고 틀린 수치를 얘기하는 비율이 가장 높았다. 그룹 1과 그룹 3의 반응은 똑같았다. 자기 답을 바꾸는 비율이 5배 더 낮았다. 이들은 다른 사람들로부터 들은 말에 상관없이 원래 답에 더 헌신적이었다.

이름을 쓰거나 나중에 제출하라는 말을 들은 것은 별 차이를 만들지 않았다. 무엇을 비교적 영구적으로 써 써보는 행위만으로도 사람들이 헌신하게 만드는 데 충분했다.

글씨 쓰기는 두뇌 처리에 변화를 준다

섀드머와 홀콤은 키보드로 타이핑하지 않고 손으로(예: 펜이나 연필) 무엇을 쓸 때의 두뇌 활동을 살펴봤다(Shadmehr and Holcomb, 1997). 글씨 쓰기는 타이핑과는 다른 근육을 사용하는데, 섀드머와 홀콤은 손으로 쓸 때 더 많은 기억의 응고화(memory consolidation)가 일어나는 것을 발견했다.

> **청중을 사로잡는 프레젠테이션 노하우**
>
> ✱ 사람들이 헌신하고 그것을 유지하기를 원한다면 종이에 쓰게 하라.
>
> ✱ 기억과 헌신을 최대화하려면 키보드로 타이핑하지 말고 손으로 쓰게 하라.

사람들은 의무감을 줄이기 위해 행동한다

내가 당신에게 선물을 주거나 호의를 베푼다면 당신은 나에게 빚진 기분이 들 것이다. 당신은 보답으로 나에게 선물을 주거나 호의를 베풀어 줄 것이다. 좋은 사람이 되고 싶은 마음도 있겠지만 주된 것은 부채감을 없애기 위해서다. 이건은 대개 무의식적인 느낌인데, 상당히 강하다. 이를 '상호성(reciprocity)'이라고 한다.

선물 주기와 호의 교환은 생존에 유용하기 때문에 인간 사회에서 발달해 왔다는 이론이다. 한 사람이 누군가에게 무언가(음식, 주거지, 선물, 호의)를 주면 그 사람은 부채(indebtedness)를 깔아놓는 것이다. 선물을 준 사람이 나중에 곤란에 빠지면 그 호의를 '되찾을' 수 있다. 이런 '거래' 혹은 약속은 집단 내에서 개인 간의 협동을 장려하며, 협동을 통해 집단이 성장하고 서로를 지원해 줄 수 있다.

 기부를 2배 늘리는 방법

치알디니에 따르면 퇴역군인회를 위한 기부를 호소하는 메일을 보냈을 때 응답률이 18퍼센트였지만, 메일에 개개인의 주소 라벨을 붙여서 응답자가 '보답'해야 하는 의무감을 느끼게 했을 때 기부는 거의 2배인 35퍼센트를 기록했다(Cialdini, 2006).

 상호성은 보편적이다

하인리히에 따르면(Heinrich, 2001) 상호성의 원칙은 모든 문화권에서 보편적으로 일어난다.

선물의 크기가 일치할 필요는 없다

부채감을 벗기 위해 선물의 크기가 똑같아야 할 필요는 없다. 예를 들어, 내가 당신에게 멋진 저녁식사를 산다면 당신은 나에게 빚진 느낌이 든다. 하지만 멋진 저녁식사로 보답할 필요는 없다. 다음번에 커피를 사 주거나 내 심부름을 하나 해 주면 된다. 그것으로 빚을 갚았다고 생각할 것이다.

프레젠테이션에서 상호성 적용하기

프레젠테이션 끝에 행동 요청 순서가 있어서 사람들에게 뭔가를 하도록 요청할 것이다. 그 전에 부채를 발생시키면 사람들은 당신의 행동 요청에 응하기 더 쉬울 것이다.

 부채의 크기는 중요하지 않으니 작은 것을 줘도 된다. 더 물어볼 게 있는 사람은 이메일을 보내라는 제안(시간 선물)을 할 수도 있다. 판매 프레젠테이션이라면 제품의 무료 체험을 제공할 수 있다. 당신의 프레젠테이션이 유용하거나 좋은 정보를 제공하거나 혹은 재미있다면 당신은 시간, 전문기술, 지식을 선물한 셈이다. 그것으로도 충분히 빚진 느낌이 들게 할 수 있다.

청중을 사로잡는 프레젠테이션 노하우

✲ 누구에게 무엇을 주면 그는 당신에게 빚진 느낌이 들고, 그것을 덜기 위해 당신에게 갚을 기회를 찾을 것이다.

✲ 프레젠테이션에서 줄 만한 작은 것을 찾아라. 예를 들면, 작은 증정품, 펜이나 형광펜, 작은 장난감, 음식, 사탕, 혹은 무료 책자 같은 것이 있다.

✲ 프레젠테이션이 아주 유용하거나 좋은 정보를 제공, 혹은 재미있다면 그것이 빚진 느낌을 유발하는 선물 역할을 할 수 있다.

 처음엔 거절해도 다음번에 수락하는 경우가 많다

지역 내 교육위원회를 대상으로 프레젠테이션 한다고 상상해 보자. 당신은 새 운동장 시설을 설치하고 싶은 학부모 그룹 측이다. 학부모 그룹은 당신을 선택해서 교육위원회에 접촉해서 운동장 설비 프로젝트에 2천 달러 지원을 요구하게 했다.

프레젠테이션을 하고 지원을 요청하는 회의에서 당신은 학부모 그룹이 2천 달러가 아닌 5천 달러를 요구하는 것을 보고 깜짝 놀란다. 교육위원회 위원들은 "아니, 아니요, 저희는 운동장 설비에 그렇게 많은 돈을 쓸 수는 없습니다."라고 한다. 예산을 줄이라고 한다. 비용을 삭감한 안을 요구하고 당신은 드디어 2천 달러 프로젝트를 승인받는다.

이런 것을 '양보(concession)'라고 한다. 교육위원회가 거절하고, 당신은 거절을 수용하면 거절은 교육위원회에게 선물의 역할을 해서 결과적으로 위원회는 당신에게 빚진 느낌을 갖는다. 거절당한 후 처음에 말했던 사람이 다시 더욱 합리적인 부탁을 하면 애초에 원했던 것을 얻게 된다.

 양보는 또한 헌신을 만든다

치알디니는 거리에서 만난 사람들에게 장애 청소년의 일일 동물원 관람에 보호자가 되어 달라고 부탁했다(Cialdini, 1975). 단지 17퍼센트만 수락했다.

그는 처음에 사람들에게 일주일에 2시간씩 2년 이상 청소년의 상담자가 되어달라고 부탁했다(더 큰 요청). 이 경우는 모든 사람이 거절했다. 하지만 그런 다음 장애 청소년의 일일 동물원 관람에 보호자가 되어 달라고 하자, 50퍼센트가 수락했다. 이것은 처음부터 보호자 역할을 요청 받았을 때 수락했던 17퍼센트의 거의 3배에 가깝다. 이것이 양보의 효과다.

하지만 치알디니는 흥미로운 부가 결과를 발견했다. 양보 그룹의 85퍼센트가 실제로 약속장소에 나온 데 반해 양보를 경험하지 않은 그룹은 50퍼센트만이 나왔다. 양보는 행동에 헌신을 높인다.

요청이 얼마나 큰가에 따라 달라진다

양보가 효과를 발휘하려면 첫 번째 제안은 사람들이 보통 수락할 범위를 넘어서지만 그래도 합리적이라고 여겨질 만한 것이어야 한다. 첫 번째 제안이 완전히 이상한 것이면 후퇴한 제안(두 번째 제안)이 효과가 없다. 또, 후퇴한 제안이 할 만한 것이어야 한다.

발표에 양보를 넣어라

프레젠테이션 끝에 행동 요청을 넣을 예정이라면 말하는 중에 더 큰 것을 요청할 방법을 찾아라. 그런 다음 끝에 가서 더 작은 것을 요청하면 된다.

> ### 청중을 사로잡는 프레젠테이션 노하우
>
> ✳ 당신이 무엇을 부탁했는데 상대가 거절한다면 상대는 빚진 느낌을 갖는다. 그래서 다음번에 당신이 더 작은 것을 부탁하면 들어줘야 한다고 생각하게 된다.
>
> ✳ 처음에 거절했다가 더 작은 부탁을 수락하면 헌신이 높아진다.
>
> ✳ 프레젠테이션 중간에 뭔가 큰 것을 요청할 방법을 만들어라. 그런 다음 프레젠테이션 끝의 행동 요청에서 더 작은 부탁을 하라.

"프레젠테이션 1분을 준비하는 데 1시간이 걸린다."

- 웨인 버그래프(Wayne Burgraff)

프레젠테이션 작성 방법

좋은 소식과 나쁜 소식이 있다. 좋은 소식은 당신이 청중에게 딱 들어맞는 효과 만점인 프레젠테이션을 꾸밀 수 있다는 것이다. 나쁜 소식은 막대한 시간과 에너지가 들며, 할 일이 많다는 것이다.

　이 책에 모든 '노하우'가 다 들어있으니, 이 책을 읽는 것만으로도 프레젠테이션 솜씨를 개선하는 데 약간 도움될 것이다. 하지만 재미있고 신이 나며 설득력 있는 프레젠테이션을 하고 싶은 마음이 간절하다면 이 노하우를 고려하는 것은 물론이고, 추가로 프레젠테이션을 멋지게 꾸미는 데 많은 시간을 들여야 한다.

　이 장에서는 최대의 효과를 내는 프레젠테이션을 꾸미고 구성하는 5단계 과정을 알려준다. 여기에는 당신의 프레젠테이션이 해당 청중에게 곧바로 먹혀들게 하는 '마법의 공식'도 포함돼 있다.

직접 조사하라

제1과제: 청중에 대해 아는 것과 짐작하는 것을 문서로 작성하라

첫 단계는 청중에 대해 아는 것과 짐작하는 것을 모두 쓰는 것이다. 예를 들어, 내가 최근 프레젠테이션의 청중에 대해 알고 짐작하는 것은 다음과 같다.

내가 아는 것

- ★ 50명
- ★ 대부분은 나를 초빙한 회사의 직원이지만 외부 인사도 몇 명 있음.
- ★ 인터랙션 디자이너, 프로그램, 인터넷 마케팅 담당자가 고르게 섞여 있음.
- ★ 대개 주제에 대해 꽤 많은 지식이 있음.

내가 짐작하는 것

- ★ 25세 이하가 2~3명, 50세 이상이 2~3명, 대부분은 3~40대
- ★ 남녀가 섞여 있음.
- ★ 나에 대해 들었거나 내 책을 읽어본 사람도 있지만 대부분은 그렇지 않음.
- ★ 내 관점에 호기심을 보이겠지만 다소 회의적이기도 함. 변화에 별로 관심 없음.

'내가 아는 것' 부분은 나를 초빙한 사람과 이야기를 나누면서 알게 된 것이다. 프레젠테이션 작성을 시작하면서 내가 아는 것을 써내려가다 보니 몇 가지 확인하지 않은 게 있음을 알게 됐다. 짐작하는 것을 목록으로 만들어 다시 주최자에게 확인했다.

짐작을 조심하라

강연자로서 처음 활동하기 시작했을 때 나는 시 공무원 회의에서 강연하도록 요청받았다. 청중은 지방 행정부서에서 근무하는 사람들이었다. 나는 이들이 약간 진지하고, 아마도 그룹별 활동에 좀 과묵할 것이며, 틀림없이 게임을 즐길만한 사람들은 아니라고 짐작했다. 나는 완전히 틀렸다. 그들은 내

가 만나본 청중들 중에 가장 제멋대로이고 시끄러우며 놀기 좋아하는 사람들이었다. 이 일로 나는 짐작하기에 대한 교훈을 얻어서, 그 이후로는 내가 짐작하는 바를 반드시 써서 관계자에게 확인을 받고 수정한다.

제2과제: 회의 주선자의 목적과 청중의 목적을 문서로 작성하라

프레젠테이션을 할 때, 당신이 신경 써야 할 청중은 두 부류다. 하나는 와서 당신의 프레젠테이션을 듣는 사람들이고, 다른 하나는 당신에게 프레젠테이션을 부탁한 사람 혹은 집단이다. 성공적인 프레젠테이션을 위해서는 양쪽 집단의 요구와 목적을 모두 다뤄야 한다. 그 둘이 항상 같지는 않다.

주최자는 꽤 구체적인 목표를 갖고 있을 것이다. 예를 들면, 주최자는 "참가한 프로덕트 매니저들이 우리 직원을 자기 프로젝트에 데려가고 싶어하면 좋겠다"는 생각이지만, 프레젠테이션 참가자들은 "네 프로젝트에 들어가는 시간과 비용을 절약하고 싶다"는 다른 목표를 가질 수도 있다. 이 둘이 잘 어울려 갈 수도 있지만 똑같지는 않다.

이상적인 것은, 양쪽 목표를 충족시켜줄 프레젠테이션을 꾸미는 것이지만 그러려면 그 목표가 무엇인지 알아야 한다.

때로는 회의 주선자의 목표와 참석자의 목표가 다를 수도 있다. 혹시 그럴 것 같은 의심이 든다면 그 단절에 대해 주선자와 상의해서 대처방안을 결정해야 한다.

가장 중요한 질문

일반적으로 프레젠테이션의 목적이 무엇인지를 물으면 "우리 팀이 ……을 잘 이해하기 바랍니다."와 같은 애매모호한 대답을 듣게 될 것이다. 나는 이렇게 물어 본다.

내가 프레젠테이션을 마치고 사람늘이 회의상을 떠날 때,

A) 그들은 자신에게 그리고 남들에게 뭐라고 말할까요?

B) 그들이 자기 업무 혹은 가정으로 돌아갔을 때 어떤 행동을 취할까요?

이렇게 질문하면 주최자에게 진짜 중요한 것에 대한 정보를 가장 잘 얻을 수 있다. 청중에게 가장 중요한 것에 대해서는 주최자에게 물어봐도 잘 모를 수 있다. 청중들과 직접 얘기할 수 없다면 그들에게 중요한 것에 대해 당신이 짐작하는 바를 목록으로 만들어 최선을 다해 확인한다.

측정 가능한 행동을 요청하라

세션에 대한 정보를 요청할 때는 구체적인 대답을 들을 수 있을지 확인하라. 만약 그들이 "나는 사람들이 X를 하는 게 얼마나 중요한지 이해하기를 원합니다."라고 말하면 "사람들이 이해했는지를 어떻게 알죠? 그들이 어떤 행동을 할까요? 예를 들어, X를 정확히 이해하면 지금 행동과 어떻게 달라질까요?"라고 다시 물어라. 특별한 목표가 달성된 것을 보여주려면 참가자들이 어떤 행동을 해야 하는지 구체적으로 알아야 한다. 전화기를 들고 누군가에게 전화를 걸까? 다음 프로젝트 계획에 연구 단계를 넣을까? 책을 한 권 읽을까? 강좌에 등록할까? 자기 직원들에게 무슨 얘기를 할까?

목표가 측정 가능하다면 발표에서 무슨 말을 해야 할지 결정하는 데 도움이 된다.

제3과제: 그들의 현재 위치와 희망 위치를 비교하라

목표에 적중하는 효과적인 프레젠테이션은 사람들의 능력을 최대한 잡아 늘이되(stretch), 끊어지지 않을 정도로 하는 것이다. 사람들을 새로운 방식으로 생각하고 행동하게 하지 않는 프레젠테이션은 지루하다. 하지만, 사람들을 너무 잡아당기면 그들은 포기하고 바라는 행동을 하지 않는다.

차이는 얼마나 큰가?

문제는 그들의 현재 위치와 누군가(당신, 주최자, 혹은 참가자 자신)가 원하는 그들의 위치 사이의 차이가 얼마나 크느냐다. 예를 들어, 사람들이 어떤 자선단체에 100달러를 기부하도록 유도하는 것이 목표라고 해 보자. 그것이 적당한 늘이기(stretch)인지, 너무 느슨한 늘이기인지, 너무 지나친 것인지는 시작점이 어디인가에 달렸다. 만약 청중들이 전에 이 자선단체에 기부한 적이 있거나, 혹은 정기적으로 자선단체들에 기부하는 총액이 100달러 정도 된다면, 이것은 적당한 늘이기다. 목표와 현재 위치의 차이가 사람들을 늘이기에 충분해서 당신이 흥미로운 프레젠테이션을 할 수 있다. 하지만 행동 촉구가 비합리적일 때는 그렇지 않다.

청중들이 1년에 수백 달러를 정기적으로 기부하는 사람들이라면 그 차이는 너무 작아서 아예 차이가 없다. 이미 그 이상을 기부하는 사람들에게 100달러를 기부하라는 프레젠테이션이 흥미를 끌 수 있을까?

이번에는 청중들이 최근에 실직해서 취업 문제를 걱정하는 사람들이라면 너무 부담이 돼서 당신 말을 듣지 않고 말 것이다.

합리적이면서도 도전할 만한 차이를 계획하라

청중들에 대해 알고, 청중의 목표와 주최자의 목표를 알고 있다면 그 차이가 합리적이고 도전할 만한 것인지를 결정할 수 있다. 만약 그렇지 않다면 그렇게 되도록 프레젠테이션의 목표를 조정해야 한다.

2단계 프레젠테이션 작성하기

이 부분은 중요 표시를 100개쯤 해 둬야 한다. 왜냐하면 효과적이고 설득력 있고, 매력적인 프레젠테이션을 만들 수 있는 절대 실패하지 않는 방법을 펼쳐서 보여주는 부분이기 때문이다. 여기서는 이 책의 다른 부분의 내용을 모두 합쳐서 프레젠테이션을 작성하고, 순서에 맞게 정리하고 체계적으로 구성하는 방법을 설명한다.

아래에 제시한 프레젠테이션을 구조화하는 방법 템플릿은 물론 그냥 하나의 아이디어일 뿐이다. 꼭 이렇게 정리해야 할 필요는 없다. 하지만 이것은 많은 사람들에게 효과 있는 강력한 공식이며, 내가 대부분의 사람에게 거의 모든 유형의 프레젠테이션에 사용하기를 추천하는 공식이다. 나는 이것을 마법의 프레젠테이션 공식이라고 부른다.

마법의 프레젠테이션 공식

실제로 무척 간단하다. 그림 A.1은 실제로 프레젠테이션을 하는 순서를 보여주는데, 그림 설명은 넘어가고, 각 부분을 하나씩 설명하겠다.

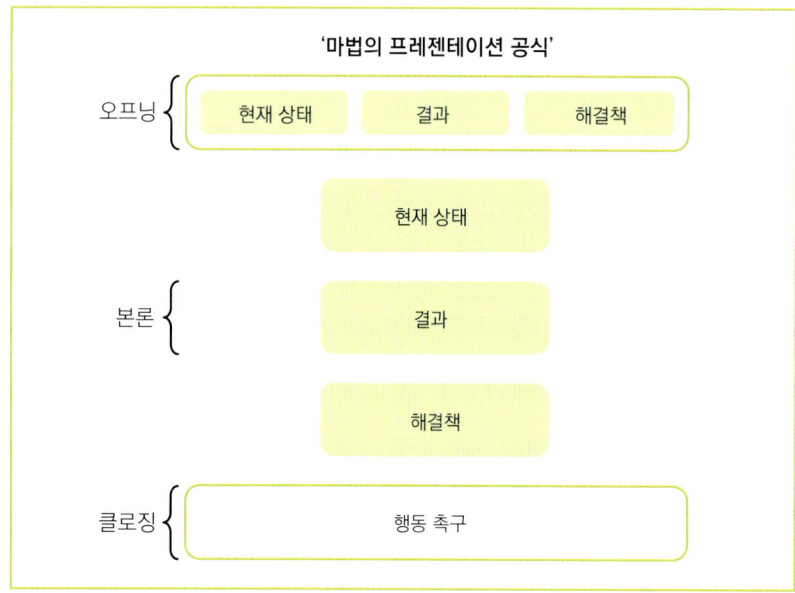

그림 A.1 마법의 프레젠테이션 공식

행동 촉구

그림의 맨 아래, 즉 프레젠테이션의 맨 끝부분부터 시작하자. 1단계의 조사를 마쳤다면 프레젠테이션의 목표와 목적, 프레젠테이션을 시작할 때 사람들의 위치와 끝날 때 청중들이 도달하기를 원하는 위치를 분명히 알고 있을 것이다. 다음으로 결정할 것은 무엇을 행동 촉구할 것인가다. 발표가 끝난 후 청중에게 무엇을 하라고 할 것인가? 무엇이 그 차이를 메울 것인가?

예를 들어, 사람들이 자선단체에 기부하도록 설득하기 위한 프레젠테이션을 준비 중이라면 행동 촉구는 자선단체에 100달러 내기가 될 수 있다.

여러 개의 행동 촉구가 있을 수 있다. 예를 들면 다음과 같다.

- ★ 100달러 내기(신용카드 혹은 현금으로)
- ★ 기부할 친구 3명 데려오기
- ★ 다음 번 기금 모으기 행사 때 자원봉사하기

앞에서 얘기한 대로 너무 많은 선택권을 주거나 선택할 만한 것이 없으면 안 된다. 선택의 가짓수는 4가지가 넘지 않게 한다. 하지만 책 읽기, 소식지 신청과 같이 사소한 것이라도 최소한 한 가지는 있어야 한다.

행동 촉구가 없다면 당신은 그냥 말하는 사람에 불과하다. 프레젠테이션에 행동 촉구가 있어야 프리젠터다.

현재 상태

행동 촉구를 정한 다음에는 '현재 상태' 차례다. 이 책의 앞에서 구뇌에 대해 얘기했다. 구뇌는 '나를, 나를, 나를, 내가, 내가, 내가'에 많은 관심이 있다. 프리젠터는 다른 사람들이 자기만큼 주제에 흥분될 거라고 생각하기 쉽지만 본질적으로 그것은 다른 사람들에게 그리 흥미롭지 않을 수도 있다. 여기서 다시 한 번 청중 조사가 중요하다. 청중에 대해 잘 알아야 청중을 사로잡을 방법을 알 수 있다.

예를 하나 들어보자. 몇 년 전에 나는 어떤 회사의 CEO와 사장을 대상으로 프레젠테이션을 하고 있었다. 사전조사를 통해, 그들이 판매 과정을 바꾸고 싶어 한다는 사실을 알게 됐다. 몇 주에 걸쳐서 CEO 및 사장 인터뷰, 영업 사원들 및 다른 직원들 인터뷰 등을 포함한 사전조사를 했다. 나는 그들이 고려해야 할 많은 데이터와 중요한 결론을 갖게 됐다. 행동 촉구로 역할 분담, 직원 채용, 판매 과정에 있어서 상당히 중대한 변화를 요구할 참이었다. 결과는 그럴 만한 가치가 있지만 나는 그들에게 이 사실을 어떻게 알려야 할지 고민했다. 변화는 쉬운 것이 아니다.

청중의 관점에서 현재 상태는 무엇일까?

나는 마법의 프레젠테이션 공식에 맞춰 프레젠테이션을 만들었고, 그들이 관심을 갖는 것에 초점을 맞췄다. 그림의 본론 부분에 '현재 상태'라고 쓰인 상자가 보일 것이다. 청중의 관점에서 사안의 현재 상태를 논의해야 한다. 앞의 예에서, 사장과 CEO의 주의를 끌 수 있는 현재 상태는 영업사원이 고객 방문이나 전화 통화를 하는 것 대신 컴퓨터 앞에서 작업하는 시간이 많다는 것이다. 소중한 인력자원들이 워드 문서를 작성하느라 시간을 낭비하고 있었다. 나는 지난 몇 년간 고객 응대 시간의 감소량과 복잡한 제안서 작성에 소비한 시간의 증가량에 대한 데이터를 갖고 있었다.

프레젠테이션에서 현재 상태 부분에는 변화가 필요한 문제 혹은 이슈를 쓴다. 현재 상태를 콕 집어서 정확히 보여줄 수 있는 이야기, 그림, 데이터, 다른 사람들의 말, 표와 그래프를 넣어야 한다.

노선 고수의 결과

마법의 공식의 본론 부분을 다시 보자. 다음 상자는 결과다. 이 지점에서, 현재 상태를 청중의 관점에서 말했다면 청중이 당신에게 주의를 집중하고 있을 것이다. 이제 현재 상태를 그냥 두었을 때의 결과를 보여줄 때다.

앞의 예에서 엉망이 된 판매 과정을 계속하면 어떤 결과가 될까? 결과를 얘기할 때는 청중들이 관심을 갖는 관점에서 해야 한다. 판매 과정을 바꾸지 않으면 영업사원들이 좌절에 빠져 더는 자기 일을 즐기지 못할 거라고(실제로 그렇다) 얘기할 수도 있지만, 사장과 CEO가 관심 있는 것은 그게 아니다.

사전 인터뷰를 통해 나는 그들의 관심사가 a) 벌어들이는 수익 b) 판매 종결에 걸리는 시간, c) 영업사원이 더 넓은 지역을 담당할 수 있는 능력이라는 것을 알았다. 나는 결과 부분에서 이 점에 초점을 맞춰 얘기했다. 현재의 판매 과정을 고수하면 이런 요소들이 어떻게 될지에 대해 이야기와 예상 수치를 사용해서 그림을 그렸다.

프레젠테이션의 결과 부분은 현재 상태가 계속될 때 일어날 수 있는 상황을 묘사한다. 다시 한 번 말하지만 요점을 잘 전달하기 위해 이야기, 그림, 데이터, 다른 사람의 말, 표, 그래프를 넣어라.

해결책이 있다

마법의 공식 다음 부분은 해결책이다. 여기까지 현재 상태 및 변하지 않으면 생길 결과에 대해 얘기했다. 이제는 당신이 해결책을 제시할 때다. 그들이 현재 상태를 바꾸려면 어떻게 해야 할까? 해결책은 어떤 효과가 있을까? 무엇이 달라질까?

앞의 예에서 나는 수정된 판매 과정을 제시했는데, 새로운 판매 과정의 각 부분에 수익 및 다른 목적을 언급한 것을 보여줬다. 당신이 청중의 관심사에 맞게 현재 상태와 결과를 얘기했다면 그들은 당신의 해결책을 들을 준비가 돼 있으며, 당신의 행동 요청에 따를 준비가 돼 있다.

몇 가지 예를 더 들어보자.

일정표를 바꿔야 하는 이유에 대해 우리 팀을 대상으로 프레젠테이션 하는 경우

현재 상황: 프로젝트 진행이 늦어졌다.

결과: 현재의 진행표대로 하면 항목을 줄이거나 질이 낮아질 수밖에 없다.

해결책: 최종 마감시한을 2주일 정도 연기할 수 있을지 알아보자.

행동 촉구: 수정된 일정표를 가지고 상사에게 가서 얘기하라.

새 운동장 비용을 지원해야 할 이유에 대해 교육위원회를 대상으로 프레젠테이션 하는 경우

현재 상황: 현재 운동장은 구식이다. 안전 지침에 맞지 않는다. 학부모들의 항의를 받고 있다.

결과: 다치는 사람이 생기면 학교는 소송에 휘말릴 것이다.

해결책: 올해 운동장 개선을 위한 특별 기금을 모금하라. 장비 교체는 우리 지역 업체로부터 실질한 견적을 받아라.

행동 촉구: 새 운동장 예산 계획 및 기금 모금을 준비한 위원회와의 만남에 동의하라.

오프닝

아이러니하게도, 프레젠테이션의 오프닝 얘기는 마지막까지 아껴뒀다. 성공을 위해 정말 중요한 부분이기 때문이다. 마법의 공식에서, 오프닝은 프레젠테이션 본론의 축소판이다. 30~60초 만에 현재 상태, 결과, 해결책을 얘기한다. 1분 내에 다 하기란 정말 어렵지만, 짧게 하는 것이 중요하다.

나의 첫 번째 사례에서 오프닝은 이렇게 했다.

프레젠테이션 작성하기 **235**

"귀사의 영업사원들은 고객 응대를 해야 할 시간에 책상에 앉아 문서를 작성하느라 매일 몇 시간씩 낭비하고 있습니다. 귀사의 판매과정이 잘못돼 있어요. 그 때문에 연간 수입 손실액이 4백만 달러에 이르고, 판매 종결에 걸리는 시간은 2배가 됐고, 영업사원들이 더 많은 지역을 담당할 수 없습니다. 판매 과정을 바꿔서 제자리를 찾게 해야 합니다. 이 프레젠테이션에서 저는 여러분께 12개월 내에, 수입을 30퍼센트 증대시키고, 판매 종결 시간은 반으로 줄이고, 영업사원의 담당 지역이 20퍼센트 늘어날 수 있는 방법을 보여드리겠습니다."

과장하는 게 아니라 CEO와 사장이 완전히 매료됐다. 그들은 내게 집중했고, 이후 한 시간 동안 내 말에 귀를 기울였다.

마법의 프레젠테이션 공식은 전부는 아니더라도 대부분의 프레젠테이션에 효과가 있다. 한번 시도해 보라. 그것이 얼마나 효과적인지에 놀라고, 프레젠테이션에 무슨 내용을 어떤 순서로 넣을지 결정하기가 훨씬 쉬워진다는 점에 한번 더 놀랄 것이다.

 프리젠터에게 추천하는 훌륭한 책

나의 마법의 프레젠테이션 공식은 티모시 케이글(Timothy Koegel)의 책 《엑설런트 프리젠터를 위한 프레젠테이션 발표의 기술(The Exceptional Presenter)》(Greenleaf Book Group Press, 2007)에서 아이디어를 얻었다.

3단계 콘텐츠를 창조하라

1단계와 2단계를 모두 완수했다면 이제는 실제 개요를 작성하고 콘텐츠를 만들어 넣을 차례다. 여기에는 여러 가지 방법이 있다. 몇 가지 아이디어를 소개한다.

스토리보드를 사용한다

펜과 종이 혹은 툴을 사용해서 박스를 그려라. 페이지에 박스를 그리고 프레젠테이션의 여러 조각들로 채워라. 그림 A.2는 스토리보드의 첫 부분을 보여준다.

오프닝: 현재 상태: 웹사이트가 다른 곳과 비슷함. 결과: 방문객을 유인하기에 부족함. 해결책: 웹사이트 설계를 독특하게 다시 하고 댓글을 늘릴 것.	현재 상태 세부사항: A. 우리 웹사이트가 다른 곳과 비슷함. STORY #1	현재 상태 세부사항: B. 우리의 전환율(웹사이트를 방문한 사람 중, 소정의 유도된 행위를 한 방문자의 비율 – 옮긴이)이 원하는 것보다 낮음.
지원 매체: 없음	지원 매체: 우리 웹사이트의 경쟁 사이트	지원 매체: 최근 웹 분석 결과 보여주기
결과 세부사항: A. 전환율이 계속 떨어질 것이다.	결과 세부사항: B. 시장 점유율이 낮아질 것이다.	해결책 A. 웹사이트 재설계 시행. 실행 – 대안 프로토타입을 평가한다.
지원 매체: 예상 전환율을 보여주는 표	지원 매체: 예상 시장 점유율을 보여주는 표	지원 매체: 새로운 웹사이트의 프로토타입 보여주기

그림 A.2 스토리보드

각 부분마다 상자가 2개씩 있다. 위쪽 상자는 그 지점에서 얘기할 것을 쓴다. 아래쪽 상자는 그 부분에 사용할 매체(예: 슬라이드, 동영상, 오디오, 실제 소품)를 쓴다. 아래쪽에 실제 그림을 스케치해도 된다.

포스트잇을 사용한다

포스트잇은 떼었다 붙였다 할 수 있어서 콘텐츠를 브레인스토밍할 때 사용하기 좋다. 여기서도 두 가지 포맷을 쓸 수 있다. 한 가지 색깔의 포스트잇에는 얘기할 내용을 적고, 지원 매체는 다른 색깔의 포스트잇에 쓴다.

개요를 사용한다

프레젠테이션 계획에 개요 형식을 써도 된다. 단 지원 매체를 사용할 위치를 함께 써 놓는 것을 잊지 마라.

```
A. 오프닝
    a) 현재 상태: 웹사이트가 다른 곳과 비슷함.
    b) 결과: 방문객을 유인하기에 부족함.
    c) 해결책: 웹사이트 설계를 독특하게 다시 하고 댓글을 늘릴 것.
B. 현재 상태 세부사항:
    a) 우리 웹사이트가 다른 곳과 비슷함.
        - 관련된 이야기
        - 지원 매체: 우리 웹사이트와 경쟁 사이트
    b) 우리의 전환율이 원하는 것보다 낮음.
        - 지원 매체: 우리의 가장 최근 웹 분석 보여주기
```

그림 A.3 개요 형식

 너무 빨리 슬라이드 소프트웨어로 들어가지 마라

많은 프리젠터들이 파워포인트, 키노트, 슬라이드로켓 같은 프레젠테이션 소프트웨어를 사용한다. 이것들은 유용한 소프트웨어지만 너무 흔해서 프리젠터는 전달매체로 으레 이런 유형의 슬라이드를 사용하겠거니 한다. 그뿐만 아니라, 많은 프리젠터들이 프레젠테이션 계획 과정을 슬라이드 소프트웨어를 여는 것으로 시작한다. 이렇게 곧장 슬라이드 소프트웨어를 열면 발표자가 1번 슬라이드에 들어갈 내용, 2번 슬라이드 내용 등등을 그대로 따라가느라 프레젠테이션이 최대의 효과를 내도록 계획하고 작성하는 데 시간을 쓰지 않는다는 문제가 있다. 프레젠테이션 내용과 필요한 시각 자료를 정하고 나서 슬라이드 소프트웨어 앞에 앉아라.

콘텐츠에 맞는 형식 선택하기

각 주제의 발표 방식을 정해야 한다. 설명을 할 때도 있고 청중에게 질문을 할 때도 있다. 콘텐츠에는 이야기도 있고, 실습 혹은 활동도 있을 것이다. 그것을 스토리보드(그림 A.4), 포스트잇, 혹은 개요에 써 넣어라.

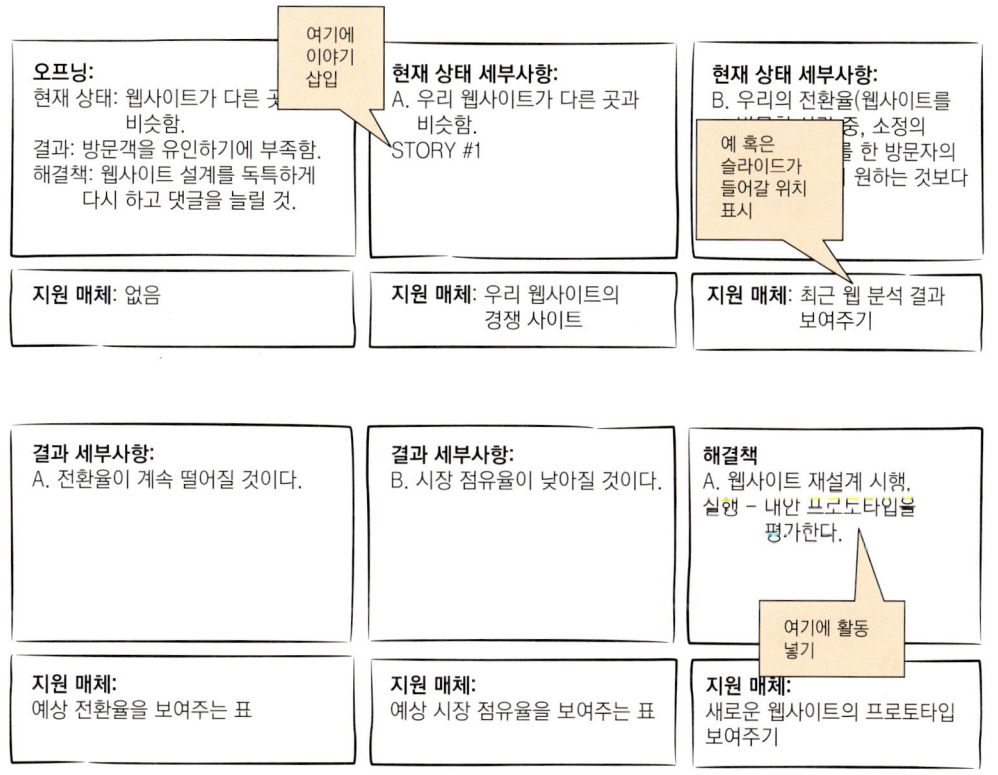

그림 A.4 스토리보드 위에 콘텐츠 표시

3단계가 끝나면 프레젠테이션 계획서가 풍부하고 빽빽하게 채워질 것이다. 청중에 대해 아는 바에 따라 프레젠테이션의 각 부분을 설계한다. 이 책을 통해 사람들에 대해 알게 된 것에 맞춰서 여러 콘텐츠를 작성할 수 있다. 주의집중을 유지하기 위해 활동을 넣는 방법을 알 수 있을 것이다. 프레젠테이션 어느 지점에 활동을 넣어야 할지 알 수 있다. 또한 어디에 휴식 시간을 넣을지도 정할 수 있다. 어떤 종류의 그림을 언제 사용할지, 언제 이야기를 하고 동영상은 어디에 넣는 게 적절할지 결정할 수 있다.

프레젠테이션 설계를 마치면 해당 설계도 혹은 개요의 각 부분에 콘텐츠를 만들어 넣기 시작하면 된다.

4단계 연습, 연습, 연습

콘텐츠 작성이 끝나면 다음 단계는 연습이다. 연습을 많이 하면 할수록 더 세련될 것이다.

연습을 1시간 정도 하면 될까? 2시간? 5시간? 정해진 답은 없다. 그것은 많은 요소(예: 프레젠테이션의 중요도, 프리젠터의 긴장도, 자료에 대한 사전 지식)에 따라 달라진다. 어떤 사람에게 어떤 프레젠테이션은 1시간 연습으로 충분하지만 다른 사람, 다른 프레젠테이션은 6시간 연습도 부족할 수 있다.

시작, 끝, 이행 부분을 가장 많이 연습하라

첫 30~60초의 오프닝은 반드시 암기하라. 이 부분은 자신감과 열정이 넘치는 태도로 말해야 한다. 첫 60초는 "음"이나 머뭇거림 없이 메모를 보지 않고 말해야 한다. 이렇게 될 정도로 연습하고 나면 나머지 부분 중 어느 만큼을 오프닝만큼 매끄럽게 말하고 싶은가가 문제다.

전체 프레젠테이션을 외우는 게 목표는 아니다. 영화배우도 아닌데 전체 프레젠테이션을 외울 필요는 없다. '뻣뻣한' 프레젠테이션을 하고 싶지 않다면, 그리고 훌륭한 연기자가 아닌 다음에는 외워서 말하면 경직돼 보일 수 있다. 절대 중요한 오프닝은 외우고, 나머지 부분은 메모를 보고 다음 순서로 진행하면 된다.

또 연습을 많이 해야 할 부분은 엔딩과 이행 부분이다. 클로징 멘트 두 마디를 뭐라고 할 것인가? 클로징 순간을 "음, 제가 할 말은 다 했습니다"라거나 "이제 끝입니다!"라는 말에 맡겨두지 마라. 세련된 프리젠터는 훌륭한 오프닝, 훌륭한 클로징, 그리고 주제, 부분, 슬라이드(슬라이드를 사용할 경우) 사이를 매끄럽게 넘어간다. 그러니 이 중요한 부분들을 연습하는 데 초점을 맞춰라.

5단계 실행, 개선, 반복

나는 언제나 그때그때의 청중에게 맞춤형 프레젠테이션을 만들고 싶어서 늘 새로운 프레젠테이션을 만드는데, 여기엔 나쁜 점이 있다. 매번 새로운 프레젠테이션을 하면 정말 잘 할 수 있는 기회가 없다. 프레젠테이션 전부 혹은 일부를 재활용하면 어떤 이야기 혹은 어떤 주제의 논의든 정말로 능수능란하게 할 수 있다. 프레젠테이션을 할 때마다 효과가 좋았던 부분 혹은 좋지 않았던 부분을 메모해 뒀다가 사용한 콘텐츠와 매체를 개선하라. 한 부분에 대한 연습을 많이 할수록 더 좋아진다. 배우나 개그맨에게 물어보라. 새로운 연기는 언제나 긴장되고 안절부절못하게 한다. 자료를 여러 번 재사용하면 할수록 점점 더 잘 하게 될 것이다.

"지식은 스킬이 아니다. 스킬은 지식에 그 천 배를 더한 것이다."
- 시니치 스즈키(Shinichi Suzuki)

90일 개선 계획

희망하건대, 이쯤에 이르면 당신이 배운 것을 직접 해 보고 싶은 생각이 들었으면 좋겠다. 시간과 용기가 조금만 있다면 연설자로, 프리젠터로 당신의 스킬을 개선할 수 있다. 다음은 90일 계획이다. 90일이 걸리긴 하지만 실제 그렇게 많은 시간이 소요되는 것은 아니며, 어려운 것도 전혀 없다. 잘만 따라온다면 90일 후에 당신은 더 나은 프리젠터가 될 거라 장담한다.

1~10일

- ★ 훌륭한 프리젠터라고 생각하는 사람(최소한 3명)의 강연을 보거나 듣는다. 테드닷컴(www.ted.com)에서 훌륭한 프리젠터를 찾거나, 아니면 역사상 탁월한 연설자(마틴 루터 킹, 존 F. 케네디)들을 온라인에서 찾아본다.

- ★ 프레젠테이션을 보면서 그들이 무엇을 하고 무엇을 안 하는지 메모한다.

11~20일

- ★ 3~5분짜리 짧은 프레젠테이션을 준비해서 빈 방에서 발표해 본다. 그것을 녹음 혹은 녹화한다. 과거에 했던 프레젠테이션을 사용해도 되고, 새로 해도 된다. 아주 잘 아는 주제에 관한 프레센테이션을 한다.

- ★ 녹음 혹은 녹화된 것을 보면서 이 책에 나온 100가지에 비춰 잘 한 것 5가지, 개선해야 할 것 5가지를 적는다.

- ★ 개선이 필요한 5가지 중 2가지를 골라서 그것을 개선하기 위해 정확히 어떻게 해야 할지 결정한다.

21~30일

- ★ 11~20일에서 고른 2가지를 실천에 옮긴다. 짧은 프레젠테이션을 다시 녹화해서 본다. 개선됐는가? 그렇지 않다면 개선됐다고 느낄 때까지 다시 한다.

- ★ 개선이 필요한 5가지에서 2가지를 더 골라서 개선하기 위해 할 일을 정확히 결정한다.

31~40일

- ★ 새로 고른 2가지를 실천하는데, 처음에 골랐던 2가지도 계속 한다.

- ★ 짧은 프레젠테이션을 다시 녹화해서 다시 검토한다. 개선됐는가? 그렇지 않다면 4가지 모두 개선됐다고 느낄 때까지 다시 한다.

41~50일

★ 마지막 남은 한 가지를 개선하기 위해 할 일을 정확하게 정한다. 다른 4가지와 합쳐서 5가지를 실천에 옮긴다.

★ 짧은 프레젠테이션을 다시 녹화해서 다시 검토한다. 개선됐는가? 그렇지 않다면 5가지 모두 개선됐다고 느낄 때까지 다시 한다.

51일~60일

★ 새로운 프레젠테이션 하나를 처음부터 끝까지 만든다. 관심 있는 주제를 고른다. 30일 후에 실제로 해야 하는 진짜 프레젠테이션도 좋고, 과거에 했는데 개선이 필요했던 프레젠테이션도 좋다. 아니면 가상의 상황, 청중, 주제여도 좋다.

★ '프레젠테이션 작성 방법(227쪽)'의 1단계 제1과제 수행: 청중에 대해 아는 것, 짐작하는 바를 문서로 작성하고, 그 결과를 쓴다.

★ '프레젠테이션 작성 방법'의 1단계 제2과제 수행: 주최자의 목적과 청중의 목적을 문서로 작성하고, 그 결과를 쓴다.

★ '프레젠테이션 작성 방법'의 1단계 제3과제 수행: 그들의 현재 위치와 당신이 원하는 그들의 위치를 비교하고, 그 결과를 쓴다.

61~70일

★ '프레젠테이션 작성 방법'의 2단계 수행: 마법의 프레젠테이션 공식을 시도해 보고 스토리보드, 포스트잇, 혹은 개요를 사용해서 프레젠테이션 계획을 작성한다.

71~80일

★ '프레젠테이션 작성 방법'의 3단계 수행: 프레젠테이션 콘텐츠를 작성한다. 이때 이 책에서 이야기와 그림에 대해 언급한 모든 사항을 염두에 두고, 텍스트 많은 파워포인트 슬라이드는 피한다.

★ 프레젠테이션을 반복해서 연습한다. 특히 오프닝을 많이 연습한다.

81~90일

- ★ 프레젠테이션 한다. 실제 청중이 없다면 혼자서 하고 녹화해 둔다.

- ★ 프레젠테이션을 평가한다. 다른 참석자가 있다면 그들의 피드백을 받는다. 잘 한 점과 여전히 개선이 필요한 점을 구체적으로 확인한다. 개선된 부분을 구체적으로 메모한다.

- ★ 개선할 점 5가지를 더 골라서 써 놓는다.

이제 끝이다. 그리고 계속 반복해야 한다. 프리젠터의 향상 과정은 끝이 없다. 하지만 당신은 90일 전보다 더 나은 프리젠터가 돼 있을 것이다.

참고문헌

Alloway, Tracy P., and Alloway, R. 2010. "Investigating the predictive roles of working memory and IQ in academic attainment." Journal of Experimental Child Psychology 80(2): 606–21.

Anderson, Cameron, and Kilduff, G. 2009. "Why do dominant personalities attain influence in face-to-face groups?" Journal of Personality and Social Psychology 96(2): 491–503.

Baddeley, Alan D. 1994. "The magical number seven: Still magic after all these years?" Psychological Review 101: 353–6.

Baddeley, Alan D. 1986. Working Memory. New York: Oxford University Press.

Bahrami, Bahador, Olsen, K., Latham, P. E., Roepstorff, A., Rees, G., and Frith, C. D. 2010. "Optimally interacting minds." Science 329(5995): 1081–5. doi:10.1126/science.1185718.

Bargh, John, Chen, M., and Burrows, L. 1996. "Automaticity of social behavior: Direct effects of trait construct and stereotype." Journal of Personality and Social Psychology 71(2): 230–44.

Bayle, Dimitri J., Henaff, M., and Krolak-Salmon, P. 2009. "Unconsciously perceived fear in peripheral vision alerts the limbic system: A MEG study." PLoS ONE 4(12): e8207. doi:10.1371/journal.pone.0008207.

Beaird, Jason. 2010. The Principles of Beautiful Web Design. Melbourne, Australia: SitePoint.

Bechara, Antoine, Damasio, H., Tranel, D., and Damasio, A. 1997. "Deciding advantageously before knowing advantageous strategy." Science 275: 1293–5.

Begley, Sharon. 2010. Newsweek, February 18, 2010.

Bellenkes, Andrew H., Wickens, C. D., and Kramer, A. F. 1997. "Visual scanning and pilot expertise: The role of attentional flexibility and mental model development." Aviation, Space, and Environmental Medicine 68(7): 569–79.

Belova, Marina A., Paton, J., Morrison, S., and Salzman, C. 2007. "Expectation modulates neural responses to pleasant and aversive stimuli in primate amygdala." Neuron 55: 970–84.

Berman, Marc G., Jonides, J., and Kaplan, S. 2008. "The cognitive benefits of interacting with nature." Psychological Science 19: 1207–12.

Berns, Gregory S., McClure, S., Pagnoni, G., and Montague, P. 2001. "Predictability modulates human brain response to reward." The Journal of Neuroscience 21(8): 2793–8.

Berridge, Kent, and Robinson, T. 1998. "What is the role of dopamine in reward: Hedonic impact, reward learning, or incentive salience?" Brain Research Reviews 28: 309–69.

Bickman, L. 1974. "The social power of a uniform." Journal of Applied Social Psychology 4: 47-61.

Brinol, Pablo, Petty, R.E., & Wagner, B. 2009. "Body posture effects on self-evaluation: A self-validation approach." European Journal of Social Psychology 39: 1053-1064.

Broadbent, Donald. 1975. "The magic number seven after fifteen years." In Studies in Long-Term Memory, edited by A. Kennedy and A. Wilkes. London: Wiley.

Bushong, Ben, King, L. M., Camerer, C. F., and Rangel, A. 2010. "Pavlovian processes in consumer choice: The physical presence of a good increases willingness-to-pay." American Economic Review 100: 1–18.

Carey, Susan. 1986. "Cognitive science and science education." American Psychologist 41(10): 1123–30.

Cattell, James M. 1886. "The time taken up by cerebral operations." Mind 11: 377–92.

Chabris, Christopher, and Simons, D. 2010. The Invisible Gorilla. New York: Crown Archetype.

Chartrand, Tanya L., and Bargh, J. 1999. "The chameleon effect: The perception-behavior link and social interaction." Journal of Personality and Social Psychology 76(6): 893–910.

Christoff, Kalina, Gordon, A. M., Smallwood, J., Smith, R., and Schooler, J. 2009. "Experience sampling during fMRI reveals default network and executive system contributions to mind wandering." Proceedings of the National Academy of Sciences 106(21): 8719–24.

Chua, Hannah F., Boland, J. E., and Nisbett, R. E. 2005. "Cultural variation in eye movements during scene perception." Proceedings of the National Academy of Sciences 102: 12629–33.

Cialdini, R. B., J.E. Vincent, S.K. Lewis, J. Catalan, D. Wheeler, B.L. Darby. 1975. "A reciprocal concessions procedure for inducing compliance: The door-in-the-face technique." Journal of Personality and Social Psychology 31:206-215.

Cialdini, Robert. 2006. The Psychology of Influence. New York: Harper Collins.

Clem, Roger, and Huganir, R. 2010. "Calcium-permeable AMPA receptor dynamics mediate fear memory erasure." Science 330(6007): 1108–12.

Cowan, Nelson. 2001. "The magical number 4 in short-term memory: A reconsideration of mental storage capacity." Behavioral and Brain Sciences 24: 87–185.

Csikszentmihalyi, Mihaly. 2008. Flow: The Psychology of Optimal Experience. New York: Harper and Row.

Custers, Ruud, and Aarts, H. 2010. "The unconscious will: How the pursuit of goals operates outside of conscious awareness." Science 329(5987): 47–50. doi:10.1126/science.1188595.

Darley, John, and Batson, C. 1973. "From Jerusalem to Jericho: A study of situational and dispositional variables in helping behavior." Journal of Personality and Social Psychology 27: 100–108.

Deutsch, Morton, and Harold B. Gerard. 1955. "A study of normative and informational social influences upon individual judgment." The Journal of Abnormal and Social Psychology 51(3): 629-636.

De Vries, Marieke, Holland, R., Chenier, T., Starr, M., and Winkielman, P. 2010. "Happiness cools the glow of familiarity: Psychophysiological evidence that mood modulates the familiarity-affect link." Psychological Science 21: 321–8.

De Vries, Marieke, Holland, R., and Witteman, C. 2008. "Fitting decisions: Mood and intuitive versus deliberative decision strategies." Cognition and Emotion 22(5): 931–43.

Dietrich, Arne. 2004. "The cognitive neuroscience of creativity." Psychonomic Bulletin and Review 11(6): 1011–26.

Downar J, Bhatt M, Montague PR. 2011. "Neural correlates of effective learning in experienced medical decision-makers." PLoS ONE, 6 (11): e27768. doi: 10.1371/journal.pone.0027768.

Ebbinghaus, Hermann. 1886. "A supposed law of memory." Mind 11(42).

Efran, M.G. and Patterson, E.W.J. 1974. "Voters vote beautiful: The effect of physical appearance on a national election." Canadian Journal of Behavioural Science 6(4): 352-356.

Ekman, Paul. 2007. Emotions Revealed: Recognizing Faces and Feelings to Improve Communication and Emotional Life, 2nd ed. New York: Owl Books.

Festinger, Leon, Riecken, H. W., and Schachter, S. 1956. When Prophecy Fails. Minneapolis: University of Minnesota Press.

Gal, David, & Rucker, D. 2010. "When in doubt, shout." Psychological Science October 13, 2010.

Garcia, Stephen, and Tor, A. 2009. "The N effect: More competitors, less competition." Psychological Science 20(7): 871–77.

Gladwell, Malcom. 2007. Blink. Back Bay Books.

Goman, Carol Kinsey. 2011. The Silent Language of Leaders: How Body Language Can Help—or Hurt—How You Lead. Jossey-Bass.

Gunes, Hatice and Piccardi, Massimo. 2006. "Assessing facial beauty through proportion analysis by image processing and supervised learning." International Journal of Human-Computer Studies 64(12): 1184–99.

Heinrich, J.R., Boyd, S., Bowles, S., Camerer, C., Fehr, E., and McElreath, R. 2001. "Cooperation, reciprocity and punishment in fifteen small-scale societies." American Economic Review May 2001.

Hsee, C. K., Yang, X., & Wang, L. 2010. "Idleness aversion and the need for justified busyness." Psychological Science 21(7), 926–930.

Hull, Clark L. 1934. "The rats' speed of locomotion gradient in the approach to food." Journal of Comparative Psychology 17(3): 393–422

Hyman, I., Boss, S., Wise, B., McKenzie, K., & Caggiano, J. 2009. "Did you see the unicycling clown?: Inattentional blindness while walking and talking on a cell phone." Applied Cognitive Psychology doi: 10.1002/acp.1638.

Iyengar, Sheena. 2010. The Art of Choosing. New York: Twelve.

Iyengar, Sheena, and Lepper, M. R. 2000. "When choice is demotivating: Can one desire too much of a good thing?" Journal of Personality and Social Psychology 70(6): 996–1006.

Ji, Daoyun, and Wilson, M. 2007. "Coordinated memory replay in the visual cortex and hippocampus during sleep." Nature Neuroscience 10: 100–107.

Kahn, Peter H., Jr., Severson, R. L., and Ruckert, J. H. 2009. "The human relation with nature and technological nature." Current Directions in Psychological Science 18: 37–42.

Kanwisher, Nancy, McDermott, J., Chun, M. 1997. "The fusiform face area: A module in human extrastriate cortex specialized for face perception." Journal of Neuroscience 17(11): 4302–11.

Kawai, Nobuyuki, and Matsuzawa, T. 2000. "Numerical memory span in a chimpanzee." Nature 403: 39–40.

Keller, John M. 1987. "Development and use of the ARCS model of instructional design." Journal of Instructional Development 10(3): 2–10.

Kivetz, Ran, Urminsky, O., and Zheng, U. 2006. "The goal-gradient hypothesis resurrected: Purchase acceleration, illusionary goal progress, and customer retention." Journal of Marketing Research 39: 39–58.

Knutson, Brian, Adams, C., Fong, G., and Hummer, D. 2001. "Anticipation of increased monetary reward selectively recruits nucleus accumbens." Journal of Neuroscience 21.

Koegel, Timothy. 2007. The Exceptional Presenter. Austin, TX: Greenleaf.

Koo, Minjung, and Fishbach, A. 2010. "Climbing the goal ladder: How upcoming actions increase level of aspiration." Journal of Personality and Social Psychology 99(1): 1–13.

Krienen, Fenna M., Pei-Chi, Tu, and Buckner, Randy L. 2010. "Clan mentality: Evidence that the medial prefrontal cortex responds to close others." The Journal of Neuroscience 30(41): 13906–15. doi:10.1523/JNEUROSCI.2180-10.2010.

Lally, Phillippa, van Jaarsveld, H., Potts, H., and Wardle, J. 2010. "How are habits formed: Modelling habit formation in the real world." European Journal of Social Psychology 40(6): 998–1009.

Larson, Adam, and Loschky, L. 2009. "The contributions of central versus peripheral vision to scene gist recognition." Journal of Vision 9(10:6): 1–16. doi:10.1167/9.10.6.

Latane, Bibb, and Darley, J. 1970. The Unresponsive Bystander. Upper Saddle River, NJ: Prentice Hall.

Lavie, Talia and Tractins, Noam. 2004. "Assessing dimensions of perceived visual aesthetics of web sites." International Journal Human-Computer Studies 60: 269–98.

Lefkowitz, M, Blake, R. R. and Mouton, J. S. 1955. "Status factors in pedestrian violation of traffic signals." Journal of Abnormal Social Psychology 51: 704-706.

Lehrer, Jonah. 2010. How We Decide. Mariner Books.

Lehrer, Jonah. 2010. "Why Social Closeness Matters." The Frontal Cortex blog. http://bit.ly/fkGlgF.

Lepper, Mark, Greene, D., and Nisbett, R. 1973. "Undermining children's intrinsic interest with extrinsic rewards." Journal of Personality and Social Psychology 28: 129–37.

Loftus, Elizabeth, and Palmer, J. 1974. "Reconstruction of automobile destruction: An example of the interaction between language and memory." Journal of Verbal Learning and Verbal Behavior 13: 585–9.

Mandler, George. 1969. "Input variables and output strategies in free recall of categorized lists." The American Journal of Psychology 82(4).

Mednick, Sara, and Ehrman, M. 2006. Take a Nap! Change Your Life. New York: Workman Publishing Company.

Meyer, D. E., Evans, J. E., Lauber, E. J., Gmeindl, L., Rubinstein, J., Junck, L., and Koeppe, R. A. 1998. "The role of dorsolateral prefrontal cortex for executive cognitive processes in task switching." Journal of Cognitive Neuroscience Vol. 10.

Meyer, D. E., Evans, J. E., Lauber, E. J., Rubinstein, J., Gmeindl, L., Junck, L., and Koeppe, R. A. 1997. "Activation of brain mechanisms for executive mental processes in cognitive task switching." Journal of Cognitive Neuroscience Vol. 9.

Milgram, Stanley. 1963. "Behavioral Study of Obedience." Journal of Abnormal and Social Psychology 67 (4): 371–8. doi:10.1037/h0040525.

Miller, George A. 1956. "The magical number seven plus or minus two: Some limits on our capacity for processing information." Psychological Review 63: 81–97.

Mischel, Walter, Ayduk, O., Berman, M., Casey, B. J., Gotlib, I., Jonides, J., Kross, E., Wilson, N., Zayas, V., and Shoda, Y. 2010. "Willpower over the life span: Decomposing self-regulation." Social Cognitive and Affective Neuroscience, in press.

Mogilner, Cassie and Aaker, J. 2009. "The time versus money effect: Shifting product attitudes and decisions through personal connection." Journal of Consumer Research 36: 277–91.

Mojzisch, Andreas, and Schulz-Hardt, S. 2010. "Knowing others' preferences degrades the quality of group decisions." Journal of Personality and Social Psychology 98(5): 794–808.

Mondloch, Catherine J., Lewis, T. L., Budrea, D. R., Maurer, D., Dannemiller, J. L., Stephens, B. R., and Keiner-Gathercole, K. A. 1999. "Face perception during early infancy." Psychological Science 10: 419–22.

Murphy, Maureen. 2012. "Improving learner reaction, learning score, and knowledge retention through the chunking process in corporate training." Denton, Texas. UNT Digital Library. http://digital.library.unt.edu/ark:/67531/metadc5137/.

Neisser, Ulric, and Harsh, N. 1992. "Phantom flashbulbs: false recollections of hearing the news about Challenger. " In Affect and Accuracy in Recall, edited by E. Winograd and U. Neisser. Cambridge (UK) University Press: 9–31.

Nisbett, Richard. 2004. The Geography of Thought: How Asians and Westerners Think Differently…And Why. New York: Free Press.

Paap, Kenneth R., Newsome, S. L., and Noel, R. W. 1984. "Word shape's in poor shape for the race to the lexicon." Journal of Experimental Psychology: Human Perception and Performance 10: 413–28.

Pentland, Alex. 2010. Honest Signals. Cambridge, MA: The MIT Press.

Perfect, Timothy, Wagstaff, G., Moore, D., Andrews, B., Cleveland, V., Newcombe, K., & Brown, L. 2008. "How can we help witnesses to remember more? It's an (eyes) open and shut case." Law and Human Behavior 32(4), 314–24.

Pierce, Karen, Muller, R., Ambrose, J., Allen, G., and Courchesne, E. 2001. "Face processing occurs outside the fusiform 'face area' in autism: Evidence from functional MRI." Brain 124(10): 2059–73.

Pink, Daniel. 2009. Drive. New York: Riverhead Books.

Ramachandran, V. S. 2010. TED talk on mirror neurons: http://bit.ly/aaiXba.

Rao, Stephen, Mayer, A., and Harrington, D. 2001. "The evolution of brain activation during temporal processing." Nature and Neuroscience 4: 317–23.

Rayner, Keith. 1998. "Eye movements in reading and information processing: 20 years of research." Psychological Review 124(3): 372–422.

Reynolds, Garr. 2008. Presentation Zen. Berkeley, CA: New Riders.

Salimpoor, Valorie, N., Benovoy, M., Larcher, K., Dagher, A., and Zatorre, R. 2011. "Anatomically distinct dopamine release during anticipation and experience of peak emotion to music." Nature Neuroscience.

Schwartz, Barry. 2004. The Paradox of Choice. New York: Harper Collins.

Shadmehr, Reza and Holcomb, Henry H. 1997. "Neural Correlates of Memory Motor Consolidation." Science 277. www.sciencemag.org.

Singer, T., B. Seymour, J. O'Doherty, H. Kaube, J. D. Dolan, and C. Frith. 2004. "Empathy for pain involves the affective but not sensory component of pain." Science 303: 1157–62.

Song, Hyunjin, and Schwarz, N. 2008. "If it's hard to read, it's hard to do: Processing fluency affects effort prediction and motivation." Psychological Science 19: 986–8.

Sprenger, Marilee. 2008. Differentiation through Learning Styles and Memory. Thousand Oaks, CA: Corwin Press.

Stephens, Greg, Silbert, L., and Hasson, U. 2010. "Speaker-listener neural coupling underlies successful communication." Proceedings of the National Academy of Sciences, July 27, 2010.

Ulrich, R.S. 1984. "View through a window may influence recovery from surgery." Science 224, 420–21.

Van Veen, V., Krug, M. K., Schooler, J. W., & Carter, C. S. 2009. "Neural activity predicts attitude change in cognitive dissonance." Nature Neuroscience 12(11), 1469–74.

Wagner, U., Gais, S., Haider, H., Verleger, R., & Born, J. 2004. "Sleep inspires insight." Nature 427(6972), 304–5.

Weinschenk, Susan. 2011. 100 Things Every Designer Needs to Know About People. Berkeley, CA: New Riders.

Weinschenk, Susan. 2008. Neuro Web Design: What Makes Them Click? Berkeley, CA: New Riders.

Wilson, Timothy. 2004. Strangers to Ourselves: The Adaptive Unconscious. Cambridge, MA: Belknap Press.

Wohl, M., Pychyl, T., & Bennett, S. 2010. "I forgive myself, now I can study: How self-forgiveness for procrastinating can reduce future procrastination." Personality and Individual Differences 48(7), 803–8.

Worchel, Stehen, Jerry Lee, and Akanbi Adewole. 1975. "Effects of supply and demand on ratings of object value." Journal of Personality and Social Psychology 32(5), 906–14.

Zihui, Lu, Daneman, M., and Reingold, E. 2008. "Cultural differences in cognitive processing style: Evidence from eye movements during scene processing." CogSci 2008 Proceedings: 30th Annual Conference of the Cognitive Science Society July 23–26, 2008, Washington, DC, USA. http://csjarchive.cogsci.rpi.edu/proceedings/2008/pdfs/p2428.pdf.

Zimbardo, Philip, and Boyd, J. 2009. The Time Paradox: The New Psychology of Time That Will Change Your Life. New York: Free Press.

• 찾아보기 •

번호

3개의 뇌 56

ㄱ

가구 배치 129
가속학습 49
강당 배치 126
강화 68
개빈 킬더프 205
거울신경세포 176
견본 213
경쟁하기 90
공식적인 행동 요청을 하기 전에 약속을 받는다 219
구체적으로 얘기하라 217
그레그 스티븐스 182
글씨 쓰기는 두뇌 처리에 변화를 준다 222
글을 읽는 방향 100
금전적 보상을 약속받으면 도파민이 방출된다 79
기부를 2배 늘리는 방법 223
기분 200
기억에 관한 재미있는 사실 31
기억은 변한다 32
기억의 응고화 222
기저핵 39

ㄴ

내러티브 141
닐스-에이크 힐라프 74

ㄷ

다니엘 핑크 79
다우너 51
단계적 공개 기법 2
단계적 공개의 기원 2
단기기억 19
대니얼 사이먼스 14
대문자 102
데이비드 메이어 49
도날드 브로드벤트 22
도파민 74
동기부여 74
동양은 관계, 서양은 개인 44
드라이브 79
듣기와 읽기는 함께 하기 어렵나 94

ㄹ

레온 페스팅거 7
레이저 포인터 사용은 자제하라 101
리더가 왜 리더가 되는지 205
리처드 니스벳 44

찾아보기 **257**

ㅁ

마리에크 드 브리스 200
마시멜로 실험 83
마이크 96
마이클 윌 88
마크 트웨인 167
망각 33
매력 181
맥락 4
멀티태스킹 60
모린 머피 46
목적을 갖고 움직인다 167
목표구배 효과 66
몰입상태 41
몰입상태를 유도했는지 알 수 있는 방법 42
무의식적인 의사결정 188
미하이 칙센트미하이 41
미학적인 즐거움을 주는 슬라이드 설계에 대하여 152

ㅂ

바비 맥퍼린 147
반복은 물리적으로 뇌를 바꾼다 25
범주로 묶기 34
벤 부송 212
보디랭귀지 160
보이지 않는 고릴라 14
부채 223
불확실성이 상황을 바꾼다 208
불확실하면, 사람들은 더 강하게 우긴다 9
빈도에 관한 정신 모델 58
빈센트 반 빈 9

ㅅ

사람들은 남들이 행동할 때만 행동한다 208
사람들은 달성한 것보다 남은 것에 관심을 쏟는다 66
사람들이 어떤 행동을 못하게 하는 방법 70
사회적 타당화 208
산입 오류 28
색깔과 기분에 관한 연구 122
색입체시 116
생각의 지도 44
샤론 베글리 45
섀드머 222
선택권 196
선행 조직자 4
선행 조직자를 이용해 맥락을 제공한다 4
세사미 스트리트 비디오 34
소시오미터 173
손동작 168
수잔 캐리 11
숙련은 실제로는 도달할 수 없다 81
쉬나 아이엔가 194
쉬나의 선택 실험실 196
스크린 크기와 스크린부터의 거리에 따른 적절한 글꼴 크기 111
스키너 68
스키마 25
스탠리 밀그램 158
스테판 슐츠-하트 202
스토리텔러 141
스트레스는 작업 기억을 방해한다 20
습관을 들이는 데 시간이 얼마나 걸릴까? 87
시각자료 98

시간 소비 vs. 돈 소비 198

신근성 효과 30

실물 213

실수에 대한 두뇌의 반응 51

ㅇ

아르네 디트리히 37

아리스토텔레스 13

안드레아스 모지치 202

알고리즘적 작업 80

알고리즘적 작업에서 휴리스틱(발견적) 작업으로 79

양보 225

어조 172

에이브리드 칼슨 74

예술 본능 150

오즐렘 아이더크 83

오피오이드 74

온도 134

온라인 프레젠테이션을 할 때 고려해야 할 사항 130

옷 178

요점이 있는 짧은 이야기를 사용하라 143

월드컵 파티에 모인 사람들과 가능한 4가지 관계 183

월터 미셸 83

유쾌한 놀람 vs. 불쾌한 놀람 144

음악 153

습관 96

이그나이트 54

이반 파블로프 77

이야기는 뇌를 활성화시킨다 142

이야기는 모든 커뮤니케이션에서 중요하다 15

인과관계 14

인식 과제 28

인식이 회상보다 쉽다 28

인터넷 138

일시정지(pause)의 힘 59

ㅈ

자신감과 예측가능성 146

작업 기억 19

작업 전환 60

작은 약속이 더 많은 행동으로 이어진다 219

잠을 자고 꿈을 꾸면 기억한다 31

잡념은 아주 흔하게 일어난다 63

잡념을 줄이는 방법 64

정신 모델 11

정신 모델은 어떻게 프레젠테이션에 영향을 미칠까? 11

제3자 효과 210

제니퍼 아커 198

제임스 케텔 102

조건반응 215

조건적 보상 79

조나단 스쿨러 63

조명 125

조성 72

조작적 조건화 68   69

조작적 조건화를 위한 강화 스케줄 69

조지 A. 밀러 21

조기 매뉴더 22

주변시야 112

주저하지 말고 자기 자신을 용서하라 88

집단 사고의 위험 202

짧은 휴식시간을 만드는 6가지 방법 55

ㅊ

창의성 37

첫머리 효과 30

청중이 정보 거르기를 못하게 하려면 어떻게 해야
 할까? 7
 인지 부조화의 상황을 연출하라 7
 청중에게 놀라움을 안겨 주라 7
 청중이 믿고 있는 것에서부터 시작하라 7
초조함 167
친숙함 154

ㅋ

카메론 앤더슨 205
캐시 모길너 198
케네스 파프 102
켄트 베리지 74
쾌락 74
크리스토퍼 차브리스 14
클라크 헐 66
키스 레이너 102

ㅌ

타냐 싱어 142
타당성, 신뢰성이 입증된 측정 방법이 없다 49
테드 46
통제 vs. 협동 185
통제권 206
통제력 196
트레이너와 프리젠터를 위한 워크숍 50

ㅍ

페르소나 216
페차쿠차 54
편도체 39
폰트 106
폴 에크먼 174
표정 174

프레이밍 9
프레젠테이션 때 좋은 의사결정을 하게 하는 방법 203
프레젠테이션을 20분 단위로 계획하라 46
프리젠터 2
필리파 랠리 87
필립 짐바르도 36

ㅎ

학습양식 48
한 번에 하나의 정보만 제시하라 2
행동 촉구 91
허버트 사이먼 85
헌신 221
확증 편향 6
활성화 흔적 25
회상 과제 28
획득보다 기대가 더 낫다 75
후각 214
휴리스틱 작업 80

A

advance organizer 4
Arne Dietrich 37
Avrid Carlson 74

B

Ben Bushong 212
Bobby McFerrin 147

C

call to action 91

Christopher Chabris 14

chromostereopsis 116

Clark Hull 66

Cognitive dissonance 7

commitment 221

concession 225

confirmation bias 6

contingent reward 79

D

Daniel Simons 14

David Meier 49

Donald Broadbent 22

Downar 51

F

filtering 6

firing trace 25

flow state 41

framing 9

G

George Mandler 22

goal-gradient 66

Greg Stephens 182

H

Herbert Simon 85

I

inclusion error 28

indebtedness 223

J

James Cattell 102

Jonathan Schooler 63

K

Keith Rayner 102

Kenneth Paap 102

M

Marieke de Vries 200

Mark Twain 167

Maureen Murphy 46

memory consolidation 222

Mental Model 11

Michael Wohl 88

Mihaly Csikszentmihalyi 41

mirror neuron 176

N

Nils-Ake Hillarp 74

O

operant conditioning 68

Ozlem Ayduk 83

P

Paul Ekman 174

Pavlovian response 215

peripheral vision 112

Philippa Lally 87

Philip Zimbardo 36

progressive disclosure 2

R

recall task 28

recency effect 30

reinforcement 68

Richard Nisbett 44

S

schema 25

shaping 72

Sharon Begley 45

short-term memory 19

Skinner 68

social validation 208

suffix effect 30

Susan Carey 11

T

task switching 60

TED talks 46

The Invisible Gorilla 14

V

VAK 모형 48

VAK 모형에 관한 좋은 책 49

W

Walter Mischel 83

working memory 19